Wie digitale Transformation mit Werten gelingt

Anke Lüneburg

Wie digitale Transformation mit Werten gelingt

Orientierungsbuch für mehrgenerationale Organisationen

 Springer

Anke Lüneburg
AL Strategien + Potenziale
Harrislee, Deutschland

ISBN 978-3-662-66726-2   ISBN 978-3-662-66727-9   (eBook)
https://doi.org/10.1007/978-3-662-66727-9

Die Deutsche Nationalbibliothek verzeichnet diese Publikation in der Deutschen Nationalbibliografie; detaillierte bibliografische Daten sind im Internet über http://dnb.d-nb.de abrufbar.

Einbandabbildung: © P. Meybruck / stock.adobe.com

Planung/Lektorat: Marion Kraemer
Springer ist ein Imprint der eingetragenen Gesellschaft Springer-Verlag GmbH, DE und ist ein Teil von Springer Nature.
Die Anschrift der Gesellschaft ist: Heidelberger Platz 3, 14197 Berlin, Germany

Das Papier dieses Produkts ist recyclebar.

Widmung

Meinem Mann Jan und meiner Tochter Jenny gewidmet:
Danke für eure Ideen, für den Austausch und vor allem
für die Unterstützung, damit ich nun schon das dritte
Buch schreiben konnte.

Ebenso widme ich das Buch meinen beiden DGfC-Lehr-
Coaches Birgit Jürgens und Andreas Baumgärtner, die
durch ihre Begleitung während des Master-Coach-Kurses
2020 – 2022 mit viel Inspiration dazu beigetragen haben,
dass aus meinen ersten Ideen konkrete Inhalte für dieses
Buch wurden.

Ein großer Dank geht an all meine Auftraggeber, Work-
shop-Teilnehmer und Coachees, die mit mir ihre biografischen Werte und Erfahrungen geteilt und sie zugunsten
neuer Führungsqualität transformiert haben.

Werte sind die Leuchttürme der Transformation.

Vorwort

Werte sind Leuchttürme der Transformation

Die Idee zu diesem Buch entstand durch meine Beobachtung von Unternehmen und öffentlichen Institutionen, die vor großen Herausforderungen wie der digitalen Transformation und dem Fachkräftemangel stehen, sich jedoch schwertun, gute Lösungen zu finden. Woran liegt das? Manchen Organisationen gelingt beides: die digitale und die kulturelle Transformation. Was machen sie anders?

Als Master Coach, Trainerin und Mediatorin habe ich mit Menschen und ihrer Vielfalt zu tun: mit Leistungs- und Perfektionsorientierung, mit ihrer Art, zu kommunizieren und mit Konflikten umzugehen, mit dem Vorhandensein oder Mangel an Empathie und Resonanz oder mit der Erlaubnis oder dem Verbot, Gefühle zuzulassen. Insbesondere durch die Begleitung von Führungskräften und Teams beobachte ich bestimmte Muster und Werte im Verhalten und in der Kommunikation: Wer kann seinen Mitarbeitern Freiraum geben? Wer kann mit Verantwortung delegieren? Wer macht Ansagen und wem fällt es schwer, Entscheidungen zu fällen? Wer hilft immer anderen und kommt selbst zu kurz? Wer behandelt seine Auszubildenden abwertend oder macht sich vor anderen über sie lustig? Wer kann seinem Team vertrauen? Und wer übernimmt in Teams welche Rollen? Worauf basiert Veränderungsbereitschaft und Widerstandsfähigkeit (Resilienz)? Und wer versteht nicht, warum Mitarbeiter innerhalb der Probezeit wieder kündigen?

So habe ich den Bogen zu den Familien geschlagen und mir Fragen gestellt wie:

Wirkt sich z. B. die Übernahme von Familienverantwortung durch Kinder auf spätere Teamrollen oder Führung aus? Lernen Menschen Veränderungsbereitschaft und Vertrauen in ihrer Familie? Welche Rolle spielt die deutsche Vergangenheit mit zwei Weltkriegen, Diktatur, Flucht, Nachkriegszeit? Werden bestimmte *biografische Werte* sogar von Generation zu Generation und damit in die Führungsarbeit weitergegeben, wenn sie nicht reflektiert werden?

Es gibt den Begriff der *transgenerationalen Weitergabe*, der seit einigen Jahren in Bezug auf Erlebnisse, Grundüberzeugungen, Werte sowie Traumata aus der deutschen Vergangenheit untersucht wird. Kann es also sein, dass Werte wie Autonomie, Disziplin, Toleranz oder Vertrauen in den Familien an die Nachkommen weitergegeben wird? Und dass diese biografischen Muster eine Transformation oder eine gute Arbeitskultur ausbremsen können?

Aus meiner Sicht ja – denn wer den Satz und damit den dahinterstehenden Wert „Nur die Harten kommen in den Garten" verinnerlicht hat, würde niemals im Unternehmen seine Sorgen äußern, sondern andere Wege suchen, um im vertrauten Arbeitsumfeld zu bleiben – ein klassischer Fall von Bremsen. Wer wiederum gelernt hat „Nur wer etwas leistet, darf essen" oder „Leiste was, dann bist du was", betrachtet Menschen, die nur 30 Wochenstunden arbeiten, mit 25 ein Sabbatjahr machen oder in ihrer Heimatstadt bleiben wollen, als nicht belastbar oder sogar faul. Auch wer das Muster „Traue niemandem", verinnerlicht hat, das in Diktatur- und Fluchtzeiten sicherlich berechtigt war, wird heute Schwierigkeiten haben, Menschen remote zu führen und ihnen zu vertrauen, dass sie im Homeoffice gute Arbeit leisten. So stoßen in den Organisationen vier Generationen aufeinander, die unterschiedliche Werte haben.

Es muss sich also etwas ändern. Da sich Organisationen nicht ändern können (ja, sie können die Struktur und das Leitbild mit den offiziellen organisationalen Werten ändern – aber das reicht noch nicht), geht es um die Menschen und ihre persönlichen Werte. Werte sind Fallstricke, die eine Transformation ausbremsen können.

Wenn jedoch die Führungskräfte und insbesondere die Organisationsleitung Klarheit über ihre biografischen Werte und deren Wurzeln gewinnen und sie reflektieren, können sie sie ändern, sich zu einer reifen Führungspersönlichkeit entwickeln und ihre neuen Werte auf ihre Mitarbeiter übertragen. Damit entsteht durch eine Passung der persönlichen und organisationalen Werte zunächst eine kulturelle Transformation, eine neue Organisationskultur, die für mehr Zufriedenheit bei Mitarbeitern sorgt und damit als Arbeitgeber attraktiv wird.

Werte bestimmen die Identität junger Menschen – ich möchte Sie einladen, sich nach der Lektüre des Buches zu fragen, welche Werte Sie selbst von den Eltern übernommen haben und welche nicht. Haben Sie sich sogar für genau entgegengesetzte Werte entschieden? Welche Werte haben Ihre jetzige Haltung als Führungskraft bestimmt? Werden Werte Ihrer Organisation gelebt oder sind sie nur ein Aushängeschild? Passen sie zu Ihren eigenen? Im Buch wird Ihnen das Bild der Doppelhelix begegnen, die zeigt, wie immer wieder biografische mit organisationalen Werten zusammentreffen und entweder kollidieren oder sich aneinander angleichen.

Noch zwei Hinweise: Nach dem Ausprobieren verschiedener Genderformen habe ich mich in diesem Buch dafür entschieden, abwechselnd die männliche und die weibliche Form zu nutzen. Daneben werde ich ebenso zwischen den Begriffen Organisation und Unternehmen wechseln. Sämtliche Inhalte sind für alle Arten von Organisationen gedacht, auch für den öffentlichen Dienst oder für Vereine.

Das Motto der Einleitung hat meine Lektorin Marion Krämer geprägt und mich während der gesamten Zeit des Schreibens als Lichtstrahl begleitet. Mein herzlicher Dank für ihre Unterstützung geht an sie, an Janina Tschech und an Judith Danziger.

Ich wünsche Ihnen viel Freude beim Lesen und vor allem viel Erfolg beim Entdecken Ihrer biografischen und organisationalen Werte!

Anke Lüneburg
Flensburg
November 2022

Inhaltsverzeichnis

Einleitung

„Werte sind Leuchttürme der Transformation."

A. Lüneburg, *Wie digitale Transformation mit Werten gelingt*,
https://doi.org/10.1007/978-3-662-66727-9_1

1

Trailer

Die digitale Transformation ist in aller Munde: Manche Unternehmen schreiten in Riesenschritten voran, bei anderen türmen sich Berge von Hindernissen auf, die nicht rational erklärbar sind. Erleben Sie ebenfalls, dass nun agil gearbeitet werden soll, sich jedoch weder Handlungs- noch Entscheidungsspielräume vergrößert haben, sondern immer noch der Chef gefragt werden muss? Dann wird es Zeit, sich mit biografischen Werten zu beschäftigen: Das sind Werte, die alle Menschen aus ihren Familien mitgebracht haben, die sie als Kinder verinnerlicht und weitergetragen haben. Nur passen diese Werte möglicherweise nicht zum Arbeiten auf Vertrauensbasis und zu den Bedürfnissen der Mitarbeiterinnen nach flexiblem Arbeiten. In der Folge kann eine digitale Transformation nur funktionieren, wenn sich vor allem Führungskräfte mit ihren alten Mustern auseinandersetzen.

Organisationen führen agile Strukturen ein, verlangen *digitale Führungskompetenzen*, und schicken ihre Führungskräfte zu Trainings. Dort erfahren sie, wie wichtig Wertschätzung oder Respekt sind, weil Mitarbeiterinnen das heute erwarten. Aber: Was genau ist Wertschätzung? Und Respekt? Für die meisten Führungskräfte sind es schon stark strapazierte Begriffe oder sogar Worthülsen. Wer jahrelang direktiv geführt hat, hat häufig eine andere Auffassung davon als ein junger Mitarbeiter, der neu ins Unternehmen kommt. Auch aktuelle Studien beschränken sich auf die Darstellung von tatsächlichen und von Mitarbeitern gewünschten Führungsstilen oder auf die Nennung erwarteter Kompetenzen wie Teamfähigkeit und Selbstständigkeit.

Nur: Niemand weiß, wie eine Veränderung des Führungsstils und -verhaltens (langjähriger) Führungskräfte umgesetzt werden kann. Denn niemandem ist bewusst, welche *Bedeutung die eigenen biografischen Werte* haben: Woher kommt ein Misstrauen gegenüber Mitarbeiterinnen im Homeoffice, sodass viele Führungskräfte ihr Team jetzt wieder um sich haben wollen, obwohl es während der Pandemie gut geklappt hat? Warum werden größere Handlungsspielräume und selbstführende Teams abgelehnt oder nur „offiziell" umgesetzt? Grund sind *alte Muster aus den Herkunftsfamilien*, die von Generation zu Generation weitergegeben werden. Sie werden bei großen Projekten wie der digitalen Transformation zu Fallstricken wie *Wurzeln, die aus dem Boden ragen* und über die man immer wieder stolpert.

Denn wer seine direktive Rolle und damit seine Macht nicht wirklich abgeben will, sorgt dafür, dass seine Teams immer wieder um Entscheidungen bitten und Aufgaben in seinem Sinne erledigen. So kommen groß angelegte Projekte im Rahmen der digitalen Transformation ins Wanken und

Die Weitergabe alter Muster oder Werte von Generation zu Generation wird als transgenerationale Weitergabe bezeichnet. Menschen werden durch ihre biografischen Werte in ihrem Verhalten und in ihrer Kommunikation beeinflusst.

Stocken oder neue Mitarbeiterinnen, die aufgrund ihrer digitalen Kompetenzen in die Organisation geholt wurden, verlassen es nach kurzer Zeit wieder, da sie nicht so selbstbestimmt arbeiten dürfen, wie zugesagt und wie sie es brauchen, um gut arbeiten zu können.

Wer seine *biografischen Werte* kennt, kann sie mit den (neuen) organisationalen Werten abgleichen und über die Passung entscheiden: Passe ich (noch/gerade jetzt) in diese Organisation? Kann ich den Mut entwickeln, Selbst- und Fremdwahrnehmung durch ein Feedback meiner Mitarbeiter abzugleichen? Wie sehe ich meine Rolle als Führungskraft jetzt und in einer zukünftigen agilen Organisation? Bin ich bereit für Veränderungen? Wenn nicht: Was kann ich tun?

Führungskräfte haben einen *hohen Einfluss auf die Arbeitszufriedenheit* ihrer Mitarbeiterinnen und damit auf die Unternehmenskultur. Dafür müssen sie sich selbst gut kennen, sich immer wieder selbst reflektieren und ein hohes Selbstwertgefühl haben, um z. B. zu fehlenden (digitalen) Kompetenzen zu stehen. Sie sind als Vorbild und als Transformator gefragt, in diesen Zeiten sind die Bereitschaft und der Mut zu Veränderungen wichtige Werte. Das gelingt durch Klarheit über die biografischen Werte und ihre Wurzeln, durch Kenntnis über den eigenen Selbstwert und über die Bereitschaft, sich zu verändern und neue (Führungs-)Werte zu entwickeln.

Erst wenn, von der Organisationsleitung angefangen, alle Führungskräfte sich selbst reflektieren (oder sich dabei unterstützen lassen), verändert sich die Kultur. Diese kulturelle Transformation ist die Voraussetzung für eine digitale Transformation.

Werte

Was sind sie und warum spielen sie eine so große Rolle für die digitale Transformation?

Inhaltsverzeichnis

© Der/die Autor(en), exklusiv lizenziert an Springer-Verlag GmbH, DE,
ein Teil von Springer Nature 2023
A. Lüneburg, *Wie digitale Transformation mit Werten gelingt*,
https://doi.org/10.1007/978-3-662-66727-9_2

2

Trailer

Sind Sie eine Führungskraft oder ein Mitarbeiter, dem ein Handlungsspielraum bei der Arbeit wichtig ist, der gern Verantwortung übernimmt? Und haben Sie stattdessen Chefs, die Sie an der kurzen Leine führen und Sie immer wieder spüren lassen, dass sie Ihnen und Ihren Kolleginnen wenig vertrauen? Dann entsprechen Ihre Werte nicht denen Ihrer Vorgesetzten. Falls dann aus Markterfordernissen große Veränderungen notwendig sind, kann es zu Hindernissen oder sogar zum Scheitern kommen. Werte sind Leuchttürme der Transformation: Sind sie klar erkennbar bei allen Mitarbeitern und stimmen sie mit den echten organisationalen Werten überein, sind die großen anstehenden Veränderungen erfolgreich umsetzbar.

Nach Schulz von Thun sind *Werte Persönlichkeitsmerkmale, Tugend, menschliche Qualität und Leitprinzip* (Schulz von Thun 2000, S. 38). Werte können auch als innerer Kompass, Fixstern, Anker oder sogar als innere Kraftquelle bezeichnet werden. Sie motivieren Menschen, denn sie setzen sich eher für etwas ein, das Bedeutung für sie hat, und lässt sie Ziele leichter erreichen. Das ist in Krisenzeiten noch wichtiger als in ruhigeren Zeiten.

Wer ohne Werte ist, fühlt sich *wert-los*. Wer sich als *wert-los* empfindet, versucht aus Angst vor der eigenen Wertlosigkeit, viel Leistung zu erbringen, um sich Werte anderer zu erarbeiten. Manche arbeiten (in der Familie und am Arbeitsplatz) immer mehr, um endlich gesehen zu werden und Anerkennung zu bekommen – und werden enttäuscht. Selbst Erfolge können nicht genossen werden, wenn die Angst der Wertlosigkeit stetig da ist. Menschen, die sich als wertlos empfinden, können nicht wertorientiert führen (Assländer & Grün 2007, S. 85).

2.1 Grundwerte und Glaubenssätze

> **Grundwerte und Bedeutung von Werten**
> Die griechische Philosophie spricht ebenso wie der Heilige Benedikt von den vier Grundwerten *Gerechtigkeit, Tapferkeit, Maß und Klugheit*.
> „Wert" hat je nach Sprache verschiedene Bedeutungen:
> *Arete* (griechisch): Tüchtigkeit und Kraft
> *Virtutes* (lateinisch): Kraftquellen
> *Tugend* (deutsch): Werte tragen dazu bei, dass ein Leben taugt
> *Values* (englisch): stark und gesund sein (Assländer & Grün 2007, S. 86)

In Familien werden *Werte aus früheren Generationen (unbewusst) übernommen*. Wurden Erwachsene als Kinder abgewertet („Du kannst das nicht!"), so übernehmen sie unreflektiert das Verhalten gegenüber ihren eigenen Kindern. Wer als Kind gesehen und gestärkt wurde, übernimmt das auch als Mutter oder Vater. Wenn ein Paar heiratet und/oder Kinder bekommt, werden mitgebrachte Werte häufig unreflektiert übernommen und können zu inneren und äußeren Konflikten werden, wenn sie nicht zur eigenen oder zur Familienpersönlichkeit passen.

> ▶ **Beispiel**
>
> Manchen Familien ist es wichtig, dass alle Familienmitglieder in der Nähe sind, auch die erwachsenen Kinder und Enkel, und viel Zeit miteinander verbringen. So wird erwartet, dass die auswärts studierende Tochter jedes Wochenende nach Hause kommt und nach dem Studium in den Heimatort zurückzieht. Sind jedoch Freiheit und Unabhängigkeit wichtige Werte für die Tochter, so wählt sie – wenn sie ein starkes Selbstwertgefühl hat – nach dem Studium einen Arbeitgeber aus, der ihr die gewünschten Karrieremöglichkeiten bietet, auch wenn der Standort weit vom Elternhaus entfernt ist. Damit erfüllt sie nicht die Erwartungen der Eltern. Möchte sie gern die Erwartungen erfüllen, wird sie eher eine Stelle im Heimatort annehmen. Durch diese Entscheidung kann eine berufliche Unzufriedenheit entstehen, da die Tochter ihre eigenen Werte und Bedürfnisse nicht beachtet. ◀

Während sich für die Großeltern- und Urgroßelterngenerationen der Wert „Zusammengehörigkeit" oder „Wir-Gefühl" auf das Dorf oder die Nachbarschaft bezog und alle anderen als Feinde, Konkurrenten oder Störenfriede betrachtet wurden, entwickelte sich die Welt für die Nachfolgegenerationen zu mehr Größe. Insbesondere nach dem Zweiten Weltkrieg, mit dem Start von Städtepartnerschaften, Schüleraustauschprogrammen und der Möglichkeit, innerhalb der EU zu arbeiten und zu studieren, erweiterte sich für viele Menschen das „Wir-Gefühl". Auch durch das Internet und Reiseerfahrungen wurden Grenzen unwichtiger und gemeinsame Wurzeln entdeckt. Die *positiven Beziehungserfahrungen veränderten die Gehirne* der Menschen, indem *neue neuronale und synaptische Beziehungsmuster* verankert wurden. Damit war das „Wir" nicht nur denkbar, sondern auch fühlbar. Viele Gehirne haben sich also durch das Kennenlernen, den Austausch, das Voneinander-Lernen und das gemeinsame Problemelösen verändert (Hüther 2011, S. 17–21).

2

Werte sind Tugenden,
Persönlichkeitsmerkmale,
innerer Kompass, Fixstern,
Anker, Leitstern oder innere
Kraftquelle. Sowohl
Menschen wie Unter-
nehmen haben Werte,
bewusst und unbewusst.

Auch *Unternehmen haben Werte*, z. B. Tradition oder Sicherheit, die bei (früheren) Familienunternehmen oft von den Gründern stammen wie bei Krupp oder Siemens. Andere Unternehmen haben Werte wie soziale, ökologische und ökonomische Nachhaltigkeit wie Vaude oder Weleda.

Werte („values") machen Unternehmen gesund und geben ihnen Kraft – wenn sie echt sind und gelebt werden. Auch kleine Unternehmen haben Werte, *selbst wenn sie Mitarbeitern nicht bewusst sind.* Gründer tragen ihre eigenen Werte, ihr Menschenbild und ihre Haltung zu Menschen, Finanzen und anderen Themen in ihr Unternehmen, was Mitarbeiterinnen dann übernehmen.

> ▶ **Beispiel**

„Wichtig ist vor allen Dingen der Glaube an sich selbst und an die eigene Kraft" (Aenne Burda).

Ein berühmtes Beispiel ist die Verlegerin Aenne Burda. Mit ihren Werten Autonomie, Selbstbestimmung, Mut, Klarheit, Zielorientierung, Wohlstand und Kreativität hat sie ab 1950 gegen Widerstände ihren Modeverlag aufgebaut und zum Erfolg gebracht. Sie hat sich mit Mitarbeitern umgeben, die ähnliche Werte hatten oder diese Werte zumindest mitgetragen haben, um diesen wirtschaftlichen Erfolg zu ermöglichen. ▶ https://www. burda.com/de/unternehmen/aenne-burda/ ◀

Bekannte familiäre Werte sind Tradition, Ehre, Loyalität, Beziehung/Nähe, Sicherheit oder Zusammenhalt. Bekannte berufsbezogene Werte sind Erfolg, Leistung, Status, Autonomie oder Sinnhaftigkeit. Die Werte können auch im jeweils anderen Feld wichtig sein, wie Tradition oder Sicherheit in einem Unternehmen.

Glaubenssätze

Glaubenssätze sind innere Antreiber, die in der Kindheit geprägt wurden und transgenerational übertragen werden. Sie sind die Wurzeln der biografischen Werte und Muster, die Menschen und ihre Vorhaben verhindern und bremsen können. Werden sie im Coaching bearbeitet, so können ihre negative Wirkung positiv in Erlaubnissätze umgewandelt werden. Die stärksten Antreiber sind die ersten fünf (fett gedruckt); die anderen sind typische Aussagen aus Familien, die von Coachees der Autorin genannt wurden.

Sei perfekt!
Sei stark!
Mach schnell!

Streng dich an!

Mach es allen recht!

Alles hat seinen Preis.

Im Leben wird einem nichts geschenkt.

Erst die Arbeit, dann das Vergnügen.

Ich muss alles unter Kontrolle haben.

Ich muss mich zusammenreißen.

Das Leben ist ein ständiger Kampf.

Eine gute Mutter ist immer für ihre Kinder da.

Ich darf niemanden enttäuschen.

Wenn ich mehr leiste als alle anderen, habe ich Erfolg.

Man muss immer sein Bestes geben.

Wer A sagt, muss auch B sagen.

Lass dir niemals eine Schwäche anmerken.

Wer Nein sagt, macht sich unbeliebt.

Ich bin etwas wert, wenn ich bei allen beliebt bin.

Man kann alles schaffen, wenn man will.

Es ist alles eine Frage der Organisation.

Auf mich kann man sich immer verlassen.

Man darf niemals aufgeben.

Was du heute kannst besorgen, das verschiebe nicht auf morgen.

Wer rastet, der rostet.

Man muss auch mal die Zähne zusammenbeißen.

2.2 Werte und Bedürfnisse

Hinter Werten stehen Bedürfnisse, die erfüllt werden wollen; sie können jedoch auch über die eigenen Bedürfnisse hinausgehen, beispielsweise bei Werten wie Sinnhaftigkeit. Nach Eric Berne, Entwickler der Transaktionsanalyse (TA), sind drei Grundbedürfnisse bei allen Menschen gleich: *Struktur (Vermeidung von Langeweile)*, *Stimulus (körperliche und geistige Anreize; Anregung)* und *Strokes (Zuwendung; Bedürfnis nach Anerkennung)*. In der menschlichen Kommunikation geht es vor allem um die Bedürfniserfüllung von Anerkennung, die sich durch (bewusste oder unbewusste) Fragen zeigt: Was mache ich, um Zuwendung zu erhalten? Kann ich mit der erhaltenen Zuwendung gut umgehen? Gebe ich selbst Zuwendung und wenn ja, wie? Unterstützen meine Worte eine konstruktive Kommunikation? Die TA wird in ▶ Abschn. 4.4 vertieft.

2

┌─ **Transaktionsanalyse** ──────────────────

Wenn Menschen miteinander in Kontakt treten, tauschen sie Mitteilungen und Botschaften aus. Dazu gehören Worte, Mimik, Gestik und die Körpersprache. Die Begegnungen und Interaktionen zwischen Menschen werden als Transaktionen bezeichnet.

Die Transaktionsanalyse kann zur Auflösung hinderlicher Gewohnheitsmuster und zu einer reifen Beziehungsgestaltung und Persönlichkeitsentwicklung beitragen (► https://dgta.de/).

└──────────────────────────────────────

Aus Sicht des Hirnforschers Gerald Hüther haben Menschen *zwei Grundbedürfnisse: Beziehungen zu finden, die es ihnen ermöglichen, gleichzeitig frei und verbunden zu leben.* Menschen wünschen sich somit enge Verbundenheit und parallel eigenes Wachstum und den Aufbau eigener Kompetenzen. Bei einem Mangel wird aus ursprünglichem Mut, Offenheit, Beziehungsfähigkeit, Neugier und Gestaltungslust die Suche nach einer Ersatzbefriedigung, z. B. verstärkter Konsum, TV- oder Internetnutzung (Hüther 2011, S. 46).

Kinder brauchen Menschen, die ihnen *emotionale Fürsorge, Sicherheit* bei der Entwicklung ihrer Persönlichkeit und Orientierung auf dem Weg ins Leben geben. Sind sie von Menschen umgeben, die selbst unsicher sind oder stetig verunsichert werden, so überträgt sich diese Unsicherheit und eigene Bedürftigkeit auf die Kinder und sorgt für einen Mangel an Mut und Zuversicht sowie für enge Grenzen der eigenen Welt. Manche Kinder fühlen sich ihr Leben lang für die Eltern verantwortlich und trauen sich nicht zu, ein Leben mit eigenen Zielen zu führen. Andere werden losgelassen und dürfen sich so entwickeln, wie es ihrer Persönlichkeit entspricht.

Kinder übernehmen die jeweiligen *Werte und Glaubenssätze* ihrer Umgebung unbewusst und unreflektiert. Viele Erwachsene bleiben Zeit ihres Lebens in diesen Werten verhaftet und geben sie an eigene Kinder oder Mitarbeiter weiter.

Bradshaw zeigt, wie sehr *Familien mit Geheimnissen* dazu beitragen, dass Familienmitglieder sich nicht abgrenzen und keinen Selbstwert aufbauen können. So können Eltern, die selbst von den eigenen Eltern negativ behandelt wurden, unbewusst auch ihre eigenen Kinder herabsetzen, wenn sie ihr Handeln nicht reflektieren. Damit wird durch ein geringes Selbstwertgefühl der Kinder eine Abhängigkeit von den Eltern erreicht, sie bleiben mit ihnen verstrickt (Bradshaw 2015, S. 87–88).

Wer mit Unsicherheit aufgewachsen ist und feststellt, dass er oder sie zu Misstrauen neigt und das ändern möchte,

> Zu den menschlichen Grundbedürfnissen gehören Zuwendung, Verbundenheit, Anerkennung, Freiheit, Stimulation und Struktur. Kinder brauchen emotionale Sicherheit und Fürsorge, um sich zu einer reifen Persönlichkeit zu entwickeln. Sie übernehmen unbewusst die Werte und Glaubenssätze ihrer Eltern und geben sie an die eigenen Kinder weiter.

kann an sich arbeiten, allein oder mit professionellen Spar-
ringspartnerinnen. Denn: *Nur wer sich selbst vertrauen kann,
kann auch anderen vertrauen* – in der Familie und im beruflichen Umfeld.

Im Glossar ist eine Auswahl von Werten zu sehen, die für
die eigene Selbstreflexion mit unterschiedlichen Zielen genutzt
werden kann. Es kann das erste Kennenlernen der eigenen
Persönlichkeit sein, die Entwicklung einer Haltung als
Führungskraft oder der Wunsch nach Beseitigung von Misstrauen gegenüber anderen. Auch für den Abgleich von Unternehmenswerten mit den eigenen hilft die Liste.

- **Auswahl von Werten (eigene Zusammenstellung der Autorin)**

Achtsamkeit	Anstand	Aufrichtigkeit
Autonomie	Bescheidenheit	Dankbarkeit
Disziplin	Ehrgeiz	Ehrlichkeit
Einfluss	Empathie	Engagement
Erfolg	Fairness	Familie
Freundschaft	Geborgenheit	Geduld
Gelassenheit	Gesundheit/Salutogenese	Großzügigkeit
Gerechtigkeit	Harmonie	Hilfsbereit-schaft
Individualität	Kooperation	Klarheit
Lebensfreude	Loyalität	Macht
Mäßigung	Mut	Nachhaltigkeit
Nächstenliebe	Offenheit	Optimismus
Ordnung	Pflichterfüllung	Rationalität
Respekt	Selbstbestimmung	Selbstvertrauen
Selbstverwirklichung	Sicherheit	Sinnhaftigkeit
Stärke	Status	Tapferkeit
Toleranz	Tradition	Transparenz
Treue	Verantwortung	Verbindlichkeit
Vergeben	Vertrauen	Weisheit
Wertschätzung	Wettbewerb	Wissbegierde
Wohlstand	Zielorientierung	Zivilcourage

2

> **Tipp**
>
> Kommt ein neues Teammitglied in Ihr Team, das Sie leiten? Wenn Sie Ihre eigenen Werte kennen, laden Sie die bisherigen Teammitglieder und den neuen Mitarbeiter ein, ihre Werte herauszufinden und tauschen Sie sich dazu aus. Damit lernen Sie sich alle gleich zu Beginn gut kennen und Sie als Leitung kennen die einzelnen Bedürfnisse Ihrer Mitarbeiter.

2.3   Funktion von Werten

> **Funktion von Werten**
>
> Werte können fungieren als
> - Grundorientierung für das Handeln von Menschen,
> - allgemeingültige Normen als Grundlage des Zusammenlebens,
> - Organisationsmaßstäbe,
> - moralisch wünschenswerte Ideale und Eigenschaften,
> - ein Kompass, an dem man sein Leben und seine Handlungen ausrichten kann.

Werte sind also ein *Gerüst, wie jemand handelt, fühlt und denkt* – und wie jemand kommuniziert. Sie sind wichtig für das Funktionieren der Gemeinschaft und für die Erwartungen an das Miteinander. Ebenso erfüllen sie eine wichtige Funktion, um in schwierigen Zeiten *die eigenen Kräfte* mobilisieren zu können. Werte trägt jeder in sich und sie beeinflussen sein Verhalten, seine Gefühle und Handlungen.

Werte tragen dazu bei, sich selbst und seine Persönlichkeit gut zu kennen. Erst wenn sich Menschen mit sich selbst auseinandersetzen, können Lösungen gefunden werden. Daher funktionieren klassische Führungskräftetrainings und -seminare wenig, denn hier wird eine *Lösung für ein verändertes Verhalten* im Außen statt im Innen gesucht und Tools trainiert. Diese sind wichtig, können jedoch nur erfolgreich zum Einsatz kommen, wenn die *Grundhaltung einer Führungskraft* entwickelt wurde. Einer der wichtigsten Werte in der Arbeitswelt ist das Vertrauen: in Mitarbeiterinnen, dass sie zuverlässig und eigenverantwortlich arbeiten, die Ziele kennen und erreichen wollen, qualitativ und quantitativ gut arbeiten; und in Leitungen, die hinter ihren Teams stehen und sie bei ihrer Weiterentwicklung unterstützen. Wer jedoch nie gelernt hat, anderen zu vertrauen – und möglicherweise kein hohes Selbstvertrauen hat – kann diese Verhalten nicht plötzlich in der Arbeitswelt 4.0 umsetzen, wenn agiles Arbeiten „verordnet" wird.

Werte sind zunächst neutral zu betrachten; sie bekommen in der Wahrnehmung von Menschen gemäß ihrer Sozialisierung eine eher positive oder eine eher negative Bedeutung. Während Werte wie Hilfsbereitschaft oder Harmonie oft positiv gesehen werden, da es auch gesellschaftlich angesehene Werte sind, können andere negativ erscheinen, wenn z. B. Ehrgeiz und Autonomie als unsozial oder unsolidarisch empfunden werden. Daher hat fast jeder Wert zwei Seiten, eine positive und eine negative, und muss jeweils – bei Menschen und in Unternehmen – genauer beschrieben werden, wie Sie im Beispiel sehen.

> Werte haben die Funktion von Normen, Maßstäben, moralischen Grundhaltungen und das Gerüst für das menschliche Denken, Handeln und Kommunizieren.

> ▶ **Beispielwert „Harmonie" für die zwei Seiten von Werten**

Hinter dem Wert Harmonie stecken folgende Bedürfnisse: „Ich möchte nicht auffallen, keinen Ärger haben und friedlich mit Menschen zusammenleben und -arbeiten. Ich möchte gemocht werden und sympathisch wirken."

In der Konsequenz hat jemand Angst, seine Stärken, seine Kompetenzen oder seine starken Eigenschaften zu zeigen und klar zu sagen, was er meint, möchte und weiß.

Die *positive Seite* des Wertes Harmonie (Friedfertigkeit, Freundlichkeit, Kompromissbereitschaft etc.) dreht sich zur *negativen Seite*, wenn Menschen nicht nein sagen können, ihre eigenen Wünsche zurückstellen und damit ausgenutzt werden und/oder lügen müssen, um die Harmonie zu erhalten. So entwickeln sie möglicherweise eine innere Wut, da ihre eigenen Bedürfnisse nicht erfüllt werden. Auch lehnen Menschen, die nicht klar sagen, was sie möchten, andere Menschen ab, die klar und direkt sprechen. Sie empfinden sie als unsympathisch.

Lösung: In der *Selbstreflexion oder im Coaching* können Menschen lernen, ihren Wert umzudrehen, also mit einer neuen Bedeutung zu versehen, z. B. „Ich weiß, was mir wichtig ist und wohin ich will." Oder „Ich kenne die Bedeutung der eigenen Position im Leben und der eigenen Persönlichkeit sowie meine Fähigkeiten und Stärken, auch wenn ich grundsätzlich ein friedlicher Mensch bin und mir Harmonie wichtig ist." ◀

In vielen Teams kommt es zu *Konflikten,* da alle „Respekt", „Anerkennung" oder „Gerechtigkeit" als eigene wichtige Werte mitbringen, jedoch unklar bleibt, was die einzelnen Teammitglieder genau darunter verstehen. Die Verantwortung für den notwendigen Austausch ist eine der wichtigsten Führungsaufgaben, um Arbeitsfähigkeit, Arbeitsqualität und Effizienz des Teams sicherzustellen.

Klarheit in der Kommunikation, in Zielen und im Handeln sind herausragende Führungskompetenzen, damit Mitarbeiterinnen wissen, woran sie sind und was sie tun sollen.

> Werte brauchen Klarheit, um Widersprüchlichkeit und Konflikte in Teams zu vermeiden. Den dafür notwendigen Austausch verantwortet die Führungskraft.

2

Gleichzeitig muss es Führungskräften bewusst sein, dass *Werte auch als widersprüchlich* erlebt werden, z. B. Genauigkeit und Schnelligkeit. Ist eine Führungskraft eher schnell, so könnte sie Genauigkeit bei einer Mitarbeiterin als negativ empfinden, da durch Genauigkeit die Erledigung einer Aufgabe länger dauert. Weitere Widersprüche liegen z. B. in Ehrlichkeit – Höflichkeit, Spontanität – Besonnenheit oder Rücksicht – Durchsetzungsfähigkeit.

2.4 Werteveränderungen in Familien

Durch Kriege, Flucht, neue Familienmitglieder und gesellschaftliche Entwicklungen können sich *Werte in Familien verändern.* Wer in einem Krieg oder auf der Flucht überleben wollte, musste häufig stehlen oder schnell sein, um an Nahrungsmittel für die Familie zu kommen, auch wenn man durch familiäre Werte wie Ehrlichkeit, Anstand und Ordnung geprägt wurde. Das Bedürfnis nach Nähe und Geborgenheit konnte durch jahrelange Trennungen nicht erfüllt werden. Gleichzeitig wurden neue Glaubenssätze wie „Feinde töten zugunsten des eigenen Landes ist akzeptiert" oder „Hauptsache, ich/wir überlebe/n" in den Wertekanon übernommen und konnten teilweise auch in einer späteren sicheren Umgebung nicht abgelegt werden. Sie wurden dann *umgewandelt* in Werte wie Ehrgeiz, Wettbewerb oder Wohlstand und führten zu Aussagen wie „Meine Kinder müssen immer Klassenbeste sein/im Sport gewinnen" oder „Ich schlage meinen Kollegen aus dem Rennen". Auch war Leistung sehr wichtig, um sich gemeinsam wieder etwas aufzubauen und Verluste zu kompensieren. Dazu mussten die Kinder beitragen und auf emotionale Nähe verzichten, da die Eltern viel gearbeitet haben.

Im umgekehrten Fall haben Menschen aus schweren Zeiten Werte mitgenommen wie Pflichterfüllung, Familie oder Rationalität und sich infolgedessen in ihren Familienverband wie in eine Burg zurückgezogen, Gefühle verbannt und ihr Leben und ihren Beruf ausschließlich als Pflicht sowie die Welt draußen als „Gefahr" oder „feindlich" betrachtet. Diese Werte haben sie dann ebenfalls ihren Kindern übertragen, die somit nie Lebensfreude, Optimismus oder Zuversicht kennengelernt haben.

Durch gesellschaftliche Veränderungen in den letzten Jahrzehnten veränderten sich ebenfalls Werte: Berufstätigkeit von Frauen, Globalisierung, Anerkennung von unterschiedlichen sexuellen Ausrichtungen, neue Technologie, schwindende Bedeutung der Religion und steigender Wohlstand lassen Werte wie Toleranz, Respekt oder Selbstverwirklichung in den Vordergrund treten und führen u. a. zu anderen Erziehungsstilen.

Wenn durch Partnerschaften oder Heiraten eine neue Familie gebildet wird, hat manchmal die Familie des einen Partners eine stärkere Durchsetzungskraft, sodass deren Werte übernommen werden. In anderen Fällen ist eine Entscheidung nötig, welche Werte aus welcher Familie weitergetragen werden sollen. In die Diskussion, die meist bei der Geburt der eigenen Kinder startet, spielen alte Verletzungen durch die Eltern mit hinein („So wie meine Eltern will ich nie werden"). Auch haben diese Entscheidungen Auswirkungen auf das Verhältnis zu den Herkunftsfamilien und können zu Konflikten führen, z. B. hinsichtlich Kindererziehung oder wie mit Finanzen umgegangen wird.

> Werte in Familien ändern sich durch Herausforderungen wie Kriege, Leben in einer Diktatur oder gesellschaftliche Veränderungen. Bei der Gründung einer Familie müssen Werte beider Herkunftsfamilien neu bewertet und angepasst werden.

Werte als tragfähige Säulen für Kindererziehung

Jesper Juul, ein inzwischen verstorbener bekannter dänischer Erziehungsberater, hat mehrere Werte beschrieben, die Kinder durchs Leben tragen können: Respekt, Vertrauen, Gleichwürdigkeit, Integrität, Authentizität, Verantwortung und Liebe – die in der Arbeitswelt Wertschätzung heißt. Mithilfe seiner Bücher können Eltern lernen, ihre eigenen Werte und ihr Verhalten zu reflektieren. Damit entwickeln sie ihre eigene Persönlichkeit weiter, was neben ihren Kindern den Kollegen und Mitarbeitern in der Arbeitswelt zugutekommen kann.

Waren Familien früher sehr religiös, sehr traditionell in ihrer Lebensführung und in der Verteilung der Rollen, insbesondere für Frauen und Männer, so haben sich in vielen Ländern die Folgegenerationen davon häufig abgesetzt bzw. die *Übernahme von klassischen Rollen verweigert.*

Das hatte und hat noch heute Auswirkungen auf die Arbeitswelt und das Verhalten am Arbeitsplatz, denn Altersgruppen bzw. Generationen haben *unterschiedliche Wertvorstellungen.* Das war auch früher schon so, jedoch befinden sich heute erstmals vier Generationen in den Unternehmen, da die älteren Generationen noch da sind, aufgrund des Fachkräftemangels länger bleiben sollen und die Jungen durch die verkürzten Schul- und Ausbildungszeiten früher in die Unternehmen kommen. Die vier Generationen Babyboomer (Geburtsjahrgänge 1948–1964), X (1956–1980), Y (1981–1995) und Z (1996–2010) werden aufgrund ihrer wichtigen Rollen in den Organisationen im ▶ Abschn. 4.6 umfassend vertieft.

2

> ▶ Beispiele für unterschiedliche Wertvorstellungen
>   in Generationen

Es gibt Babyboomer, die die „Mängel der Jungen" beklagen, oder Vertreter der Generation Y, die sich über Workaholics unter den „Alten" aufregen und auf keinen Fall so arbeiten wollen. Sie selbst erwarten Mitspracherecht ab dem ersten Tag, ausreichend Personal, gute Schicht- und Notfallpläne, um pünktlich nach Hause gehen zu können. Sie möchten sich ihren privaten Aktivitäten und ihren Familien widmen. Das hat teilweise zur Folge, dass die Generation Y keine Führungsverantwortung mehr übernehmen will. Sie beobachten, dass Führungskräfte häufig 10 bis 12 Stunden arbeiten und Erschöpfungserscheinungen zeigen: Der hohe Wert „Leistung" mit dem zugehörigen Glaubenssatz „Nur wer etwas leistet, darf essen/wird anerkannt" wird durch den Wert „Life-Balance/Zeit für Freunde" und „Ich sorge gut für mich selbst – ich bin ok, so wie ich bin" abgelöst. Ebenso wünschen sie sich, dass sich das Führungsverhalten ändert – sie wollen als Mensch gesehen und auf Augenhöhe geführt werden sowie gern eigene Projekte übernehmen. Die Generation Z wiederum möchte Verantwortung übernehmen, auch führen – nur anders, im Rahmen der vertraglich festgelegten Arbeitszeit, mit flexiblen Arbeitsorten und Arbeitszeitmodellen. Daneben wünscht sie sich Sicherheit und Wohlstand. ◀

Zusammenfassung

Werte spielen eine wichtige Rolle im Leben und im Beruf, da sie Bedürfnisse darstellen. Wer seine Werte nicht erfüllt sieht, empfindet einen Mangel und kann seine Tätigkeit nicht so ausüben, wie es bei übereinstimmenden Werten ist. Werte haben stets zwei Seiten, eine positive und eine negative, sodass ihre Bedeutung hinterfragt werden muss, um Missverständnisse zu vermeiden. Werte kommen aus den Familien und können sich je nach Lebenssituation verändern. Sie werden von Eltern auf die Kinder und Enkel übertragen, ohne dass es ihnen bewusst ist. Sie zeigen sich auch in den vier Generationen Babyboomer, X, Y und Z.

Literatur

Assländer, F., & Grün, A. (2007). *Spirituell führen mit Benedikt und der Bibel*. Vier-Türme.

Bradshaw, J. (2015). *Familiengeheimnisse. Warum es sich lohnt, ihnen auf die Spur zu kommen* (10. Aufl.). Random House/Goldmann.

Hüther, G. (2011). Was wir sind und was wir sein könnten. In *Ein neurobiologischer Mutmacher* (8. Aufl.). Fischer.

Schulz von Thun, F. (2000) Miteinander reden 2. Stile, Werte und Persönlichkeitsentwicklung. Rowohlt.

Zitat von Aenne Burda. https://www.burda.com/de/unternehmen/aenne-burda/. Zugegriffen am 06.10.2022.

Literatur

...

Die zwei Pole der Persönlichkeit

Wie Persönlichkeit auf andere Menschen wirkt

Inhaltsverzeichnis

3

Trailer

Wie denken Sie über Menschen im Allgemeinen? Dass sie bequem, betrügerisch oder sogar böse sind? Oder sind Sie optimistisch und fühlen sich mit anderen Menschen verbunden, so wie der Autor Rutger Bregman, der auf über 400 Seiten zeigt, dass Menschen im Grunde gut sind? In diesem Kapitel geht es um beides: Um den guten Pol bei Menschen, um den dunklen und um alles, was zwischen den beiden Polen liegt. Die beide Extreme kommen in unterschiedlichen Ausprägungen in der Lebens- und in der Arbeitswelt vor und wirken auf die Unternehmenskultur, auf das Arbeitsklima und auf den Erfolg von Teams und Abteilungen.

Menschen sind einzigartig in ihren Charaktereigenschaften, Werten und Ausprägungen. In der Arbeitswelt werden unterschiedliche Persönlichkeiten erlebt, von optimistischen Kolleginnen und wertschätzenden Führungskräften über strategisch agierende Vorgesetzte bis zu cholerischen und narzisstischen Verantwortlichen und Mitarbeitern. Untersuchungen zeigen einen Zusammenhang zwischen bestimmten Persönlichkeitseigenschaften und Werten sowie Karrieren im Topmanagement. Ebenso gibt es Werte und Eigenschaften, die eine erfolgreiche Transformation von Unternehmen ermöglichen – und andere, die sie verhindern. Alle Werte haben durch das Verhalten und die Kommunikation Auswirkungen auf andere.

3.1 Persönlichkeit

Oft ist die Rede von Persönlichkeiten – was bedeutet das eigentlich? Ein besonderes Auftreten, ein besonders gutes oder schlechtes Verhalten oder Menschenbild? Charisma? Alltagspsychologisch kann folgende Definition verwendet werden:

> **Definition Persönlichkeit**
>
> Unter der Persönlichkeit eines Menschen wird die Gesamtheit seiner Persönlichkeitseigenschaften verstanden: die individuellen Besonderheiten in der körperlichen Erscheinung und in Regelmäßigkeiten des Verhaltens und Erlebens (Neyer & Asendorpf, 2018, S. 2).

Zu einer Persönlichkeit gehören neben den genannten körperlichen Eigenschaften kognitive Fähigkeiten wie Intelligenz oder Kreativität sowie Charaktereigenschaften, die durch die sogenannten *Big Five, die fünf Faktoren der Persönlichkeit,* im

Rahmen vieler Metastudien untersucht wurden und seit Jahrzehnten wissenschaftlich anerkannt sind. Die fünf klassischen Faktoren sind Extraversion, Neurotizismus, Gewissenhaftigkeit, Verträglichkeit und Offenheit. Zur Darstellung der Persönlichkeit heute wurden die fünf Dimensionen weiterentwickelt und bipolar dargestellt.

Bipolare Darstellung der Dimensionen des Fünf-Faktoren-Modells
Extraversion – Introversion Gewissenhaftigkeit – Flexibilität Offenheit – Beständigkeit Kooperation – Wettbewerb Emotionale Stabilität – Sensibilität ▶ https://linc.de/lpp-persoenlichkeitstest-bigfive/

Jede Dimension bzw. Eigenschaft wird unterteilt in je sechs Facetten, die die Persönlichkeit genauer beschreiben. Die persönlichen Eigenschaften befinden sich zwischen beiden Polen und bei starker Prägung auf einem Pol. Die Pole stehen sich nicht als Gegensatz oder als „wünschenswert oder defizitär" gegenüber, sondern *beide Seiten werden positiv gesehen, also wert-geschätzt.* Bei einer introvertierten Ausprägung beispielsweise fehlt die Extraversion: Introvertierte Menschen ziehen sich gern zurück, klären Dinge für sich und vermissen Gesellschaft nicht. Dennoch sind sie keine „Menschenfeinde", sondern gehen gern zu Feiern oder Netzwerktreffen. *Während jedoch Extravertierte aus diesen Treffen Energie gewinnen, kosten sie Introvertierte Energie, die sie durch Ruhe und Zeit für sich wieder aufbauen müssen.*

Bezogen auf Teams bedeutet z. B. eine introvertierte Ausprägung der Wunsch nach Einzelbüro oder Homeoffice, um gut arbeiten zu können. Auch Introvertierte haben soziale Kompetenzen und können Ergebnisse vor großen Gruppen präsentieren – sie tun es nur nicht so gern wie Extravertierte und es kostet sie viel Energie. Auch kommunizieren sie anders als Extravertierte, z. B. weniger spontan oder zugewandt. Die Facetten zeigen nicht nur die genauere Darstellung der Eigenschaften, sondern können sich auch gegenseitig verstärken oder ausgleichen. Bei Führungskräften oder solchen, die es werden wollen, können hohe Ausprägungen bei den Facetten Dominanz und soziale Offenheit (unter Extraversion), Gewissenhaftigkeit, emotionale Stabilität (fehlender Neurotizismus/Sensibilität) sowie Kooperationsfähigkeit (Verträglichkeit) unterstützen (u. a. Neyer & Asendorpf, 2018, S. 142–148).

Eine Persönlichkeit besteht aus körperlichen Eigenschaften, kognitiven Fähigkeiten und Charaktereigenschaften.

3

3.2   Der eine Pol: die guten Seiten

Der Niederländer Rutger Bregman schreibt in seinem Buch „Im Grunde gut" über „eine radikale Idee" (Bregman, 2021, S. 19). Er zeigt anhand vieler Beispiele, dass *Menschen viel besser sind* als in Medien und Büchern dargestellt. Menschen nehmen negative Ereignisse, die medial dargestellt werden, als häufiger vorkommend wahr als sie tatsächlich sind – denn über die positiven Ereignisse wird oft nicht geschrieben. Aus Sicht von Bregman sind Menschen *von Natur aus hilfsbereit, intrinsisch motiviert, offen für neue Erfahrungen sowie für Menschen und Erlebnisse.*

Die Untersuchung zum Thema „Ungleichheit und Konflikt 2022" der Soziologen Steffen Mau und Thomas Lux zeigt den großen *Unterschied zwischen der wahrgenommenen gesellschaftlichen Stimmung und der persönlichen Wahrnehmung* der Befragten. Persönlich halten sich Menschen für hilfsbereit und zuversichtlich, sind besorgt über den Klimawandel und glauben, dass die Vermögen zu ungleich verteilt sind, ohne von Spaltung zu sprechen. In den Medien wird jedoch Egoismus, Angst und Spaltung der Gesellschaft als allgemeine Haltung dargestellt. Somit nehmen Menschen diese Darstellung als „Tatsache" wahr, was zu einer sich selbst erfüllenden Prophezeiung führen kann: Wer ständig von betrügerischen Managern und egoistischen Unternehmern liest, glaubt nichts Gutes mehr und nimmt die deutliche Mehrzahl von gut wirtschaftenden Unternehmen nicht wahr (Schabel/Zeit Nr. 39 vom 22.09.2022, S. 27–29).

Menschen nehmen sich selbst als gut wahr, während sie von anderen eher Negatives wahrnehmen, u. a. durch Informationen aus den Medien. Das Gute in den Menschen wird von einem humanistischen Menschenbild und deren positive Werte gestützt.

Adam Grant zeigt in seinem Buch „Geben und Nehmen", dass Egoisten nicht immer gewinnen und hilfsbereite Menschen weiterkommen. Es gibt aus seiner Sicht Geber, Nehmer und Tauscher – die Geber sind die Zufriedensten. Interessant ist folgende Beobachtung von Grant: Wenn jemand den Eindruck hat, er bekommt nicht die angemessene Anerkennung, so bewertet er seinen Anteil an einer Kooperation höher als den Anteil seiner Partner (nach Grant, 2013).

❯ Das humanistische Menschenbild

Das humanistische Menschenbild beruht auf der Annahme, dass der Mensch im Grunde gut ist. Er ist fähig und bestrebt, sein Leben selbst zu bestimmen (Ansatz der Autonomie) und ihm Sinn und Ziel zu geben. Jeder Mensch hat das Recht auf Freiheit, Respekt und die Verpflichtung, andere zu respektieren und für sich Verantwortung zu übernehmen. Jeder Mensch ist einzigartig und so gut, wie er ist. Jeder Mensch soll andere so akzeptieren, wie sie sind, auch wenn es nicht immer nachvollziehbar ist. Menschen mit diesem Menschenbild

- verhalten sich wertschätzend und respektierend
- sehen vor allem Stärken – und nicht Schwächen –, erhalten sie und/oder bauen sie aus
- sind empathisch und zugewandt
- kennen die privaten Rollen ihrer Mitarbeiter und beziehen das in ihre Entscheidungen ein
- geben ihren Mitarbeitern die Möglichkeit, Neues zu lernen
- sehen in Veränderungen Chancen und begleiten ihre Mitarbeiter durch Informationen und Unterstützung
- sind konfliktfähig und lehren diese Fähigkeit ihren Mitarbeitern
- verstehen, dass es verschiedene Sichtweisen bzw. Wahrnehmungen von Situationen gibt, hören daher gut zu und stellen offene Fragen
- können durch Kenntnis entsprechender Techniken gut moderieren und Gespräche führen
- geben Feedback und erwarten ebenfalls Feedback von ihren Mitarbeitern.

(Lüneburg, 2019, S. 99)

Wer als Führungskraft seine Macht und seinen Einfluss nutzt, um andere in ihrer Berufslaufbahn zu unterstützen und das Potenzial seiner Mitarbeiterinnen zu nutzen, ist zufriedener, erlebt mehr Sinnhaftigkeit in seinem Beruf – und seine Organisation ist erfolgreicher. Führungskräfte mit einem *positiven Menschenbild glauben an ihre Mitarbeiter, ihre Potenziale und Kompetenzen.* Sie erwarten Gutes von ihnen und erleben so tatsächlich bessere Leistungen und mehr Zuverlässigkeit.

Mitarbeiter fühlen sich ihrer Leitung verbunden, wenn sie positive Rückmeldungen erleben und ihnen Vertrauen entgegengebracht wird, und wollen sie nicht enttäuschen. Gleichzeitig profitiert die Führungskraft: Denn intrinsisch motivierte Mitarbeiterinnen erbringen gute Leistungen, sodass das eigene Team im Unternehmen einen guten Ruf gewinnt.

❯ **Die Basis für das positive Menschenbild sind positive Werte wie**
- Vertrauen/vom Guten ausgehen,
- Klarheit in der Kommunikation und im Handeln,
- Empathie, um die Bedürfnisse der Mitarbeiter zu erkennen bzw. zu erfragen und
- Mut, zu dieser Art der Führung zu stehen und sie weiterzuführen (und ein echter Leader zu sein, dazu später mehr).

Wer mutig und selbstbewusst auf diese Weise führt, kann mit Hilfe seiner Werte – und mit Unterstützung weiterer mutiger Personen – schlechtem Führungsverhalten etwas entgegensetzen.

3

3.3   Der andere Pol: die dunkle Triade

Menschen, die ihren Erfolg auf Kosten vieler anderer erreichen, ohne sie daran teilhaben zu lassen, schaden ihren Teams. Sie machen durch ihre ausbeuterische Führung oft selbst Karriere und zeigen aggressives Verhalten, das bei ihren Teams für Angst, negativen Stress, innere Wut, Rückzug oder „Dienst nach Vorschrift" und damit für hohe Krankenstände und Fluktuationsraten sorgt.

> **Die sich selbst erfüllende Prophezeiung**
>
> Erwartet eine Führungskraft wenig von ihren Mitarbeitern, so erhält sie auch wenig. Oder noch schlimmer: Wer seine Mitarbeiter für unfähig und faul hält, erlebt die sich selbst erfüllende Prophezeiung. Die Mitarbeiterinnen spüren die Ablehnung und das negative Bild des Vorgesetzten, ziehen sich hinter Vorschriften zurück und bleiben unter ihren Möglichkeiten. Und damit fühlt sich die Leitung bestätigt in ihrer Meinung.
>
> Hier stellt sich die Frage: Wie sollen mit solcher Haltung dringend notwendige Veränderungen im Unternehmen umgesetzt werden?
>
> Die hoffnungsvolle Antwort: Die sich selbst erfüllende Prophezeiung funktioniert auch als positiver Kreislauf, wie ab ▶ Kap. 6 zu sehen sein wird.

Destruktive Führungskräfte fördern ihre Mitarbeiter nicht, geben ihnen keinen Handlungsspielraum und delegieren keine Aufgaben. Ihnen fehlen Werte wie Empathie, Ehrlichkeit, Transparenz durch Feedback zur Leistung ihrer Mitarbeiterinnen und Vertrauen in ihre Fähigkeiten. Wer seine Mitarbeiter nicht wahrnimmt, ihnen also keine Aufmerksamkeit und Wertschätzung gibt und ihnen einen eigenen Verantwortungsbereich vorenthält, gehört ebenfalls zu den *destruktiven oder toxischen Führungskräften*. Wenn sich die Führungskraft nicht zugehörig fühlt, kann kein Wir-Gefühl im Team entstehen, das jedoch von den Mitarbeitern vermisst wird.

Destruktiv führt auch, wer keine Klarheit vermittelt hinsichtlich eigener Ziele und Erwartungen, wer wenig anwesend ist und wenn ja, sich in seinem Büro „verbarrikadiert" und damit signalisiert, dass er nicht ansprechbar ist.

Destruktive bzw. toxische Führungskräfte haben ein negatives Menschenbild und machen Karriere auf Kosten ihrer Mitarbeiter. Sie werden weder gefördert noch werden ihre Anliegen gehört und ihnen Zeit zum Austausch gegeben.

Mitarbeiterinnen müssen die Chance haben, *Hilfe und Unterstützung von ihrer Führungskraft* zu bekommen, sowohl in fachlichen Fragen als auch bei privaten Anliegen wie einer Verbesserung der Work-Life-Balance. Auch möchten sie *fair und gerecht* behandelt werden, z. B. bei der Verteilung von Aufgaben, bei Projekten oder Beförderungen. Wenn Konflikte ausbrechen, ist mit einer destruktiven Führungskraft nicht zu rechnen, sondern Themen werden verschwiegen. Da Konflikte nicht verschwinden, wird der Zustand in einem Team mit Konflikten bei Nicht-Handeln irgendwann eskalieren. Im schlimmsten Fall entsteht das toxische Dreieck in der gesamten Organisation.

> ❯ **Das „toxischen Dreieck":**
> Der wichtigste Unternehmenswert ist ein hoher *Erfolgs- und Leistungsdruck (Pol 1)*; die *Mitarbeiter (Pol 2)* lassen alles passiv geschehen oder hoffen, sich durch (äußerliche) Übernahme dieses Werts als eigene Karrierestrategie zu profilieren. Der *3. Pol* des Dreiecks sind *destruktive Führungskräfte*.

Führungskräfte, die destruktiv führen, haben ein *negatives Menschenbild*. Sie gehen davon aus, dass Menschen bequem und egoistisch sind und ohne autoritäre Führung, Kontrolle, Regeln und Vorgaben nicht arbeiten bzw. nicht gut arbeiten. Sie glauben auch, dass Menschen nur durch Druck oder finanzielle Anreize bereit sind, die gewünschten Leistungen zu erbringen. Manche erwarten bessere Leistungen, indem sie Mitarbeiter oder Abteilungen gegeneinander antreten lassen, also den internen Wettbewerb steigern.

Es gibt die Vermutung, dass Machtpositionen zu einer Verringerung von Verbundenheit beitragen. Das bedeutet, dass Menschen in höheren Führungspositionen weniger empathisch sind und sich mehr abgrenzen, also z. B. nicht mehr mitlachen, weniger zuhören oder weniger versuchen, sich mit möglichen Bedürfnissen anderer auseinanderzusetzen. Das führt dann wiederum dazu, dass diese Führungskräfte stereotype Urteile über ihre Mitarbeiter fällen und somit glauben, dass diese gesteuert und kontrolliert werden müssen (Bregman, 2021, S. 250–255).

> ❯ **Zwei Seiten von Macht**
> Auch der Wert *Macht* hat zwei Seiten: Häufig werden negative Eigenschaften mit Macht verbunden, z. B. in Zusammenhang mit Führung, Großunternehmen, Parteien, Reichtum oder Familien. Hier passt die englische Übersetzung „force", die auch Gewalt oder Zwang bedeutet.
>
> Macht hat auch eine positive Seite: Wer Macht besitzt, kann viel bewirken, z. B. die Veränderung gesellschaftlicher Zustände oder Veränderungen in Unternehmen wie die Einführung neuer Arbeitszeitmodelle. „Power", auch mit Energie oder Fähigkeit übersetzt, entspricht dann eher der positiven Seite.
>
> Wenn sehr charismatische Menschen scheinbar empathisch sind, kann das andere Menschen ebenso blenden wie Macht sie beeinflussen kann. Menschen sind offenbar leichter bereit, vom Bösen auszugehen als zuzugeben, dass Menschen gut sind oder sein könnten.

3

In Bezug auf die negative Seite spielt die *dunkle Triade der Persönlichkeit* eine besondere Rolle in der destruktiven bzw. toxischen Führung: Sie besteht aus *Narzissmus, Machiavellismus und Psychopathie*. Alle drei Persönlichkeiten können als *egoistisch, kalt und manipulativ* beschrieben werden. Darüber hinaus unterscheiden sie sich in ihrem Verhalten gegenüber Menschen und in ihren sozialen Beziehungen, da sie aus unterschiedlichen Motiven handeln. Narzissten wollen eine führende Rolle einnehmen, dominieren und sich überlegen fühlen, während Machiavellisten und Psychopathen sich als wenig zugehörig zu sozialen Gemeinschaften fühlen.

Narzissten zeichnen sich durch eine starke, sogar überzogene Selbstliebe und Ichbezogenheit aus, Eine narzisstische Person ist sehr freundlich zu anderen, da sie ständiges Lob und Anerkennung für ihr Selbstbild der Überlegenheit braucht. In der Arbeitswelt ist es das Team oder auch die eigenen Vorgesetzten, die eine narzisstische Führungskraft stetig bestätigen und loben müssen. Dennoch ist *Narzissmus die positivste Form der dunklen Triade*, da Narzissten ihre soziale Gemeinschaft brauchen, um ihre Einzigartigkeit und Großartigkeit immer wieder bestätigt zu bekommen. Sie können dank ihres Charismas viele Veränderungen bewirken, neue Projekte anschieben oder visionär sein. Gleichzeitig ist Kritik nicht zugelassen. Wenn Narzissten nicht stetig bestätigt oder sogar kritisiert werden, fühlen sie sich persönlich angegriffen und sind gekränkt. Diese Kränkung wird als Beleidigung aufgefasst und lässt die Narzissten irrational handeln. So kann ein narzisstischer Vorgesetzter alles zerstören, was er mit seinem Team aufgebaut hat, wenn er sich nicht angemessen gewürdigt fühlt (Furtner, 2017, S. 7–8).

Merkmale von Narzissten:
- großes Ego
- übersteigerte Selbstliebe
- Großartigkeit
- Anspruch auf Bestätigung
- Dominanz
- Überlegenheit
- Charisma
- Kränkung
- Bedürfnis nach Zugehörigkeit in einer Gemeinschaft, um Bewunderung und Anerkennung zu bekommen

Machiavellisten können gut manipulieren und täuschen. Ihr Ziel ist es, Karriere zu machen, um einen bestimmten Status, ein hohes Gehalt und Macht zu gewinnen. Auch sie sind sehr auf sich fokussiert, brauchen jedoch die soziale Gemeinschaft nicht wie die Narzissten. Um ihre Karriereziele zu erreichen, manipulieren sie sehr geschickt, sodass Mitarbeiter und vor allem Vorgesetzte, die sie fördern sollen, es nicht merken. Als Team- oder Abteilungsleiter geben sie ihren Mitarbeiterinnen nur so viele Informationen, wie sie für ihre aktuelle Arbeit brauchen. Sie betrachten ihre manipulativen und antisozialen Strategien mit Täuschungen, Betrügen und Lügen als geeignetes Mittel, ihre Ziele zu erreichen, und empfinden keine Reue oder Schuldgefühle, falls ein Mitarbeiter aufgrund der Manipulation ungerecht behandelt wird. Somit stehen sie ethischen und moralischen Grundsätzen, die seit einigen Jahren von vielen Unternehmen entwickelt werden, negativ gegenüber, da ihre Leitwerte Status, Wohlstand, Macht und Einfluss sind. Häufig werden kämpferische und kriegerische Worte und

Bilder in der Kommunikation benutzt. Im Gegensatz zu den Narzissten, die eine soziale Gemeinschaft als Publikum brauchen, agieren sie im Hintergrund und ziehen Fäden. Sie brauchen keine Anerkennung von außen, sondern Status und Position bestätigt sie. Macht üben sie so unauffällig aus, dass niemand ihre Strategien erkennen und eingreifen kann (Furtner, 2017, S. 8–9).

Psychopathen sind emotional kalt, sehr impulsiv und kaum selbstkontrolliert. Damit sind sie unberechenbar für ihre Umgebung. Sie sind wenig empathisch, da sie nicht in der Lage sind, sich in andere Menschen einzufühlen. In ihrem Leben suchen sie immer wieder neue Reize und Erlebnisse, da ihr Energielevel sehr hoch ist. Auch Psychopathen können, wie Machiavellisten, andere leicht manipulieren, können jedoch im Gegensatz zu Narzissten ihre Impulsivität schlechter steuern. Damit wird deutlich, dass Psychopathen aggressiver gegenüber ihren Mitmenschen auftreten, sie z. B. tyrannisieren, Wutausbrüchen aussetzen oder mobben. Sie sind deutlich risikobereiter, was in Unternehmen zu guten wie schlechten Ergebnissen führen kann. Häufig sorgen psychopathische Führungskräfte in ihren Teams durch Einschüchterung, Wutanfälle und kontraproduktiven, verletzenden Humor für Dienst nach Vorschrift, keine eigenen Ideen der Mitarbeiter und einseitige Kommunikation. Da sie keine Anerkennung durch die soziale Gemeinschaft brauchen, interessiert sie ihre Wirkung auf andere nicht. Macht ist ihr wichtigster Leitwert (Furtner, 2017, S. 9–11).

Furtner bezeichnet Führung durch Menschen, die eine der drei Persönlichkeitsausprägungen haben, als „Dark Leadership". Sie wollen stets die Kontrolle behalten, ihre Macht gegenüber ihren Mitarbeitern ausüben und manipulieren, um ihre Ziele zu erreichen. Gleichzeitig werden dominante Menschen häufig eher in eine Führungsposition befördert (Furtner, 2017, S. 13).

Ein „Dark Leader" hat ein *hohes Machtmotiv*; ihn treibt das Ziel der *sozialen Dominanz* an, das er mit Druck und Kontrolle erreichen und erhalten will. Die jeweilige Persönlichkeit zeichnet sich durch „Anti-Werte" wie Unverträglichkeit, Selbstgefälligkeit, Gefühllosigkeit, Misstrauen, Verschlossenheit, Abwertung, Kampf, Respektlosigkeit, Intoleranz, Intransparenz, Ungerechtigkeit, Ungeduld und Disziplinlosigkeit aus.

Die drei unterschiedlichen Persönlichkeiten erreichen ihre *Führungsziele* auf unterschiedliche Weise.

Der *Narzisst* kann sehr charmant, inspirierend und visionär sein und zahlt so auf die intrinsische Motivation seines Teams ein. Er braucht positive Beziehungen und Bewunderung seiner Umgebung, um erfolgreich zu führen; bevorzugt jedoch

Merkmale von Machiavellisten
- manipulativ
- antisozial
- berechnend, kalt
- täuschend
- selbstkontrolliert
- Bedürfnis nach Macht, Status, Wohlstand
- Ethik und Moral unwichtig
- soziale Anerkennung unwichtig
- ziehen die Fäden im Hintergrund
- wenig angreifbar

Merkmale von Psychopathen
- emotional kalt
- impulsiv, wenig steuerbar
- wenig selbstkontrolliert
- unberechenbar
- nicht empathisch
- manipulativ
- aggressiv
- tyrannisch
- risikobereit
- negativer Humor

3

einen autoritären Führungsstil. Narzissten haben eine *hohe Motivation, zu führen*, um sich ihre gefühlte Großartigkeit stets bestätigen zu lassen. Wenn das Team die ihm zugewiesene Rolle ausfüllt, können sie effektiv führen.

Der *Machiavellist* agiert autoritär, an Aufgaben orientiert, jedoch *ohne Freude am Führen* und ohne Interesse an seinen Mitarbeiterinnen. Er ist gut in den klassischen Führungsaufgaben Planen, Entscheiden und Kontrollieren. Sein Führungsverhalten reduziert die Motivation von Mitarbeitern, die eine gute Beziehung zu ihren Vorgesetzten brauchen, um gut arbeiten zu können. Der Machiavellist hat die Geduld, langfristige Unternehmenserfolge zu erreichen, sieht hier jedoch keine relevante Rolle für seine Mitarbeiterinnen.

Der *Psychopath* hat das Karriereziel der Unternehmensspitze. Er ist antisozial, ist impulsgesteuert und z. T. paranoid. Er sieht nur den kurzfristigen Erfolg und macht sich keine Gedanken über Konsequenzen seines Handelns oder die Folgen für Mitarbeiter und die Organisation. Sein Ziel ist die Unternehmensleitung, er betrachtet die Welt schwarz-weiß und seine Umgebung wird eingeteilt in „für mich" oder „gegen mich". Seine Führungseffektivität ist aufgrund seiner hohen Impulsivität und seines unberechenbaren Verhaltens jedoch gering.

Insgesamt setzen sich alle drei Persönlichkeiten leicht über Regeln und Normen hinweg, zeichnen sich durch eine geringe Verträglichkeit (eine Charakterausprägung der Big Five) aus und lehnen Ideen wie transformationales oder agiles Führen ab (Furtner, 2017, S. 14–30).

Menschen mit diesen Persönlichkeitsausprägungen werden in der Organisationswelt als „Dark Leader" bezeichnet. Sie führen vor allem autoritär, sind wenig verträglich, ignorieren Regeln und haben kein Interesse an ihren Mitarbeitern.

Wie der Wert Macht hat auch der Wert *Freiheit* zwei Seiten. Freiheit wird meist als positiv empfunden und ist häufig ein wichtiger Antreiber. So kann Freiheit bei einem Bright Leader bedeuten, dass er nach *ethischen und moralischen Grundsätzen*, vielleicht sogar selbstlos handelt und sich dem Gemeinwohl verpflichtet sieht. Freiheit als Ziel soll allen zur Verfügung stehen und *Macht dient der gemeinsamen Sache*, ist ein sozialisiertes Ideal. Für einen Bright Leader sind Ehrlichkeit, Selbstkontrolle und Verantwortungsbereitschaft wichtige Werte. Er wird von seinen Mitarbeitern als Held gesehen.

Freiheit bedeutet für einen Dark Leader ausschließlich seine *persönliche Freiheit*. Er fühlt sich nicht an Regeln, Normen oder Ethik der Gesellschaft oder seines Unternehmens gebunden. Selbst wenn es ein Leitbild gibt, sieht er sich nicht verpflichtet, sich an diese Leitsätze zu halten. *Macht* ist für selbstsüchtige Menschen ein *personalisiertes Ideal*, seine Werte sind Status, Wohlstand, Einfluss und Stärke. Er ist der Anti-Held, der sich durch Unehrlichkeit, geringe soziale Verträglichkeit und Ablehnung von Moral und Ethik auszeichnet.

Die dunkle Seite der Führung kann einen *großen Reiz auf Menschen* ausüben. Sie bewundern einen Anti-Helden ebenso wie einen Helden, da er ihnen zeigt, wie *Freiheit durch Macht* erreicht werden kann. Damit sind Dark Leader häufig genauso erfolgreich wie die selbstlosen Bright Leader. Auch könnte ein zunächst egoistisches Führungsverhalten dazu beitragen, dass jemand auf eine sehr hohe Führungsposition gelangt, wo er dann mit seiner Machtfülle andere Menschen unterstützen und ein Unternehmen zu neuen Zielen wie der kulturellen und digitalen Transformation führen kann (Furtner, 2017, S. 2–3, 32).

An dieser Stelle muss jedoch hinterfragt werden, *auf wessen Kosten Dark Leader erfolgreich* sind. Bright Leader sind interessiert an ihren Mitarbeitern, sorgen für ihre Weiterentwicklung und unterstützen sie. Das kommt auch dem Unternehmen zugute, das in Zeiten von Fachkräftemangel stärker für Mitarbeiterbindung und -entwicklung sorgen muss. Mitarbeiterinnen von Dark Leadern bewundern entweder sein Charisma und seine Ideen und Visionen und ahmen ihn nach oder leiden unter Manipulation, Täuschung oder Wutanfällen und mangelndem Wissen. Je nach Belastbarkeit verlassen Mitarbeiter nach einer gewissen Zeit das Unternehmen oder lassen sich versetzen.

> Bright Leader werden als selbstlose Helden mit Interesse am Gemeinwohl betrachtet. Dark Leader sind Anti-Helden mit Interesse am persönlichen Wohl und Ablehnung von Normen und Leitsätzen.

Andere, die aus unterschiedlichen Gründen bleiben wollen, suchen sich Unterstützung durch Coaching, meist auf eigene Kosten und in der Freizeit, da bei Dark Leadern die Inanspruchnahme von Coaching ein Zeichen von Schwäche ist. Daher sprechen diese Mitarbeiter nicht gegenüber Kollegen über ihre Entscheidung, sich begleiten zu lassen, um vor dem aggressiven Humor des Vorgesetzten oder ähnlich agierenden Kollegen geschützt zu sein.

Immer mehr Unternehmen wollen transformationales oder agiles Führen in ihre Unternehmenskultur übernehmen. Durch Dark Leadership wird deutlich, dass hier Baustellen sein können, die zunächst beseitigt werden müssen. Denn ohne veränderte Haltung, beginnend an der Unternehmensspitze, kann eine Transformation nicht erfolgreich sein.

3.4 Auswirkungen auf Familien und Unternehmen

Menschen, die als Mitarbeiterinnen oder untere Führungskräfte Angst oder Wut empfinden und negativen Stress durch hohen Druck und ein unangenehmes Führungsklima erleben, reagieren auf unterschiedliche Weise. Die einen ziehen sich zurück und machen „Dienst nach Vorschrift", die anderen geben

3

den Druck zuhause an Familienmitglieder weiter. Diese können sich Verhaltensweisen wie unangemessene verbale oder körperliche Angriffe oder Schweigen nicht erklären und beziehen das Verhalten auf sich. Das führt zu Konflikten in den Familien, die sich bei Nichtklärung vertiefen können. Die Wahrnehmung der Kinder „Arbeiten macht krank und böse" ist belastend für das eigene spätere Verhalten als Erwachsener.

Für die Unternehmen wiederum hat das Vorhandensein von Dark Leadern zur Folge, dass durch eine mangelnde intrinsische Motivation bei Mitarbeiterinnen Potenziale nicht genutzt werden und damit nicht die Leistung erbracht wird, die möglich wäre. Auch ein hoher Krankenstand sowie hohe Fluktuationsraten können eine Folge von Dark Leadership sein. Dark Leader stehen auch im Zusammenhang mit einer entsprechenden Unternehmenskultur: Leistungs- und Erfolgsdruck sowie hohe, manchmal unrealistische Zielvorgaben, die an Prämien gekoppelt sind (oft ein wichtiger Teil des Gehalts).

Dark Leadership hat negative Auswirkungen auf betroffene Familien durch Weitergabe von Druck und Ärger. In Organisationen kann Dark Leadership zu hohen Krankenständen und Fluktuationsraten führen.

Wenn es genau andersherum ist: Motivierte Mitarbeitende, die von inspirierenden, integren und begeisterungsfähigen Leadern in einer wertschätzenden Umgebung geführt und als Mensch gesehen werden, tragen die positiven Ergebnisse nach Hause und berichten von ihrer Arbeit. Natürlich gibt es immer wieder und überall harte Zeiten und negative Erlebnisse. Wenn jedoch Werte, die für ein positives Menschenbild stehen, Basis für eine Unternehmenskultur sind, können negative Teile der Arbeit besser verarbeitet werden.

Zusammenfassung

Die Persönlichkeit von Menschen ist einzigartig. Grundsätzlich sind Menschen hilfsbereit und unterstützen andere. Da in Medien jedoch meist von negativen Beispielen berichtet wird, nehmen Menschen die Gesellschaft als egoistisch und selbstbezogen wahr. Auch in der Führung sind unterschiedliche Persönlichkeiten vertreten, von der selbstlosen, am Gemeinwohl orientierten Leitung bis zu den sogenannten Dark Leadern, die eine narzisstische, machiavellistische oder psychopathische Persönlichkeit haben können. Deren manipulativen Verhaltensweisen haben negative Auswirkungen auf Familien und Unternehmen, insbesondere, wenn Unternehmen ihre Unternehmens- und Führungskultur verändern wollen.

Literatur

Bregman, R. (2021). *Im Grunde gut. Eine neue Geschichte der Menschheit* (10. Aufl.). Rowohlt. https://www.rowohlt.de/buch/rutger-bregman-im-grunde-gut-9783499004162.

Furtner, M. (2017). *Dark Leadership*. Springer.

Grant, A. (2013). *Geben und Nehmen. Warum Egoisten nicht immer gewinnen und hilfsbereite Menschen weiterkommen*. Droehmer.

LINC Personality Profiler. https://linc.de/lpp-persoenlichkeitstest-bigfive/ Zugriffsdatum am 30.09.2022.

Lüneburg, A. (2019). *Auf dem Weg zur Führungskraft. Die innere Haltung entwickeln*. Springer.

Neyer, F. J., & Asendorpf, J. B. (2018). *Psychologie der Persönlichkeit* (6. Aufl.). Springer.

Schabel, U. Wenn es darauf ankommt. In Die Zeit Nr. 39 vom 22.09.2022.

Literatur

Transgenerationale Weitergabe von Werten in Familien

Macht und Muster, Rollen und Reife, Lücken und Lebensalter

Inhaltsverzeichnis

© Der/die Autor(en), exklusiv lizenziert an Springer-Verlag GmbH, DE,
ein Teil von Springer Nature 2023
A. Lüneburg, *Wie digitale Transformation mit Werten gelingt*,
https://doi.org/10.1007/978-3-662-66727-9_4

4

Trailer

Haben Sie sich schon oft gefragt, wo ein destruktives Verhalten bei Führungskräften (und bei Familienmitgliedern) herkommt? Wie kommt es, dass manche Führungskräfte immer das Schlechteste von ihren Mitarbeitern annehmen? Und meinen, sie stets kontrollieren zu müssen, da sie ja „sonst nichts tun"? Woher kommen Glaubenssätze wie „Traue niemandem" oder „Ohne mich ist das Team verloren"?

Werte und Verhaltensmuster kommen aus den Herkunftsfamilien und werden über Generationen ebenso weitergegeben, wie Erlebnisse oder Traumata aus Krieg oder Flucht. Wenn Menschen durch Selbstreflexion oder mithilfe von externer Unterstützung die Muster erkennen und sie ablegen, ihre Familiengeschichten kennen und über Macht, Rollen und Lücken in ihrer Familie Bescheid wissen, kann dies zur Reife ihrer Familie beitragen. Unterschiedliche Werte in den Generationen resultieren aus reflektierten Werten und Veränderungen in den Familien und in der Erziehung der Kinder.

Inzwischen gibt es sehr viel Literatur zu dem Thema *Transgenerationale Weitergabe*. Weitergegeben werden z.B. Verhaltensweisen, Werte, Tabus, Geheimnisse, Bedürfnisse wie Sicherheit, die Art der Bindung oder das Verhältnis zu Besitz. Manchmal werden auch Traumata aufgrund von Kriegs- und Fluchterlebnissen heutiger Eltern und Großeltern weitergegeben. In manchen Familien wurden diese Erlebnisse ausführlich und immer wieder erzählt, sodass Kinder und Enkel unbewusst Ängste vor „den Russen" oder vor dem Alleinsein entwickelten, denn der übertragene Wert in der Familie hieß „Nur mit der Familie bist du stark und kannst dich gegen die böse Welt durchsetzen". In anderen Familien wurde nichts erzählt – als hätte diese Zeit nicht stattgefunden: Auch dieses „transgenerationale Schweigen" hat Auswirkungen auf die Nachkommen, nicht nur auf die Kinder, sondern auch auf die Enkel – und auf deren Verhalten und Kommunikation in der Arbeitswelt.

Werte und Glaubenssätze (siehe ▶ Abschn. 2.1) werden auch ohne schlimme Erlebnisse weitergetragen: Eltern und Großeltern leben Werte vor; sie werden von den Nachkommen zwar manchmal im Teenageralter infrage gestellt – aber doch unbewusst weitergetragen, wenn sie nicht bewusst reflektiert und ggf. verändert werden. Spätestens bei der eigenen Familiengründung werden *Werte in der Kindererziehung* genutzt und Muster gelebt.

Werte und Muster haben in der *Arbeitswelt* ebenso einen Platz: Wer ein patriarchisches Muster in der Familie erlebt hat, verhält sich häufig gegenüber seinen Vorgesetzten wie früher den Eltern gegenüber: angepasst und brav – oder rebellisch und herausfordernd. Wer immer wieder gehört hat, dass er nichts taugt, geht mit einem niedrigen Selbstwertgefühl in ein Unternehmen. Auch das mitgebrachte Menschenbild – sehe ich Menschen positiv und begleite sie gern auf ihrem Weg oder sehe ich sie negativ, also faul und unfähig? – hat Auswirkungen auf das Verhalten im Unternehmen.

Erst wenn Menschen ihre Muster und Werte erkennen und sie durch passende eigene Werte ersetzen, werden sie zu einer *reifen Persönlichkeit*. Mit der neuen Haltung können Menschen in ihrer eigenen, selbst gegründeten Familie für Reife sorgen, die sich wiederum auf ihre Kinder überträgt. Und ebenso können sie im Unternehmen dazu beitragen, Vorbild für andere zu sein und die geplante Transformation erfolgreich umzusetzen.

> Werte und Glaubenssätze werden unbewusst von Generation zu Generation weitergetragen und prägen das Verhalten der Kinder und Enkel im Privat- und Arbeitsleben.

4.1 Familiengeschichte

Familien können einen *stark bindenden Charakter* haben: Im positiven Sinne sind sie miteinander verbunden, die Familienmitglieder tragen sich gegenseitig, ohne sich einzuengen. Im negativen Sinne können sie durch *Familienregeln* die einzelnen Mitglieder an ihrer persönlichen Entwicklung hindern, denn es gibt *Loyalitätspflichten*, die eingehalten werden müssen. Die Kinder sollen die unerfüllten Träume von Mutter oder Vater umsetzen oder sie für Verluste (menschlich oder materiell) entschädigen. Da ist die Mutter, die vom erwachsenen Sohn verlangt, dass er sich trotz eigener Familie immer um sie kümmert, oder der Vater, der „die kleine Tochter" vor bösen Männern beschützen will.

Kinder haben den Wunsch, dass es ihren Eltern gut geht, damit sie gut für sie sorgen können. Wenn sie merken, dass die *Eltern unter etwas leiden*, wollen sie alles dafür tun, um sie für früheres Unrecht, Leiden oder unerfüllte Wünsche *zu entschädigen* (auch wenn sie nicht verstehen, worum es geht). Daher schließen Kinder einen unbewussten „Loyalitätsvertrag" mit den Eltern oder einem Elternteil, um ihn oder sie zu heilen. Das führt jedoch zu einem *Mangel beim Kind*: Es sorgt nicht für sich und kann sich nicht zu einer *autonomen Persönlichkeit* weiterentwickeln. Diese Vorgänge auf Basis negativer

4

Familien können einen stark bindenden Charakter haben: Positiv durch große Verbundenheit mit Freiraum oder negativ durch Familienregeln und Loyalitätspflichten.

Familien können eine Familienbuchführung, unsichtbare Familienverbote oder scham- und schuldbehaftete Geheimnisse haben.

Erlebnisse können sich auf weitere Generationen übertragen, wenn sie nicht aufgelöst werden. Wenn also diese Kinder selbst Eltern werden, geben sie die Wunden unbewusst weiter – auch wenn sie es besser machen wollen – und erwarten von ihren eigenen Kindern die gleiche Unterstützung.

Ancelin Schützenberger (2010) zeigt in ihren Forschungen zu Familien und Generationen, dass es Familien mit einer *Familienbuchführung* gibt. In diesen Familien wird genau notiert, wer was und wieviel bekommt. Wenn also ein Elternteil verstirbt, wird aufgerechnet, welches Kind was für die Eltern getan oder nicht getan hat und was die Leistung wert ist. Diese Be-Wertung von Leistungen wird auch auf die Enkel und Urenkel übertragen. Ebenso gibt es manchmal eine *Loyalitätsschuld* gegenüber der Familie: Was auch immer passiert, Kinder schulden ihrer Familie und deren Werten immer Loyalität, auch wenn diese nicht mit den eigenen übereinstimmen und es um Betrug oder andere Vorfälle geht. Ebenso verlangen Eltern manchmal die Loyalität der Kinder, wenn sie mit Onkeln oder Tanten im Streit sind, auch wenn sich die Kinder mit den Verwandten gut verstehen. *Unsichtbare bzw. nicht ausgesprochene Familienverbote* wie „Du darfst nicht erfolgreicher sein als dein Vater/deine Mutter" oder mit *Scham oder Schuld besetzte Familiengeheimnisse* wirken auf die Familienmitglieder ein. In diesen Familien darf kein Externer wissen, dass ein Verwandter homosexuell ist oder die Tante Selbstmord begangen hat.

Drexler (2020) und Konrad (2020) zeigen in ihren Büchern, wie Kinder ihre *Erlebnisse und Gefühle* nach schlimmen Erlebnissen „wegsperren" müssen, um ihr Leben weiterleben zu können, da ihre eigenen Eltern ihnen nicht helfen konnten, sie verlassen hatten oder gestorben waren. Mit den eigenen Kindern konnten sie nicht in *Verbindung (Resonanz)* gehen, denn sie hätten sich *ihren abgespaltenen Gefühlen stellen müssen.* Das führte oft zu einem Desinteresse an dem Leben ihrer Kinder, zu einem von den Kindern wahrgenommenen Neid („Ihr habt es gut, euch hat der Krieg oder die Diktatur nicht die Jugend weggenommen") und zu einem Abwerten der Gefühle und Erlebnisse der Kinder, z. B. bei Mobbing. Manche Eltern verletzen die *Grenzen ihrer Kinder* und erlauben ihnen nicht, eigene Wege zu gehen. *Familienmythen* werden am Leben erhalten („Wir waren die Guten") und Kinder in nicht passende Rollen gedrängt. Die Leitbilder der Familien, Erziehungsnormen und möglicherweise *neurotische Familienstrukturen* sowie Wertesysteme von früher werden weitergetragen in die nächsten Generationen. Ein negatives Beispiel ist die Verschickung von Kindern in Kinderferienheime zwischen 1950 und 1980 – in diesem Heimen wurden die „Erziehungsideale" und die schwarze Pädagogik des Nationalsozialismus über

Jahrzehnte weiter ausgeübt zum Schaden der Kinder, während die Eltern tatenlos blieben oder das Angebot positiv sahen („Haben wir auch mitgemacht").

Radebold (2009) und Wüstel (2017) haben sich dem Thema des *ungelebten Lebens der Eltern* gewidmet, das stark auf die Kinder wirkt. Viele Kinder fühlen sich verpflichtet, die Wünsche der Eltern zwanghaft zu erfüllen, die diese verdrängt oder unbewusst gehalten haben. Der Stress aus der Kindheit „Du musst Arzt werden, ich konnte es nicht" beeinflusst durch das *Stressgedächtnis* Gefühle und Verhalten der Kinder noch als Erwachsene.

Ein Teil der Kinder und Enkelkinder haben sich davon distanziert und ihren eigenen Weg gefunden, andere sind dem Pfad der Eltern gefolgt. Beide Verhaltensweisen haben Auswirkungen auf das spätere Verhalten am Arbeitsplatz. *Übertragene Erziehungswerte und Glaubenssätze* wie „Ich erwarte bedingungslosen Gehorsam", „Widersprich nicht, die oben sind mächtiger" oder „Ich muss immer Leistung erbringen und darf nicht krank sein" wurde und wird von Führungskräften ebenso wie von Mitarbeiterinnen gelebt.

> Kinder mussten in Kriegszeiten ihre Gefühle abspalten, sodass sie später als Eltern mit ihren eigenen Kindern nicht in Verbindung gehen konnten. Alte Wertesysteme und neurotische Familienstrukturen wurden in die nächste Generation getragen und Kinder in nicht passende Rollen gedrängt.

> Manche Kinder müssen das ungelebte Leben der Eltern leben, was auf das Stressgedächtnis einwirkt. Sie folgen auch als Erwachsene den übertragenen Werten aus der Erziehung.

> ▶ **Beispiel für gelebte Glaubenssätze aus der Herkunftsfamilie**
>
> Eine Coachee berichtete von den Glaubenssätzen und Antreibern ihrer Familie. Ihre Eltern waren stolz darauf, dass sie „von der schnellen Sorte" war. Aus der Bauernfamilie des Vaters stammte der Satz „Wie die Backen (Wangen), so die Hacken", aus der Familie der Mutter „Wer essen will, muss arbeiten" und „Wir helfen uns immer gegenseitig". Die Sätze zeigen die Werte Schnelligkeit, Leistung, Pflichterfüllung und Hilfsbereitschaft. Alle Werte hat die Coachee als Kind unbewusst übernommen, sie waren ihre Antreiber. In der Arbeitswelt war sie stets stolz darauf, ihre Aufgaben schnell zu erledigen und immer hohe und gute Leistungen zu zeigen. Oft hat sie Arbeiten ihrer Kollegen übernommen, damit die Teamleistung erbracht werden konnte. Der Lohn war ein „Ohne dich würden wir das gar nicht schaffen" oder eine Aussage des Vorgesetzten: „Unsere Frau X ist schmerzfrei". Dauerhaft führte es jedoch zu Erschöpfung, da sie keine Grenzen setzen konnte. Sie musste lernen, sich Müßiggang zu erlauben und in stressigen Zeiten nicht in alte Muster zurückzufallen. ◀

4.2 Umgang mit negativen Erlebnissen

Manche Menschen *unterdrücken ihre Gefühle nach negativen Erlebnissen*, andere können sie ausleben und „abhaken". Manchmal wird die eigene Würde angegriffen, z. B. durch

4

Beleidigung, Abwertung, Klatsch oder üble Nachrede. Damit erleben Menschen Respektlosigkeit und fühlen sich schutzlos gegenüber den beleidigenden Personen, wenn sie nicht gelernt haben, mit solchen Situationen umzugehen. Um den Beleidigern nicht zusätzlich Schadenfreude zu ermöglichen, unterdrücken verletzte Menschen ihre Gefühle, z. B. Wut oder Traurigkeit bei Abwertungen durch Teammitglieder.

> **Frozen Feelings**

Unterdrückte Gefühle werden auch „Frozen Feelings" genannt. Wenn Wut, Ärger, Frust, Angst oder Traurigkeit unterdrückt werden, kostet das viel Energie. Menschen, die das tun, haben *Angst vor seelischem Schmerz,* den sie nicht zulassen wollen aus Angst vor unerwünschten Folgen, z. B. Handlungsunfähigkeit. Unterdrückte Gefühle suchen sich jedoch ihren Weg, und zwar durch *Krankheiten oder destruktives Verhalten* sich selbst oder anderen gegenüber – in der Familie und im Unternehmen. Wenn es also um den Wertewandel in Organisationen geht, sollte der persönliche Umgang mit negativen Erlebnissen und Gefühlen, mit Misserfolg und Geheimnissen (z. B. das Verbergen eines Misserfolges) von jeder Führungskraft geklärt und neugestaltet werden. Das kann eine Organisation nicht verlangen, sondern hier muss jede Führungskraft Verantwortung für sich selbst übernehmen. Ein Weg ist, den Arbeitgeber um einen professionellen Coachingprozess mit einem externen Sparringspartner zu bitten.

Nach negativen Erlebnissen unterdrückte Gefühle werden „Frozen Feelings" genannt. Wenn Eltern nicht über ihre Gefühle sprechen können, reagieren sie unangemessen auf Fragen ihrer Kinder. Diese beziehen die Reaktion auf sich und fragen nicht mehr, sodass ein emotionales Schweigen entsteht.

Der Austausch zwischen Generationen erfolgt *verbal, nonverbal und emotional.* Wenn Eltern ihre Gefühle nicht äußern oder über ihre Erlebnisse in der Kindheit nicht sprechen (können), schweigen die meisten; manche weinen oder wehren Fragen ab mit Aussagen wie „Das geht dich gar nichts an" oder „Frag nicht ständig". Es ist auch möglich, dass sie sich bei Fragen der Kinder getriggert fühlen und wütend reagieren, sich abwenden oder den Raum verlassen. Somit erleben die Kinder ihre Eltern als eingeschränkt, verstehen nicht, womit sie die Eltern wütend oder traurig gemacht haben und beziehen deren Mangel an Interesse auf sich: „Ich bin nicht gut genug", „Ich mache Papa wütend durch meine Fragerei" oder „Ich bin schuld, dass es Mama nicht gut geht". Durch die Reaktionen hören sie auf zu fragen, um niemanden zu verletzen oder selbst nicht verletzt zu werden. Dieses Schweigen tragen sie dann als Erwachsene weiter.

❯ **Merkmale des transgenerationalen emotionalen Schweigens:**

- Ein Mangel an Empathie, da ein Mensch nicht gelernt hat, eigene Gefühle und Bedürfnisse wahrzunehmen. Er kann sie nicht an eigene Kinder oder Mitarbeiter weitergeben.
- Das verschwiegene Vorhandene wird von den Kindern durch unbewusste Identifikation in ihnen selbst aufgenommen.
- Es gibt verschwiegene Emotionen, die nicht greifbar und verstehbar sind.
- Das Selbst der nächsten Generation versucht, durch Vorstellungskraft unbestimmte Gefühle greifbarer zu machen, was jedoch nicht funktioniert, da es aus einer anderen Zeit und von einer anderen Person kommt. Es bleibt dem Selbst fremd. *Das Selbst ist ein Konstrukt, durch das sich ein Mensch seine Welt, seine eigene Wirklichkeit, konstruiert.*
- Ein Versuch zur Bewältigung kann Ängste, Depressionen, somatische Beschwerden und Heimatlosigkeit erzeugen.
- Menschen beschäftigen sich unbewusst mit der Vergangenheit der Eltern und wollen „Dinge klären".
- In der Kindheit lag häufig ein Mangel an Nähe und Bindung vor, daraus entsteht ein lebenslanger Mangel und ein unbefriedigtes Sehnen danach.
- Den erwachsenen Kindern fällt der Umgang mit Gefühlskonflikten schwer.
- Der Abspaltung des Gefühls folgt die Verachtung aller Kranken und Schwachen, somit können sich diese Menschen nicht zu Schwächen bekennen. Sie unterstützen bei praktischen Dingen, geben aber keine emotionale Zuwendung, z. B. helfen sie ihren Kindern beim Hausbau, wollen aber nichts von Kummer oder Angst hören.

Wenn diese Merkmale auf Führung übertragen werden, wird deutlich, warum manche Firmeninhaber oder Führungskräfte Coaching ablehnen oder wenig belastbare Mitarbeiterinnen verachten. Andere kompensieren ihren eigenen Mangel durch zu große Nähe zu Mitarbeitern, indem sie Freundschaften schließen und an ihrem Privatleben teilhaben wollen.

Wieder andere übernehmen aufgrund ihrer eigenen geringen Selbstachtung und/oder der Erwartungen der Familie die Definition von Erfolg unbewusst von anderen, z. B. ein hohes Gehalt zu erzielen, obwohl ihnen Sinnhaftigkeit oder Freude an einer Tätigkeit wichtiger ist. Wer sich nach anderen richtet, muss bei einer geringen bezahlten Tätigkeit aus seinem Gehalt ein Geheimnis machen, um die Achtung der anderen nicht zu verlieren (Bradshaw, 2015, S. 39).

4

> ▶ Die Geschichte zweier Frauen der Geburtsjahrgänge 1909 und 1914

Doris wurde im Zweiten Weltkrieg Witwe eines selbstständigen Tischlermeisters und stand mit einem fünfjährigen Sohn ohne Absicherung da. Trotz Krieg, Witwenleben und finanzieller Abhängigkeit vom Schwager, der sie widerwillig unterstützte (beide Brüder hatten die Tischlerei zusammen), strahlte sie Lebensfreude aus, hatte Freundinnen, mit denen sie lachte und Geschichten erzählte. Diese Geschichten hat sie auch ihren Enkeln gern erzählt und damit vermittelt, dass es immer einen Weg gibt. Unterschwellig wurde den Mädchen zusätzlich gezeigt, dass Frauen es schwer haben, unabhängig zu sein „ohne Mann". Ihr Sohn wurde nach dem Tod seines Vaters mit fünf Jahren aufs Land verschickt, da Doris in der Rüstungsindustrie arbeiten musste. Er zeigt heute alle oben beschriebenen Merkmale der Frozen Feelings und des emotionalen Schweigens ohne Interesse für seine Kinder und Enkel.

Frieda dagegen wurde im Krieg mit zwei kleinen Kindern in ein besetztes Gebiet geschickt, wo ihr Mann bei der Bahn arbeitete. Als ehemals einfache Bauerntochter hatte sie plötzlich ein Haus mit Haus- und Kindermädchen. Als ihr Mann zum Ende des Krieges eingezogen wurde, musste sie mit dann drei kleinen Kindern flüchten. Über diese Flucht wurde in der Familie niemals gesprochen, Mutter und Töchter waren zeitlebens sehr distanziert und haben nie über Gefühle, Bedürfnisse oder Erlebnisse gesprochen, was sich auf ihre Kinder ausgewirkt hat. Die Töchter haben die traditionellen Rollen als Hausfrauen und Mütter übernommen und waren von ihren Männern, deren Frozen Feelings und deren Auswirkungen abhängig. Die Enkelinnen mussten sich ihre Berufe erkämpfen, denn auch sie sollten die traditionellen Rollen einnehmen und die Erwartungen der Eltern erfüllen. ◀

4.3 Glaubenssätze und Muster

Mit Glaubenssätzen (siehe ▶ Abschn. 2.1) sind alle Menschen aufgewachsen; häufig mit denen, die auch die Eltern schon von ihren Eltern gelernt und unbewusst aufgenommen und verinnerlicht haben. Manche Sätze kommen aus der Familiengeschichte, z. B. nach dem Leben in einer Diktatur oder mit dem Verlust von Besitz und Vermögen: „Du musst immer der Beste sein", „Wir halten zusammen, was auch immer geschieht" oder „Mit Geld spielt man nicht". Vorbehalte aus Arbeiter- oder Bürgerfamilien gegenüber studierten Menschen (auch den eigenen Kindern gegenüber, wenn sie studieren) oder die Überzeugung, dass Frauen zuhause bleiben sollen, gehören dazu.

Glaubenssätze leiten unser Leben, auch im Beruf, und hindern Menschen manchmal daran, einen Weg zu gehen, den sie sich wünschen. Eine Änderung des Verhaltens kann durch *unbewusste Glaubenssätze* gestoppt oder nicht angegangen werden. Wer mit „Schuster, bleib bei deinen Leisten" oder „Wir wissen, wo wir hingehören" aufgewachsen ist, hat weniger Mut als andere, zu studieren, Karriere zu machen oder ein Unternehmen zu gründen.

Im Coaching kann mit einem *Genogramm,* einem Familienstammbaum (siehe ◻ Abb. 4.1), gearbeitet werden, um herauszufinden, ob die Ahnen und Ahninnen ihre Stärken, Werte und Potenziale nutzen und ein eigenverantwortliches Leben führen durften. Wenn ja, welchen Preis bezahlten sie dafür? Wurden sie ausgegrenzt? Wurde sich lustig gemacht? Welchen Eindruck bekamen die Kinder aus der Familie? Lernten sie „Wenn du deinen eigenen Weg gehst, gehörst du nicht mehr zu unserer Familie" oder „In unserer Familie sind wir stolz darauf, Arbeiter zu sein"? Manche weibliche Coachees haben trotz Master-Abschluss, Doktor- oder Professorentitel und umfassenden Sprachkenntnissen nie das Gefühl, gut genug zu sein. Sie haben das Muster gelernt, dass sie bescheiden sein sollen, dass akademische Titel und Ausbildungen für Männer da sind oder dass sie Männern den Arbeitsplatz wegnehmen. Andere empfinden sich als „Fake" – trotz harter Arbeit, um ihr Ziel zu erreichen – sie glauben, dass sie gar nicht das können, was sie „vorgeben", da auch die Eltern es nicht glauben können. Hatte man ihnen doch ins Poesiealbum geschrieben „Sei wie ein Veilchen im Moose …".

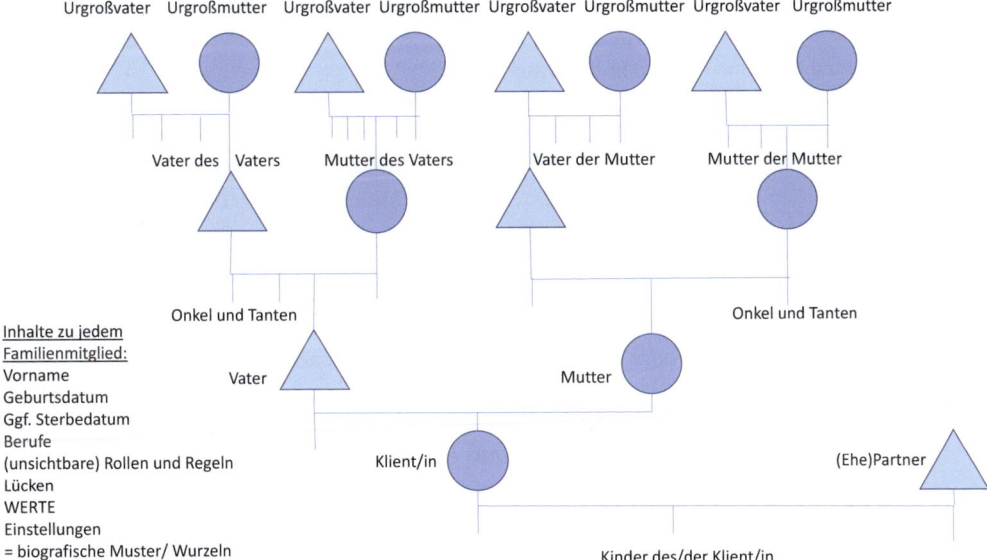

◻ **Abb. 4.1**   Genogramm mit Werten. (Eigene Darstellung von Anke Lüneburg)

4

> **Genogramm**
>
> Ein Genogramm ist eine Aufstellung des Stammbaums der Familie. Begonnen wird mit den Urgroßeltern, dann folgen Großeltern, Eltern sowie Onkel, Tanten und Geschwister der Person, die ihr Genogramm erstellt. Im nächsten Schritt werden – soweit bekannt – Geburts- und Sterbedaten, Wohnorte, Berufe, Werte und Eigenschaften der jeweiligen Familienmitglieder eingetragen. Besonders wichtig sind Personen, die eine *Außenseiterrolle* einnehmen oder eingenommen haben oder nicht mehr erwähnt werden. Auch Ereignisse wie Flucht, nicht erfüllte Berufswünsche und die Rolle innerhalb der Familie werden betrachtet. Im nächsten Schritt werden Verbindungen zwischen den einzelnen Familienmitgliedern geknüpft, um Verbundenheit, Bündnisse, Konflikte und Gleichgültigkeit zu zeigen. Das Genogramm hilft bei der Klärung von Mustern, unverständlichen Vorfällen, Gesprächen oder Erlebnissen in der Familie. Interessante Fragen sind: Welche Werte gelten heute noch? Welche nicht mehr? Welche Werte sind Werte des Coachees? Positive und negative? Welche Glaubenssätze, Muster, familiäre Erwartungen, Tabus und Geheimnisse werden deutlich? Welche haben Auswirkungen auf den Beruf und eine Führungstätigkeit?

Unbewusste Glaubenssätze leiten das Handeln oder Nichthandeln von Menschen. Im Coaching können Tools wie das Genogramm oder das Einflussrad helfen, die Glaubenssätze zu erkennen und umzuwandeln.

Um sich die Erlaubnis zu geben, trotzdem seinen Weg zu gehen, gibt es Coachingtools wie das *Einflussrad* (❏ Abb. 4.2). Hier formulieren Coachees ihr Anliegen, das sie besprechen wollen, und sehen dann, welche Persönlichkeiten mit ihren Eigenschaften und Glaubenssätzen sie positiv oder negativ erlebt haben und weiterhin beeinflussen. So können sie bremsende und hinderliche Muster und deren Einflüsse auf ihr Leben erkennen.

Auch die Bereitschaft, ein Risiko zu übernehmen, anderen zu helfen oder der Umgang mit Geld können aus der Kindheit übertragen werden. Sie sind dann *mentale Muster* geworden, nach denen wir uns richten, ohne darüber nachzudenken. Mentale Muster helfen uns zum einen, die *Welt einfacher zu verstehen* und bei Entscheidungen schnell zu handeln. Auf der anderen Seite sorgen mentale Muster dafür, dass wir die Welt in *Raster wie Gut und Böse* einteilen, Dinge verallgemeinern oder Vorurteile entwickeln. Sie sind so tief verwurzelt, dass die meisten Menschen nicht wissen, woher sie kommen. Beispiele sind eine unbewusste Ablehnung gegenüber Menschen aus anderen Ländern und Kulturkreisen, gegenüber anderen Gesellschaftsschichten oder irrationale Ängste. Bleiben die mentalen Muster unreflektiert, können sie in der Arbeitswelt *Teamarbeit, Kooperation und Kollaboration verhindern*. Auch Diversität kann durch verborgene Mechanismen torpediert werden, sodass trotz Fachkräftemangel kompetente diverse Men-

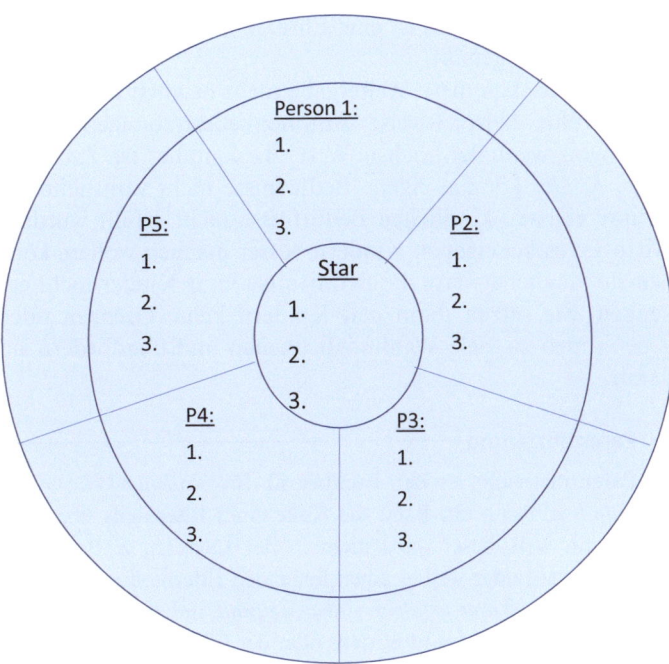

◘ Abb. 4.2 Einflussrad. Eigene Abbildung in Anlehnung an Sieger

schen wie People of Color, Menschen mit anderer sexueller oder religiöser Orientierung oder körperlicher Beeinträchtigung nicht ins Unternehmen geholt werden (Pohl & Witt, 2010, S. 35 und 73).

Neben Einstellungen zum Helfen oder Nichthelfen kann es vorkommen, dass *Kinder Gefühle ihrer Eltern oder Großeltern übernehmen*, wenn sie nicht bearbeitet wurden. Dazu gehören Ängste, z. B. vor geschlossenen Räumen, da der Vater oder Großvater als Kind die Bombennächte im Bunker erlebt hat. Auch Wut kann übertragen werden, wenn die Familie z. B. die Vererbung oder den Verlust von Besitz als ungerecht empfunden hat und es immer wieder thematisiert wird, obwohl die Angelegenheit 50 Jahre her ist. Mit einem solchen Vorfall kann auch die *Angst vor Verarmung* weitergegeben werden, sodass selbst gut situierte Kinder und Enkel stetig Angst haben, ihr Vermögen und ihren Besitz zu verlieren, und manchmal irrational handeln. Das kann auch bei Inhaberinnen von Unternehmen und Führungskräften geschehen, selbst wenn es keinen Anlass dazu gibt. So verweigern sie möglicherweise notwendige Investitionen in neue Maschinen, Software oder Personal – oder eine Transformation – und verwahren die vorhandenen Finanzmittel lieber als Sicherheit auf dem Konto. So werden trotz vieler Aufträge keine neuen Mitarbeiterinnen eingestellt, sondern die hohe Zahl von Überstunden in der Be-

Mentale Muster wurden aus der Kindheit übertragen und sorgen im Positiven für ein leichteres Verständnis für die Welt sowie schnelles Handeln und im Negativen für die Einteilung der Welt in Gut und Böse. Hier liegt ein Grund für Schwierigkeiten bei der Umsetzung von Organisationsthemen wie Diversität oder Kollaboration.

4

legschaft wird mit „Es ist eine Ehre, in diesem Unternehmen zu arbeiten" abgehakt.

Da Menschen diese Weitergabe nicht bewusst ist, können die Gefühle beispielsweise Autonomiebestrebungen beeinträchtigen, wenn der höchste Wert „die Familie" ist. *Parentifizierte Kinder* können eigene Bedürfnisse nicht wahrnehmen, da ihre eigenen kindlichen Bedürfnisse nicht erfüllt wurden. Wenn sie es bei eigenen Kindern besser machen wollen, können sie möglicherweise die Bedürfnisse ihrer Kinder nicht erkennen: Sie setzen dann den Kindern keine Grenzen oder geben ihnen zu viele Wahlmöglichkeiten und überfordern sie damit.

Parentifizierung

Parentifizierung ist der Fachbegriff für *Rollenumkehr in Familien*, wenn ein Kind die Rolle eines Elternteils übernimmt, weil dieser dazu nicht in der Lage ist, z. B. bei Krankheit, oder weil es einen fehlenden Elternteil ersetzen soll. Die *Aufträge erfolgen stillschweigend*, indem das Kind durch Aussagen des Elternteils oder der Eltern den Auftrag versteht, eine bestimmte Rolle zu übernehmen. Manche Kinder sollen den Streit der Eltern schlichten, andere die „beste Freundin" der Mutter sein oder auf eine eigene Familie verzichten, um bis zu deren Tod die Eltern zu versorgen. Parentifizierung der Kinder ist eine *Überforderung für Kinder* und bedeutet, dass sie nicht lernen, für sich selbst zu sorgen.

Kinder können Gefühle wie Wut oder Angst von ihren Eltern oder Großeltern übernehmen, sodass sie auch als Erwachsene noch durch sie gesteuert werden. Kinder, die die Rolle eines Elternteils übernehmen müssen, können als parentifizierte Kinder keine eigenen Bedürfnisse entwickeln.

Kinder übernehmen manchmal nicht nur die ungelösten Themen der Eltern, sondern auch die der Großeltern, ohne dass sie erkennbar sind. Es gibt sogenannte „stille Aufträge" der Familien, die die Nachkommen erfüllen sollen. Manche Aufträge sind *bindend*, d. h. Kinder sollen auch als Erwachsene mit der Herkunftsfamilie eng verbunden bleiben, z. B. an jedem Wochenende zu Besuch kommen und sich stets solidarisch und loyal der Familie gegenüber zeigen. Andere Aufträge sind *nicht bindend*, hier wird den Kindern früh vermittelt, dass sie sich still verhalten und nicht bedürftig sein sollen. Das kann von materieller Versorgung („Mach dir selbst etwas zu essen") bis zur Wohlstandsverwahrlosung gut situierter Eltern reichen, wo Kinder materiell übermäßig gut ausgestattet sind, ihre *emotionalen Bedürfnisse* jedoch nicht erfüllt werden. Diesen Kindern wird früh vermittelt, dass sie allein zurechtkommen und nicht stören sollen. Gleichzeitig wird in diesen Familien von ihnen erwartet, gute schulische oder sportliche Leistungen zu erbringen und beruflichen Erfolg zu haben.

> **Die drei Bindungsstile nach der Bindungstheorie nach Bowlby (1958):**

Sicher, unsicher und vermeidend

Menschen haben ein angeborenes Bedürfnis nach engen Bindungen zu anderen. Eine Bindung entsteht in *Abhängigkeit von der jeweiligen Persönlichkeit* der Menschen, die sich verbinden wollen, und von ihren frühkindlichen Beziehungserfahrungen. Wer in der Kindheit *positive und verlässliche Erfahrungen* mit seinen wichtigsten Bezugspersonen gemacht hat, geht auch als Erwachsener davon aus, dass *Beziehungen sicher* sind. Wer jedoch als Kind in einer *unruhigen, emotional schwankenden und konfliktreichen Umgebung* gelebt hat, entwickelt einen *unsichereren oder vermeidenden Bindungsstil*. Auch Mischformen sind möglich.

Wer mit Eltern oder anderen Bezugspersonen groß wurde, die ihre Rolle als (Ersatz-)Eltern zuverlässig ausgefüllt haben, kann nahe Beziehungen eingehen und trotzdem unabhängig von den Erwartungen anderer bleiben. Er kann gut mit Konflikten umgehen und anderen das Gefühl der Sicherheit ermöglichen. Im beruflichen Umfeld strahlen diese Menschen Zuversicht aus und Teams bevorzugen sie als Führungskraft.

Wer viele Konflikte, Unsicherheiten und ggf. überforderte Eltern erleben musste, hat ein eher *geringes Selbstwertgefühl* und bewundert andere, um Bestätigung zu erhalten. Manchmal werden andere sogar idealisiert und es kann eine Abhängigkeit entstehen. In Konflikten sind Menschen mit *unsicherem Bindungsstil* manchmal sehr nachgiebig, manchmal impulsiv oder auch zu Brüchen bereit. Im Grunde soll jedoch die Beziehung erhalten bleiben, um Schutz zu bieten. Das Verhalten ist nicht nur im Privatleben, sondern auch in der Arbeitswelt zu beobachten. Mitarbeiter bleiben in Unternehmen, obwohl sie unzufrieden sind, da sie nicht glauben, einen anderen Arbeitsplatz zu finden.

Bei Menschen mit *vermeidendem Bindungsstil* ist es genau andersherum: Sie haben ein *hohes Selbstwertgefühl* und ein eher *negatives Bild von anderen*. In der Kindheit haben sie entweder eine abweisende, kühle Umgebung erlebt oder eine übermäßig hohe Zuwendung. Beides führt im Erwachsenenleben zur Vermeidung von Nähe, Abwertung von engen Bindungen und starker Betonung der eigenen Unabhängigkeit. Bei Konflikten ziehen sich diese Menschen zurück.

Menschen können als Erwachsene lernen, ihren Bindungsstil zu verändern, z. B. durch Coaching (nach Franke & Puppatz, 2022).

Kinder, die in konfliktreichen Haushalten aufgewachsen sind, zeigen ihre biografische Belastung als Erwachsene durch eine Wortwahl wie „Das müssen wir einfach wegstecken", „Lass

4

uns vorwärtsschauen" oder „Lass uns bloß nicht drüber reden". Sie haben gelernt, alles allein zu regeln, und erwarten das später von ihren Mitarbeitern („Ich bin doch nicht der Vater des Teams!").

Wenn die biografische Vergangenheit unverarbeitet und emotional unerkannt bleibt, fehlt *emotionales Verständnis*. Vorgelebte Werte, Normen und Verhalten der Eltern werden auf die eigenen Kinder und auf den Beruf übertragen. In den Familien und im Beruf wird dann nicht verbal kommuniziert, sondern durch Taten gezeigt, was jemand meint: impulsives Überreagieren wie Schreien, mit der Faust auf den Tisch schlagen o. ä., selbst im Arbeitsumfeld.

In einer Familie, die sich Treue geschworen hat („Wir sind eine Burg"), können sich Kinder als Erwachsene nur *schwer abgrenzen*. Ein Loslösungsprozess kann Jahre dauern. Jedoch ist festzuhalten, wie es auch Bordt (2017) in „Die Kunst, die Eltern zu enttäuschen" schreibt: Kein Mensch ist für das Glück anderer erwachsener Menschen verantwortlich, auch nicht für die Eltern. Bordt zeigt Wege, wie man sich im späteren Leben noch von Eltern und ihren Forderungen abgrenzen und sein eigenes Leben leben kann.

In manchen Familien erhalten Kinder bindende und nicht bindende „stille Aufträge", die auch bei Erwachsenen noch wirken. Drei verschiedene Bindungsstile prägen das erwachsene Verhalten wie mangelndes emotionales Verständnis, mangelnde Abgrenzung oder impulsive Überreaktion.

Wer sich beim Entdecken von Werten und Normen, Stärken und Lernfeldern unterstützen lässt, lernt *Bewältigungsstrategien* kennen und nutzen. Dabei hilft die Beschäftigung mit dem sozialen und geschichtlichen Hintergrund durch das bereits erwähnte Genogramm, um die familiären Beziehungen und das eigene Verhalten strukturell einzuordnen.

4.4 Macht und Rollen

Wer von Macht spricht, meint meist Politik oder Unternehmen; und dort Menschen in bestimmten Positionen wie Vorstandsvorsitzende, Geschäftsführerinnen oder die direkten Vorgesetzten. Dass es auch in Familien machtvolle Mitglieder gibt oder eben manche ohne Macht, ist vielen nicht bewusst, obwohl sie es täglich erleben. Insbesondere Frauen nehmen manchmal interessante *Machtpositionen* ein: Äußerlich „nur" Hausfrau und Mutter oder in Teilzeit arbeitend, sind sie innerhalb der Familie Entscheiderinnen, emotionale Unterstützerinnen oder Verhinderinnen. Sie geben beispielsweise vor, wie eng die Verbindung der Familienmitglieder untereinander sein darf oder wer welche Rolle einnehmen soll. Auch machen sie direkte oder indirekte Vorgaben für zukünftige Schwiegerkinder, Wohnorte oder berufliche Wege.

Väter hatten in westlichen Lebenswelten jahrhundertelang die Rolle des „Pater familias" inne. Früher entschieden sie klar, welchen Lebensweg ihre Kinder einschlagen sollten und was von ihnen in den verschiedenen Rollen erwartet wird (Übernahme des Handwerksbetriebs oder Hofes durch den ältesten Sohn, Wegzug der anderen Söhne, Heirat der Töchter in angemessene Familien etc.). Auch die Religion spielte eine wichtige Rolle hinsichtlich Vorgaben für die Familien und die zugewiesenen Rollen. Hier fanden sich insbesondere die unverheirateten Töchter in ohn-mächtigen Rollen wieder – und durch Beobachtung dieser Ohnmacht wählten manche dann die Ehe als „bessere Lösung". Diese Wege werden in Döblers Buch „Dein ist das Reich" (2021) beschrieben: Durch das Ziel der Hauptpersonen, als Missionare in Indonesien die „Wilden zum Christentum zu bekehren", kann die Brücke zum Thema Führung geschlagen werden: Mit autoritärer Macht wollten die Großeltern der Autorin die Einheimischen zum Christentum bringen und ihre eigenen wirtschaftlichen Ziele erreichen.

Macht und Ohn-Macht spielen auch in Familien eine große Rolle. Manche Väter oder Mütter üben je nach Generation und in unterschiedlicher Form Macht über ihre Kinder aus. Waren oder sind Frauen außerhalb der Familie machtlos, so haben manche innerhalb der Familie eine (indirekte) mächtige Funktion.

▶ Rollen von Frauen

Viele Frauen aus der Kriegsgeneration (Jahrgänge 1900–1928) haben keine eigenen Wege eingeschlagen. Sie waren z. B. Hutmacherin oder Schneiderin, haben in einem Haushalt gearbeitet oder gar keinen Beruf gelernt. Die Generationen der Jahrgänge 1929–1963 haben zwar eine Ausbildung gemacht und bis zum ersten Kind gearbeitet, jedoch nur, um sich die Aussteuer zu verdienen. Für alle war das *Lebensziel,* zu heiraten und Kinder zu bekommen. Eltern hatten dieses Ziel für ihre Töchter, daher wurde für kluge Mädchen der Besuch des Gymnasiums abgelehnt („Du heiratest ja doch"). Manchmal sollten sie zumindest „etwas Höheres" heiraten, um den Status der Familie zu heben und für finanzielle Sicherheit zu sorgen. Durch die finanzielle Abhängigkeit von ihren Ehemännern entstand das *Muster der Abhängigkeit* für Frauen bzw. die *Möglichkeit der Freiheit* ausschließlich für Männer.

Selbst bei den in den 1960er- und 1970er-Jahren geborenen Mädchen war durch einen patriarchalischen Vater die Rolle als Hausfrau und Mutter vorgesehen. Das Studium wurde in der Mittel- und Oberschicht unterstützt, um an der Hochschule einen passenden Mann kennenzulernen. Wer aus Arbeiterfamilien stammend studieren wollte, war häufig unter den Geschwistern die einzige, was zu Einsamkeit führen konnte. Insbesondere mit Vätern entwickelten sich Konflikte, da sich diese als Familienoberhaupt brüskiert und „dumm" fühlten und häufig versuchten, ihre Tochter und ihr Studium lächerlich zu machen.

4

> Wenn jedoch Eltern und Großeltern ihren weiblichen Familienmitgliedern vermittelten, wie wichtig ein guter Beruf für Frauen ist, bekamen *Werte wie Freiheit und Unabhängigkeit* schon für junge Töchter eine hohe Bedeutung – und für die Söhne wurden gleichberechtigte Ausbildungsgänge und Berufe immer selbstverständlicher. ◄

Wer sich mit seinen Ahnen, den früheren Generationen, beschäftigt, kann die *Wurzeln der Familie* gut sehen: Welche sind da und haben eine große Bedeutung? Welche wurden abgeschnitten? Was war gut, was war schmerzhaft? Wenn Menschen einen bestimmten Weg gehen wollen, können sie Ausgrenzung oder Desinteresse erleben („Du bist keiner mehr von uns"). Hier stehen Menschen dann vor der Entscheidung des schmerzhaften *Abschneidens eines Astes* oder der *Anpassung an familiäre Werte* mit Verleugnung und Vernachlässigung der eigenen Potenziale.

❯ Habitus

Unter Habitus wird das milieuspezifische Denk- und Handlungsmuster eines Menschen verstanden, also sein Stil, seine Vorlieben, sein Benehmen, Wünsche und seine Selbstwahrnehmung (El-Mafaalani & Graf, 2022, S. 48).

Wer sich trotz aller familiärer Bedenken für ein Studium an einer Universität und danach für eine Tätigkeit in einem großen Unternehmen entscheidet, erlebt die *Kraft des Habitus*. Er sorgt in Deutschland unbewusst für *ungleiche Machtverhältnisse*, da Menschen, die in Arbeiter- oder Migrantenfamilien groß geworden sind, an der Hochschule oder in Unternehmen auf Menschen aus anderen sozialen Milieus mit Wissen und Erfahrung über das Schulwissen hinaus stoßen. *Soziale Aufsteigerinnen* fühlen sich unsicher, wenn sie Situationen erleben, die sie nicht kennen, wie Begrüßungs- oder Verabschiedungsmodalitäten. Während ihres Studiums müssen sie sich von ihrer *Familie und deren Mustern lösen*, um ihre Ziele zu erreichen. Sie gehören im Laufe der Jahre nicht mehr zum vertrauten Milieu, verlieren ggf. den Kontakt zu ihrer Familie, da sie sich durch ihre neue Arbeitswelt und ihre Tätigkeit fremd werden. Gleichzeitig kommen manche in neuen Milieus nur schwer an, da sie sich *nicht zugehörig* fühlen und sogar *soziale Scham* empfinden. So brechen sie ggf. sogar ihr Studium ab, um in die familiären Strukturen zurückkehren zu können. Andere wiederum verschweigen die soziale Herkunft und stellen den Kontakt zur Familie ein.

Der Kontakt zur Familie kann nur erhalten bleiben, wenn auch die Eltern bereit sind, ihr Verständnis von beruflichen Rollen zu verändern, also anzunehmen, dass auch ein Wissensarbeiter eine wertvolle Aufgabe hat und ihr Kind klüger ist als sie selbst. Werten sie den beruflichen Werdegang des Kindes ab, so wird die Verbindung nur mit Mühe erhalten bleiben. Wichtig ist die Erkenntnis, dass *biografische Muster und Rollen* zu Schwierigkeiten im Studium und später im Unternehmen führen können und dass es nicht am mangelnden Engagement des betroffenen Menschen liegt. Hier können Unternehmen und Universitäten mental unterstützen, indem sie Aufsteigern Kurse anbieten, anstatt sie abzuwerten (El-Mafaalani & Graf, 2022, S. 46–49).

Für soziale Aufsteiger können biografische Muster im Studium und im Unternehmen zu Schwierigkeiten führen, wenn sie sich weder dem alten noch dem neuen Milieu zugehörig fühlen. Hier können Unternehmen unterstützen.

> ▶ **Beispiel**
>
> Ein Professor einer Universität befragte seine Erstsemester-Studierenden nach dem Beruf und der Ausbildung der Eltern. Diejenigen, die sich nicht bei „mit Studienabschluss" oder bei akademischen Berufen meldeten, bekamen die Rückmeldung, dass sie es hier an der Universität sowieso nicht schaffen würden und sich lieber gleich überlegen sollten, ob sie nicht eine Ausbildung machen wollten. ◀

Das Seerosenmodell (siehe ◘ Abb. 4.3) kann insbesondere Führungskräften dabei helfen, die *eigenen Werte, Überzeugungen und Rollen* zu erkennen. Im (Selbst-)Coaching wird das Modell mithilfe der folgenden Fragen schrittweise von oben nach unten erarbeitet: Zuerst die Blüte, dann der Stängel und schließlich die Wurzeln, um daraus *Rückschlüsse für das eigene Führungsverhalten* zu ziehen.

■ **Fragen zur Blüte**
- Wofür bin ich da als Führungskraft?
- Wie gehe ich mit eigenen Fehlern um?
- Welchen Nutzen biete ich als Führungskraft durch die Erfüllung meiner Aufgaben?
- Was tue ich, damit meine Mitarbeitenden ihre Aufgaben erfüllen?
- Wodurch fördere ich eine Kultur des Feedbacks und der Teamarbeit?
- Was kann ich konkret tun, um meine Ziele zu erreichen?
- Was konkret sollte ich loslassen, um gelassener in Führungssituationen zu sein?
- Was habe ich bisher erreicht als Führungskraft?
- Was kann ich tun, um das Erreichte beizubehalten und weiter zu wachsen?
- Wie bleibe ich ausgeglichen und handlungsfähig in meinem Arbeitsalltag?

4

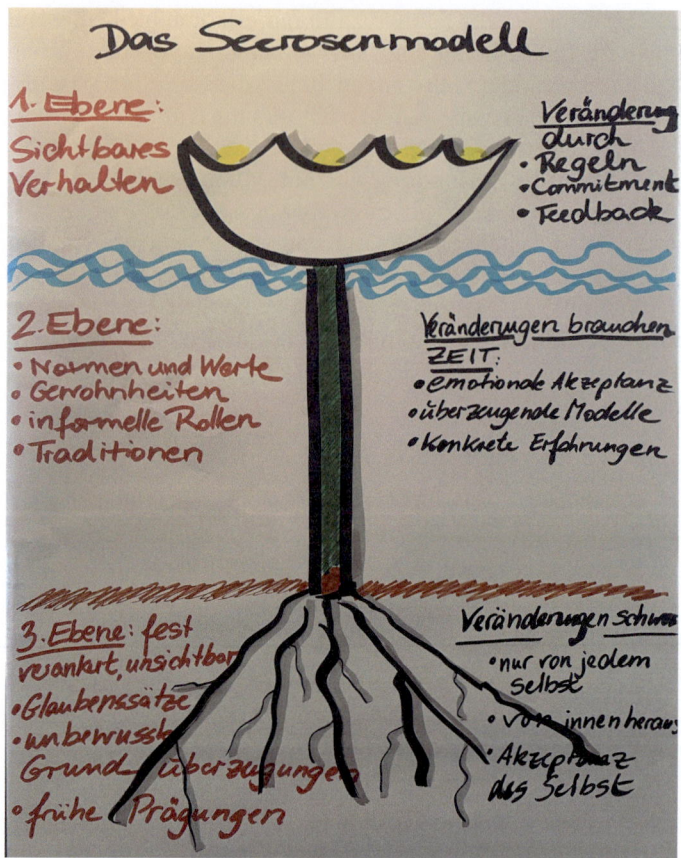

■ **Abb. 4.3**   Seerosenmodell. Eigene Darstellung nach Edgar Schein

■ **Fragen zum Stängel (Haltung/Einstellungen als Führungskraft)**

Welche Gedanken habe ich bestimmten Mitarbeitenden gegenüber?

Wie – glaube ich – wirkt mein Verhalten auf andere?

Wie wirken meine Gefühle, meine Gedanken über andere,
die ich nicht ausspreche, auf meine Mitarbeitenden?

Wie möchte ich von meinen Mitarbeitenden wahrgenommen werden?

Was möchte ich mit meiner Führungsrolle für die Praxis
erreichen?

Was gelingt mir gut im Führungsalltag? Was sind meine
(Stärken, Talente und) Energiequellen?

■ **Fragen zur Wurzel (Glaubenssätze, frühe Prägungen)**

Was ist mir wichtig? Was inspiriert mich?

Gibt es eine innere Kraft, die mich antreibt? Wenn ja, was
ist diese Kraft?

Welche Erfahrungen aus meiner Vergangenheit haben mich positiv wie negative geprägt?

Welche Glaubenssätze/unbewusste Grundüberzeugungen begleiten mich seit meiner Kindheit?

Wer bin ich? Was macht mich aus?

So können im Verlauf des Coachings Fragen geklärt werden wie:

- Wer hat/hatte welche Rolle in der Familie?
- Wer oder was hindert mich?
- Wer oder was bringt mich weiter?
- Gibt es Aufträge der Ahnen, z. B. „Habe keinen Erfolg, ich durfte mich auch nicht selbstständig machen", „Bleibe klein und unwissend und richte dich nach anderen" oder „Stehe auf und zeige es anderen!"?

Starke emotionale Bindung oder auch emotionale Vernachlässigung, Glaubenssätze oder Appelle an das Verantwortungsbewusstsein sind *Seiten der Macht*, die die *Erwartungen* deutlich machen, die an Jüngere gestellt werden. Beispiele sind „Du musst dich immer um deine Eltern kümmern" oder „Du bist verantwortlich für deine Geschwister". Diese Erwartungen bleiben fest in den Köpfen und werden auf das berufliche Umfeld übertragen. Dazu kommen dann *Bewertungen* durch Familienmitglieder: „Mathe wirst du nie verstehen", „Du bist nicht wichtig" oder „Du wirst nie so gut wie dein Bruder sein". Auch hier entstehen innere Überzeugungen, die ohne Reflexion ein Leben lang bleiben und zu Ohnmacht bei den Betroffenen führen: „Ich werde nie besser sein", „Meinem Bruder gelingt alles" oder „Frauen schaffen es eben nicht in die Führung".

Um alte Muster bearbeiten zu können und aus negativen Rollen herauszukommen, kann die bereits in ▶ Abschn. 2.2 erwähnte *Transaktionsanalyse* helfen. Sie ist durch den Ansatz „Ich bin ok – du bist ok" bekannt geworden. Damit wird eine positive Haltung gegenüber anderen Menschen ausgedrückt, auch wenn deren Verhalten in manchen Situationen nicht in Ordnung ist.

Das Seerosenmodell kann Führungskräften helfen, ihre Werte, Rollen und Muster zu erkennen und zu bearbeiten.

❯ Transaktionsanalyse

Wenn Menschen miteinander in Kontakt treten, tauschen sie Mitteilungen und Botschaften aus. Dazu gehören Worte, Mimik, Gestik und die Körpersprache. Die Begegnungen und Interaktionen zwischen Menschen werden als Transaktionen bezeichnet.

Die Transaktionsanalyse kann zur Auflösung hinderlicher Gewohnheitsmuster und zu einer reifen Beziehungsgestaltung und Persönlichkeitsentwicklung beitragen (▶ https://dgta.de/).

4

Die Transaktionsanalyse (TA) wurde vom kanadisch-US-amerikanischen Psychiater Eric Berne als psychotherapeutisches Verfahren in den 1950er- und 1960er-Jahren aufgebaut. Weiterentwickelt von verschiedenen Psychologen, kann sie in der Arbeitswelt und im Privatleben die *Kommunikation und damit Beziehungen verbessern*. So können sich durch gute Kommunikation und ein besseres Verständnis für Kollegen und Mitarbeiter *Konflikte verringern* oder sogar vermieden werden. Die TA ermöglicht, die eigenen Werte besser kennenzulernen und so ihre Selbstkompetenz und Selbstführung zu verbessern (Lüneburg, 2019, S. 207–214).

Die Philosophie und das Menschenbild der TA:

Jeder Mensch ist im Kern in Ordnung. Gleichgültig wie er sich verhält, hat er einen Teil in sich, der liebenswert ist und der wachsen kann (Mohr, 2008, S. 29).

Menschen sind gleichwertig und gleichberechtigt. Das heißt, jeder Mensch kann über sich selbst entscheiden. Jeder Mensch ist für sich selbst und letztlich nur für sich selbst verantwortlich (Hagehülsmann & Hagehülsmann, 1998, S. 144–145).

Niemand hat „ein Schicksal" oder ist ein Opfer, sondern kann sein Leben und seine berufliche Umwelt verändern, wenn er will, denn er ist Experte für sein Leben und bringt grundsätzlich alle Kompetenzen mit, um seinen Weg zu gehen. Hängt er an biografischen Mustern wie beschrieben oder ist die Loyalität zur Familie sehr stark, steht er vor der Entscheidung, seinen eigenen Weg zu gehen oder im Familienverbund zu bleiben und damit auf seine Lebensziele und die Erfüllung mancher Bedürfnisse zu verzichten.

Gemäß der Transaktionsanalyse gibt es *drei Grundbedürfnisse*, die alle Menschen haben:

- *Struktur:* Das Bedürfnis nach Ritualen, Autonomie, Selbstbestimmung und Selbststeuerung, Klarheit über Rollen sowie klare Grenzen.
- *Stimulation:* Das Bedürfnis nach neuen Herausforderungen, Aufgaben, Freiheit zum Ausprobieren von Neuem und persönlichem Wachstum.
- *Strokes:* Das Bedürfnis nach positiver Wahrnehmung durch andere Menschen, durch präzises Lob, konstruktive Kritik und klare Kommunikation. Wer keine positiven Strokes bekommt, versucht zumindest negative zu bekommen, wie das Kind, das die Aufmerksamkeit der Eltern durch das Zerstören von Spielzeug bekommen will. Daher können auch verbale und körperliche Schläge Strokes sein (die englische Bedeutung ist sowohl Umarmung als auch Schlag).

Die Transaktionsanalyse hilft bei der Aufdeckung alter Muster und durch ihr Menschenbild „Ich bin ok – du bist ok" bei der Verbesserung der Kommunikation und der Verhinderung von Konflikten.

Eine junge Frau ohne Ausbildung und mit zwei kleinen Kindern nahm sich selbst als *wert-los* wahr, die durch ihren Mangel an Wissen und mit den Kindern keine Chance auf eine Ausbildung oder einen höheren Schulabschluss hat. Sie hatte Stellen als Reinigungskraft, war jedoch unglücklich, da sie sich gern weiterentwickelt hätte (*Stimulation*). Ihr Muster war klar: „Du kannst nichts, du hast nicht genug Grips, du hast keine Ausbildung, vor allem mit zwei Kindern nimmt dich keiner."

In einem Unternehmen, wo sie tätig war, unterhielt sich eine Führungskraft immer wieder mit ihr über ihr Leben und ihre Wünsche und machte ihr Mut (*Strokes*). Nach einigen Gesprächen traute sich die junge Frau zu sagen, dass sie gern eine Ausbildung gemacht hätte. Sie interessierte sich sehr für die Aufgaben des Betriebes, glaubte jedoch nicht an eine Chance. Die Führungskraft informierte sich über die Möglichkeit einer Teilzeitausbildung und schlug ihr vor, es auszuprobieren. Neben einer verlängerten Probezeit kommunizierte sie klar ihre Erwartungen an die neue Auszubildende: Engagement, Zuverlässigkeit im Betrieb und in der Berufsschule, Lernen der Inhalte der Ausbildung etc. Die junge Frau ergriff die Chance und hat die Ausbildung trotz Teilzeit in drei Jahren erfolgreich abgeschlossen. Seit Beginn der Ausbildung kann sie sich und ihre Kinder selbst versorgen. Sie wurde und blieb ein anerkanntes Teammitglied (*Struktur*). ◀

Die junge Frau im Beispiel hat es geschafft, ihre mitgebrachten Glaubenssätze und Muster in Erlaubnissätze umzuwandeln:

„Ich bin klug genug, um eine Ausbildung zu machen und sie erfolgreich abzuschließen."

„Ich schaffe die Organisation mit den Kindern und dem Betrieb."

„Ich erlaube mir, finanziell unabhängig zu werden."

„Ich erlaube mir, eine neue berufliche Rolle neben meiner Rolle als Mutter anzunehmen, die mir Anerkennung gibt und mich stärker macht."

Das TA-Modell des „Ich bin ok – du bist ok" (siehe ◘ Abb. 4.4) zeigt die Lebenspositionen, also die Grundeinstellung sich selbst und anderen gegenüber. Die Lebenspositionen können zusammen mit dem Dramadreieck (siehe ◘ Abb. 4.5) Impulse geben, in welcher Lebensposition Menschen aufgewachsen sind. Damit wird klar, warum jemand heute so handelt und kommuniziert wie er es tut und wie er sein Handeln und Sprechen verändern kann. Dazu werden beide Modelle kurz vorgestellt.

4

Die Lebenspositionen

+/+

Gelassenheit	gern Neues lernen
hohes Selbstwertgefühl	Gewinner
	Hohe Entwicklungsfähigkeiten
guter Umgang mit Kritik	Offenheit

-/+

Unterschätzung der eigenen Kraft

Minderwertigkeitsgefühle

Selbstzweifel   Überschätzung anderer

(über)angepasstes Verhalten

+/-

Arroganz	Überheblichkeit
Autorität (Gewalt)	wenig kritikfähig
nie schuld	angreifbar
überzogen hilfsbereit oder fürsorglich	

-/-

Fatalist   Verliererin

Antriebslosigkeit   Gefühl von Sinnlosigkeit

Haltung ggf. verdeckt durch oberflächlichen

Erfolg/ Unauffälligkeit

☐ **Abb. 4.4**   Lebenspositionen. Eigene Darstellung aus der Transaktionsanalyse

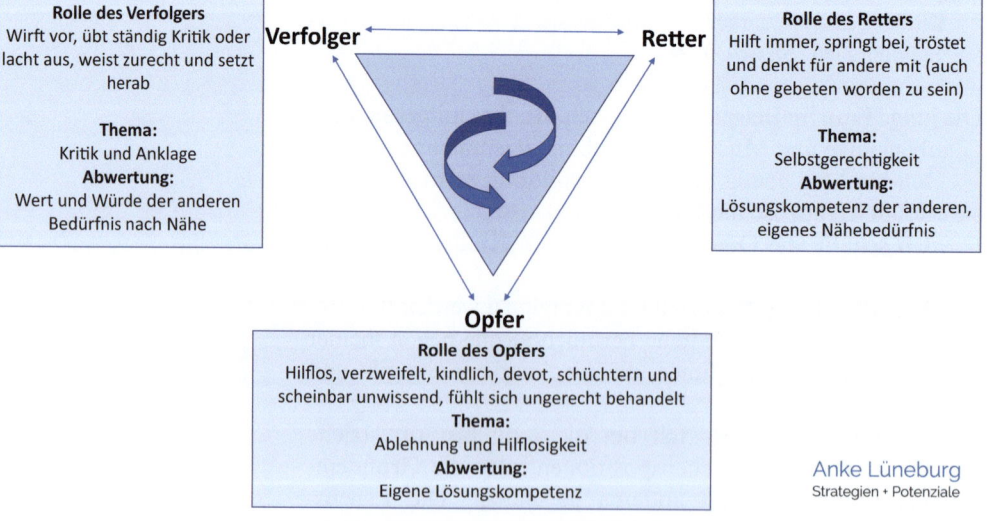

Rolle des Verfolgers
Wirft vor, übt ständig Kritik oder lacht aus, weist zurecht und setzt herab

Thema:
Kritik und Anklage
Abwertung:
Wert und Würde der anderen
Bedürfnis nach Nähe

Verfolger ←→ **Retter**

Rolle des Retters
Hilft immer, springt bei, tröstet und denkt für andere mit (auch ohne gebeten worden zu sein)

Thema:
Selbstgerechtigkeit
Abwertung:
Lösungskompetenz der anderen, eigenes Nähebedürfnis

Opfer

Rolle des Opfers
Hilflos, verzweifelt, kindlich, devot, schüchtern und scheinbar unwissend, fühlt sich ungerecht behandelt
Thema:
Ablehnung und Hilflosigkeit
Abwertung:
Eigene Lösungskompetenz

Anke Lüneburg
Strategien + Potenziale

☐ **Abb. 4.5**   Dramadreieck. Eigene Darstellung aus der Transaktionsanalyse

■ **+/+: Ich bin ok, du bist ok**

Diese positive Lebensposition ist das *Ziel*. Ein Mensch hat seine persönliche Reife erreicht, wenn er sich selbst und anderen etwas zutraut, sich für seine Ziele einsetzt und sich seiner Kompetenzen und Fähigkeiten bewusst ist. Ein *reifer Mensch* übernimmt gern Verantwortung, sieht und schätzt den Wert anderer Menschen und fördert ihre Entwicklung. Menschen in der +/+-Haltung zeigen sich offen, gelassen und kritikfähig. Sie haben Interesse an ihrer eigenen persönlichen Weiterentwicklung, lernen gern Neues und haben ein hohes Selbstwertgefühl.

Auch wenn es schwerfällt, versuchen solche Menschen stets zwischen Person (+/+) und Situation (hier hat sich jemand unangemessen verhalten) zu unterscheiden. Ein +/+-Mensch erkennt, dass *Person und Rolle unterschiedlich* sein können. Führungskräfte müssen in ihrer Rolle ein bestimmtes Verhalten zeigen, das sich jedoch von ihrer privaten Rolle unterscheidet. Auch wenn sie das Verhalten von einem Mitarbeiter rügen müssen, sehen sie ihn als Mensch positiv.

- **−/+: Ich bin nicht ok, du bist ok**

Menschen in dieser Grundhaltung haben ein *geringes Selbstwertgefühl*. Daher überschätzen sie andere, während sie sich und ihre Fähigkeiten unterschätzen. Sie fühlen sich anderen gegenüber unterlegen und haben häufig Selbstzweifel: „Meinem Bruder gelingt immer alles" oder „meine Kollegin versteht alles schneller". Sie protestieren jedoch nicht, sondern finden sich mit ihrer Rolle als *Opfer* ab. Manchmal schließen sie sich aus, schließen mit ihrer Situation ab oder sind aggressiv gegen sich selbst. Da sie sich vieles nicht zutrauen, suchen sie oft Hilfe. Im Arbeitsalltag kann das eine Kollegin sein, die immer wieder um Unterstützung bei der Softwareanwendung bittet: „Ich kann es einfach nicht". Aufgrund ihres geringen Selbstwertgefühls glauben Menschen mit dieser Haltung nicht an eigene Fähigkeiten und probieren nicht selbst aus, eine Lösung zu finden. Aus dem gleichen Grund übernehmen sie nicht gern Verantwortung. Sie bewundern andere, suchen Schuld für ein Misslingen immer bei sich und trauen sich neue Aufgaben nicht zu. Manchmal sind sie neidisch oder eifersüchtig, was andere können und leisten. Menschen mit der −/+-Haltung haben in der Kindheit häufig gehört, dass sie „zu blöd" oder faul sind, dass sie bestimmte Themen nicht verstehen oder niemals Erfolg haben werden. Kinder nehmen die Pseudowahrnehmung ihrer Familienmitglieder an und behalten sie im Erwachsenenleben. Wenn ihnen in ihrem Unternehmen ebenfalls vermittelt wird, dass sie nichts können, zu langsam sind oder dass sich bei ihnen keine Weiterbildung lohnt, wird ihre −/+-Haltung gestärkt.

- **+/−: Ich bin ok, du bist nicht ok**

Diese Grundhaltung ist das „Gegenstück" zur −/+-Haltung. Menschen verhalten sich dann *arrogant, überheblich und egozentrisch*. Sie halten sich für wertvoller als andere und erwarten Bewunderung für alles, was sie tun. Sie geben unauf-

4

gefordert Ratschläge und erwarten, dass sie angenommen werden. Aus ihrer Sicht machen sie nie Fehler, sondern an Misserfolgen sind immer andere schuld. +/−-Menschen zeigen ein autoritäres und tyrannisches Verhalten, die auch verbale oder körperliche Gewalt beinhalten kann. In der Arbeitswelt können sie nur schwer delegieren und Verantwortung übergeben, da es „niemand so gut machen kann" wie sie selbst. Sie haben oft Führungsverantwortung, denn andere möchten bei diesem Verhalten keine Verantwortung mit ihnen teilen.

Manche +/−-Menschen sind *überzogen fürsorglich und hilfsbereit*. Sie helfen anderen aus der Motivation heraus, dass diese es allein nicht können, ohne dass sie ihnen die Möglichkeit gegeben haben, es selbst zu versuchen. Auch sprechen +/−-Menschen manchen Gruppen wie alten und/oder behinderten Menschen die Fähigkeit ab, ihr Leben allein gestalten zu können.

+/−-Menschen haben weniger Selbstvertrauen als ihrer Wirkung nach außen entspricht. Sie haben große *Probleme mit Kritik* und fühlen sich leicht angreifbar. Selbst Lob wird selten akzeptiert, da diejenigen, die das Lob aussprechen, nicht ok (−) sind. Menschen, die als Kinder perfekt sein mussten, immer Klassenbeste, im Sport die Nummer 1 und nie Fehler machen durften, erleben in der Kindheit die −/+-Lebensposition, insbesondere, wenn Eltern hohe berufliche Positionen haben oder selbst erfolgreiche Sportler waren. Sie wechseln als Erwachsene in die +/−-Haltung, um ihr erlerntes geringes Selbstwertgefühl zu erhöhen. Eltern mit dem Wunsch, dass ihre Kinder „etwas Besseres" werden sollen, fordern und fördern ihre Kinder und vermitteln ihnen bei Erfolg stets, dass sie etwas Besseres sind, sodass sie die +/−-Haltung annehmen.

■ *−/−: Ich bin nicht ok, du bist nicht ok*

Hier ist die Welt sehr schwarz. Die eigene Lebenswelt wird ebenso *negativ und hoffnungslos* gesehen wie die Welt draußen. −/−-Menschen sind antriebslos, schnell resigniert und haben das Gefühl von Sinnlosigkeit. Das zeigt sich in Aussagen wie „Das bringt nichts" oder „Die machen ja doch, was sie wollen". Sie sind Fatalisten, betrachten sich als Verlierer und als nutzlos. Gleichzeitig sind sie in der Lage, sich unauffällig zu verhalten, sodass ihre Lebensposition unerkannt bleibt. Manchmal verdecken Erfolge diese Haltung. Wenn in der Kindheit bei den Eltern oder anderen Angehörigen diese Haltung vorherrscht, kann es sich auf die Kinder übertragen. Auch wenn Kindern immer wieder gezeigt wird, dass sie nichts taugen oder überflüssig sind, können sie die −/−-Haltung übernehmen (Lüneburg, 2019, S. 215–217).

Durch die Beschreibung der unterschiedlichen Lebenspositionen wurde deutlich, wie sehr sie das Verhalten von Menschen gegenüber anderen und ihre Kommunikation prägen können. Insbesondere für den Arbeitsalltag ist das darauf aufbauende Modell des *Dramadreiecks* (**◘** Abb. 4.5) hilfreich, um zu verstehen, welche Rolle Menschen in Gesprächen, Meetings oder Konflikten einnehmen, um ihre Ziele zu erreichen, andere zu beeinflussen und worauf sie basieren.

Es gibt drei Rollen: Den *Verfolger*, den *Retter* und das *Opfer*. Menschen spielen Spiele untereinander, um ihre eigene Lebensposition zu bestätigen – also zu zeigen, dass jemand nicht ok ist – oder sie selbst.

Die Rollen kommen aus den Lebenspositionen und damit aus der Kindheit. Wer zuhause keine Gefühle zeigen durfte, z. B. bei Wut oder Traurigkeit nicht weinen, aber laut schreien oder mit Türen schlagen durfte, wird später die *Rolle des Verfolgers* (+/−) einnehmen. Kinder, deren Bedürfnisse und Gefühle ignoriert wurden und denen vermittelt wurde, dass sie nicht wichtig sind, haben die −/+-Haltung übernommen und damit die *Opferrolle*. Die *Retter* wiederum haben wieder die +/−-Haltung, denn auch sie durften keine Gefühle zeigen, sondern wurden nur von den Eltern gesehen, wenn sie Verantwortung übernommen haben, z. B. jüngere Geschwister oder kranke Eltern betreuten. Sie suchen Anerkennung und Wertschätzung durch Unterstützung für andere, denen sie jedoch ungefragt helfen, da sie glauben, dass sie es besser können.

Wenn also echte Gefühle nicht gezeigt werden dürfen, lernen Kinder, dass sie nur ok sind, Anerkennung oder Beachtung bekommen, wenn sie sich elterngemäß verhalten. Sie wurden also *emotional manipuliert* und haben das später auf ihre eigenen Kinder bzw. in die Arbeitswelt übertragen.

Die drei Rollen werden in der Lebens- und Arbeitswelt mit bestimmten Themen „gespielt":

■ **Die Rolle des Verfolgers und seine Themen Kritik und Anklage**
Seine Lebensposition ist „Ich bin ok, du bist nicht ok". Da er sein *Selbstwertgefühl* stetig „füttern" muss, damit es hoch bleibt, beschuldigt er andere oder schüchtert sie ein, macht Vorwürfe, übt persönliche Kritik, weist andere zurecht und macht sich gern über andere und ihre vermeintlichen Defizite oder Unfähigkeit lustig. Er hinterfragt nie sein Handeln oder übt Selbstkritik, sondern sucht Verantwortliche für eigene Fehlleistungen. Ihm sind Vorschriften ebenso wichtig wie hierarchische Positionen. Damit wertet er andere, Familienmitglieder oder Mitarbeiter, ab und weist ihnen die *Opferrolle* zu.

Die vier Lebenspositionen aus der TA +/+, −/+, +/− und −/− zeigen die Haltung von Menschen sich selbst und anderen gegenüber mit Auswirkungen auf ihr Verhalten und ihre Kommunikation.

4

In *Familien* sind das z. B. Eltern, denen die Kinder nichts recht machen können, die mit schulischen und sportlichen Leistungen unzufrieden sind, obwohl sie zu den Besten gehören. In der Pubertät nutzen sie die Unsicherheit der Kinder aus und machen sie lächerlich oder werten ihre Freunde ab.

Bei *Mitarbeiterinnen* führt das +/–-Verhalten zum Rückzug, Dienst nach Vorschrift, Verweigerung von Verantwortung für ihre Aufgaben und zur Reduktion von Kreativität für neue Produkte oder Projekte. Damit finden (zu) wenig Verbesserungen statt, insbesondere, wenn neues Wissen für Veränderungen wie bei einer Transformation erforderlich ist.

Menschen mit der +/–-Grundhaltung werten den Wert und die Würde anderer Menschen ab und haben gleichzeitig ein Bedürfnis nach Nähe, nach *Strokes*.

- **Die Rolle des Opfers und seine Themen Ablehnung und Hilflosigkeit**

Das Opfer hat die Lebensposition „Ich bin nicht ok, du bist ok" oder „Ich bin nicht ok, du bist nicht ok". Es fühlt sich hilflos, verzweifelt, ängstlich und ungerecht behandelt. Auf andere wirken Opfer häufig kindlich, schüchtern und unwissend. Sie treten devot auf und tun sich selbst leid. Mit ihrem Verhalten werten sie ihre eigene Lösungskompetenz ab, tun jedoch auch nichts dafür, diese zu entwickeln. Ohne die Rollen der Retter und Verfolger kann ein Opfer seine Rolle nicht richtig spielen. Wer ständig über Benachteiligungen und Ausweglosigkeit jammert, ist nicht bereit, Verantwortung für sich und sein Handeln zu übernehmen. Es ist leichter, sich anzupassen und vorgeschlagene Änderungen abzuwehren, denn es „würde ja sowieso nichts ändern".

In *Familien* haben sich die Opfer mit ihrer Rolle abgefunden, haben möglicherweise sogar die Familienmeinung übernommen, dass der Vater oder die Großmutter besser wissen, was für einen gut ist.

Opfer in der *Arbeitswelt* sind z. B. Menschen, die sich beklagen, dass sie zu wenig verdienen, dass niemand sieht, was sie alles leisten und die dennoch an ihrem Arbeitsplatz bleiben und lieber ihre Lage beklagen als ihre Energie, die sie fürs Jammern brauchen, für eine Veränderung zu nutzen.

- **Die Rolle des Retters und sein Thema Selbstgerechtigkeit**

Auch Retter haben wie Verfolger die Lebensposition „Ich bin ok, du bist nicht ok". Sie sind Ratgeber, die nicht gelten lassen, wenn der Empfänger anderer Meinung ist, mischen sich ungefragt in Gespräche und Konflikte ein und wissen immer, was für andere richtig ist. Durch ihre Haltung machen sie andere – vor allem Opfer – von sich abhängig, um Macht auszüüben im

Sinne von „Der oder die schafft das gar nicht ohne mich" und damit den eigenen Selbstwert zu steigern.

Zum Unverständnis der Retter trennen sich allerdings viele Opfer von den Rettern, indem sie ihre Rolle ablegen. Manche werden sogar zu Verfolgern, da sie sich bedrängt fühlen. Retter empfinden sie dann undankbar. Retter haben ein *hohes Nähebedürfnis* und binden andere eng an sich. Damit werten sie jedoch deren Lösungskompetenz ab.

In *Familien* gibt es manchmal Frauen als Retterinnen, die davon ausgehen, dass alte oder sehr junge Familienmitglieder nicht allein zurechtkommen. Sie übernehmen z. B. ungefragt den Einkauf, obwohl es die größte Freude der alten Tante ist, einmal täglich im Supermarkt Menschen zu treffen und sich zu unterhalten. Ein anderes Beispiel ist die Rolle des „Haushaltsvorstands", der entscheidet, was für jedes Familienmitglied das Richtige ist, z. B. die Auswahl eines Berufs, selbst wenn dieser Beruf nicht den Fähigkeiten des Kindes entspricht.

in *Unternehmen* gibt es häufig Kümmerer, die ungefragt überall die Blumen gießen oder aufräumen. Gern begleiten Retterinnen neue Kollegen in den ersten Tagen, um jede Kleinigkeit zu erklären. Sie erwarten im Anschluss nicht nur Dankbarkeit, sondern auch die Umsetzung genau nach Vorgabe. Anfangs freuen sich neue Kolleginnen über die Unterstützung; nach einer gewissen Zeit wollen sie auf ihre Weise arbeiten, was Retter nicht verstehen können.

Alle drei Rollen *beeinflussen sich gegenseitig*. Jeder kann jede Rolle übernehmen, wobei die meisten Menschen eine *Schwerpunktrolle* haben, die sie immer wieder einnehmen. Die drei Rollen können im Gespräch zweier Menschen übernommen werden; sie können sogar im Laufe eines Gesprächs wechseln, z. B. kann der Verfolger zum Opfer werden, wenn sich die beiden anderen plötzlich gegen ihn verbünden. Das Dramadreieck ist somit *dynamisch* zu verstehen (vgl. Hagehülsmann & Hagehülsmann, 1998, S. 162–165 und Lüneburg, 2019, S. 218–220).

▶ **Dramadreieck im beruflichen Kontext**

Führungskräfte und Mitarbeiterinnen füllen in der Arbeitswelt *Rollen* aus, die denen des Dramadreiecks gleichen. Wenn eine Führungskraft in der *Verfolgerrolle* ins Meeting kommt und es mit den Worten „Warum haben Sie eigentlich noch nicht die Zahlen geliefert??" eröffnet, fühlen sich die Teammitglieder zum *Spiel* (wie es die TA nennt) eingeladen. So versucht sich ein Teammitglied zu rechtfertigen „weil wir noch keine Zahlen aus der Buchhaltung bekommen haben" und übernimmt somit die *Opferrolle*. Ein zweites Teammitglied glaubt, dass der Kollege dringend Unterstützung braucht, ergänzt „Wir hatten doch so

4

viel mit dem Projekt X zu tun!" und springt damit in die *Rolle des Retters*. Eine dritte Kollegin dreht den Spieß um und springt in die *Verfolgerrolle gegen die Führungskraft*, indem sie den Ball zurückspielt: „Sie selbst haben doch am letzten Freitag entschieden, dass wir erst die Kundenaufträge fertigstellen sollen, bevor wir die Zahlen zusammentragen!" Wenn wiederum die Führungskraft diese Aussage bestätigen muss, wechselt sie in die *Opferrolle*. Und so könnte dieses Spiel endlos weitergehen, wenn niemand aus dem Spielfeld geht. ◄

Das Dramadreieck zeigt die Rollen, die Menschen einnehmen, wenn sie „ein Spiel mitspielen" und nicht als Erwachsene agieren oder kommunizieren. Zu den Rollen gehören der Verfolger, der Retter und das Opfer.

Menschen können lernen, auf die Rollenspiele zu verzichten und Rolleneinladungen in Gesprächen oder Meetings nicht mehr anzunehmen. Wer auf der *Erwachsenenebene* fragt und antwortet, bleibt auf der *Sachebene*. Er antwortet mit Informationen und gibt logische Antworten, aus denen Schlüsse gezogen werden können, sodass eine vernünftige Handlung möglich ist. Menschen, die sich selbst reflektieren können, sind *in der Gegenwart als erwachsener Mensch*. Das heißt, sie lassen sich weder wie ein Kind behandeln noch nehmen sie die Elternrolle gegenüber anderen ein. Sie können Probleme konstruktiv lösen, da sie objektiv denken und wahrnehmen können, was wirklich ist. So haben sie gelernt zu differenzieren, finden Alternativen und halten den Chef nicht für ihren Vater, mit dem sie aufgrund seiner Verfolgerrolle zeitlebens Konflikte haben.

> **Wichtig**
>
> Wer es schafft, sich mit den übertragenen Werten seiner Verfolger-, Retter- oder Opfereltern auseinanderzusetzen und zu überprüfen, ob sie heute im eigenen Leben noch Geltung haben, entwickelt sich zu einer reifen Persönlichkeit.
>
> Dazu gehört das Nachdenken über den Preis, den er bezahlen müsste, wenn er die Werte behält und weiterhin Spiele mitspielt – oder wenn er seine eigenen Werte als Leuchtturm seines Lebens wählt.

4.5 Lücken in Familiengeschichten

Interessant für die Beschäftigung mit biografischen Werten sind auch die nicht erzählten Geschichten: Erlebnisse, über die nicht gesprochen wurde (das emotionale Schweigen); unklar verstorbene oder verschwundene Familienmitglieder, unehelich geborene Kinder, Geheimnisse und Tabus oder unbewusste Familienregeln.

In vielen Familien gibt es diese Geschichten; Kinder bekommen sie schon früh mit, ohne dass sie verstehen, worum es geht und welchen Sinn sie haben. Manchmal erleben Kinder Ablehnung und verstehen nicht, woran das liegt.

▶ **Die leibliche Mutter**

Eine Klientin fühlte sich zeitlebens von ihren inzwischen verstorbenen Eltern, insbesondere vom Vater, abgelehnt. Durch ein *Genogramm*, das im Rahmen eines Coachingprozesses erstellt und bearbeitet wurde, wurde der Grund deutlich. Ihr Vater war ein uneheliches Kind, der von seiner verheirateten Tante großgezogen wurde, die er Mutter nannte. Als Erwachsener lernte er seine leibliche Mutter kennen, lehnte sie jedoch ab. Nach dem Tod des Vaters fand die Klientin durch (vorher versteckte) Fotos heraus, dass sie der leiblichen Mutter, also ihrer Großmutter, sehr ähnlich sieht. Sie konnte durch den Coachingprozess „Dinge geraderücken". ◄

Es gibt sehr viele Beispiele für Lücken in Familien, gerade durch den Zweiten Weltkrieg, die ehemalige deutsch-deutsche Grenze und durch gesellschaftliche Normen und Regeln. Typische Lücken sind verschwiegene Fluchterlebnisse, Heimweh und Verlustängste durch die Versendung von kleinen Kindern aufs weit entfernte Land ohne Kontakt zu den Familien, verschwiegene Homosexualität und Selbstmorde oder das Verschwinden von Familienmitgliedern. Lücken lassen biografische Muster und Glaubenssätze entstehen, z. B. ein Schweigegebot wie im Buch von Crott & Crott Berthung, 2013: „Erzähl es niemandem!", Misstrauen gegenüber Menschen außerhalb der Familie oder Distanz durch einen vermeidenden Bindungsstil gegenüber anderen. Diese Muster wirken sich auf das spätere Arbeitsumfeld und das Verhalten als Führungskraft oder Leiter eines Unternehmens aus.

▶ **Ein Beispiel für die Auswirkung von Familiengeheimnissen**

Eine Frau, Jahrgang 1920, wurde unehelich geboren, was sie zeitlebens als Makel empfunden und versucht hat zu verschweigen. Sie heiratete 1940; ihr Mann war im Krieg, als ihre Mutter 1942 ein weiteres uneheliches Kind bekam, das dann als ihr eigenes ältestes Kind aufgezogen wurde. Die 1944 geborene „zweite" Tochter, die eigentlich Älteste der Familie, dachte bis 1954, dass dieses Kind ihre große Schwester sei, bevor sie auf der Straße von anderen Kindern (!) die Wahrheit erfuhr. Diese Lücken, die nicht besetzten Rollen der unbekannten Väter der beiden Frauen sowie die falsche Geschwisterreihenfolge und das Verschweigen der Wahrheit sorgen bis heute bei allen Kindern, auch bei den nachgeborenen Geschwistern und den Enkeln, für Auswirkungen auf ihr Leben. ◄

4.6 **Generationen**

Neben den erwähnten soziokulturellen Einflussfaktoren wie gesellschaftliche Milieus und die demografische Entwicklung können Generationen und ihre unterschiedlichen Werte relevant für eine erfolgreiche Transformation sein. So haben Studien untersucht, aus welchen Gründen sich Werte und Einstellungen zur Arbeitswelt ändern. Es könnten *Alterseffekte* sein (hier würden Menschen die gleichen Werte in einem bestimmten biologischen Alter haben wie die Elterngeneration im gleichen Alter), *Lebensphaseneffekte* (Menschen haben als junge, unabhängige Menschen andere Werte und Bedürfnisse als Familieneltern oder ältere Menschen) oder *Generationeneffekte* (Menschen haben während ihrer Sozialisation als Kohorte ähnliche Erfahrungen gemacht) (Klaffke, 2021, S. 14–16).

Der generationale Faktor kann nicht allein für gemeinsame Werte und Einstellungen einer Alterskohorte stehen; er kann jedoch hier genutzt werden, um die Unterschiedlichkeit von Werten in mehrgenerationalen Organisationen zu verstehen und Lösungen zu erarbeiten. Die *unterschiedlichen Wertvorstellungen der Generationen* spielten auch früher eine Rolle, wurden in Organisationen durch die meist autoritäre Führung nicht deutlich. Heute arbeiten gleichzeitig vier sehr heterogene Generationen mit klaren Erwartungen und Wünschen an ihre Arbeitgeber in den Organisationen.

■ *Übersicht der Generationen*

Einige Wissenschaftler, zunächst in den USA, dann in Deutschland, beschäftigen sich seit geraumer Zeit mit Generationen und haben unterschiedliche Bezeichnungen entwickelt, die bestimmten Jahrgängen zugeordnet wurden. Diese stimmen nicht immer überein, daher wurde die hier vorgestellte Einteilung nach der größten Übereinstimmung ausgesucht. Die jeweils erste Bezeichnung ist die meistgenutzte in der Literatur. Zu den Unterschieden zwischen der Sozialisation in Ost- oder Westdeutschland gibt es z. B. von Klaffke (2021) vertiefende Informationen. Wissenschaftlich sind die Generationenunterscheidungen umstritten, da die Charakterisierung natürlich nicht auf jede einzelne Person zutrifft. Dennoch werden sie von Unternehmen für Führung und Personalmanagement genutzt.

> ❯ **Übersicht über Generationen**
> − Generation Traditionalisten, Weltkriegsgeneration oder Silent Generation, Jahrgänge 1928–47
> − Generation Baby Boomer oder Boomer, Jahrgänge 1948–1964
> − Generation X oder Generation Golf, Jahrgänge 1965–1980

- Generation Y, Millennials oder Generation Internet, Jahrgänge 1981–1995
- Generation Z oder Generation Schneeflocke (US-Bezeichnung), Jahrgänge 1996–2010
- Generation Alpha, Jahrgänge ab 2011 (zu jung für die Arbeitswelt, bleiben sie unberücksichtigt)

Jede Generation hat bestimmte *Merkmale und Werte*, die sie von anderen unterscheidet.

Die *Generation der Traditionalisten (1928–1947)* ist vor oder im Zweiten Weltkrieg geboren und ist häufig geprägt durch Kindheitserlebnisse mit Bombenalarm, Flucht, Heimatverlust und Wiederaufbau sowie teilweise mit der Sozialisierung während einer Diktatur. Zu ihren wichtigsten Werten gehören *Hierarchieakzeptanz, Anpassung und Treue*, u. a. zum Arbeitgeber. Dazu kommen die Werte *Pflicht und Gehorsam* sowie ein hohes Bedürfnis nach *Sicherheit*. Sie werden durch ihre Lebenserfahrung eher durch Misstrauen geprägt, befinden sich jetzt im Ruhestand (Lüneburg, 2019, S. 31).

Die *Babyboomer (1948–1964)* haben prägende Werte wie *Gesundheit und Idealismus, Gemeinsamkeit, Karriere und Wohlstand*. Sie gehören in Deutschland ab 1955 zu den geburtenstarken Jahrgängen und sind daher den Umgang mit Gruppen, das gemeinschaftliche Handeln und das Durchsetzen gegen andere gewohnt, denn sie waren immer viele. Einige konnten schnell in Führungspositionen aufsteigen und prägen heute noch die Unternehmens- und Institutionslandschaft durch ihre hohen Positionen, wenn auch die Verrentung der Älteren dieser Generation bereits nach und nach erfolgt. Für die Babyboomer ist *Arbeit der höchste Wert*; sie sind bereit, hart zu arbeiten, um die Belohnung des persönlichen und materiellen Erfolgs zu genießen. Sie brauchen einen sicheren Arbeitsplatz und gute Arbeitsbedingungen, dazu gehört *Wertschätzung* für ihre Berufserfahrung und das Gefühl, gebraucht zu werden. Dafür sind sie sehr loyal gegenüber ihrem Arbeitgeber. Im Osten waren Werte wie *Pflicht, Sinnstiftung und Hilfe* in dieser Generation bedeutsamer als im Westen (Lüneburg, 2019, S. 31–32; Oertel in: Klaffke, 2021, S. 54–65).

Die *Generation X (1965–1980)* hat ihre Jugendzeit in Ost- oder in Westdeutschland erlebt und ist damit unterschiedlich sozialisiert worden. Wichtige Werte der Generation X sind *Unabhängigkeit, Individualismus und Sinnsuche*, dazu kommen *Pragmatismus und Selbstständigkeit* und der höhere Wert der *freien Zeit* gegenüber Wohlstand. Ihnen ist *Gerechtigkeit und Frieden* wichtig, sie haben die Wiedervereinigung als Kinder, Jugendliche oder junge Erwachsene erlebt, die auf ihre berufliche Entwicklung Einfluss nehmen konnte. Im Arbeitsleben

4

sind ihnen Werte wie *Leistung, Belastbarkeit, Hilfsbereitschaft, Freundlichkeit und Verantwortungsbereitschaft* wichtig. Ihre Teamfähigkeit und Verlässlichkeit werden von ihren Führungskräften geschätzt. Die Generation X wünscht sich eine gute Work-Life-Balance, um ihren Verpflichtungen gegenüber ihren alten Eltern sowie den eigenen Kindern und Enkeln gerecht zu werden. Ebenso möchten sie sich weiterhin fortbilden, sowohl fachlich wie persönlich, und schätzen ihre eigene Leistungsfähigkeit hoch ein.

Die Generation X ist weniger loyal gegenüber ihrem Arbeitgeber als die Babyboomer, sodass sie für Unternehmen aufgrund ihrer höheren Wechselbereitschaft interessant sind. Ein höheres Gehalt, mehr fachliche und zeitliche Freiräume und selbstständiges Arbeiten sind ein attraktiver Wechselgrund, um so die Work-Life-Balance zu verbessern. Dennoch haben sie weniger Chancen auf dem Arbeitsmarkt als die Babyboomer oder die Generation Y, denn die Babyboomer haben schon früh interessante Stellen besetzt, die sie jetzt noch innehaben oder durch Jüngere nachbesetzt werden. Die Generation X hat durch Berufsausbildung und Studium häufig länger gebraucht, in den Arbeitsmarkt einzusteigen, und sie haben ihre Familien entsprechend später gegründet. Nun haben sie Verantwortung für ihre Kinder und die alten Eltern und wollen gleichzeitig die eigene Karriere weiterentwickeln. So ist *Sicherheit* ein hoher Wert, denn sie sorgen sich um die Zukunft nach Pandemien und Wirtschaftskrisen, durch weniger Rente und die volkswirtschaftliche Entwicklung in den letzten Jahren (Lüneburg, 2019, S. 32; Oertel in: Klaffke, 2021, S. 66–74).

■ *Generation Y (1981–1995)*

Für die Generation Y sind *Vernetzung, Teamwork und Optimismus* hohe Werte. Sie leben in der Gegenwart und sind die erste Generation, die mit dem Internet aufgewachsen ist. Bei der Arbeit sind ihnen Werte wie *Spaß, Abwechslung, interessante Aufgaben und Sinnhaftigkeit* wichtig. Viele bringen hohe Abschlüsse mit, wollen weiterhin *Neues lernen und sich engagieren*, jedoch spielt das Privatleben eine wichtige Rolle, sodass sie *freie Zeit* einfordern. Freiraum und *Freiheit, Flexibilität und Selbstständigkeit* sind weitere Werte, die sie in einer Unternehmenskultur wiederfinden wollen. Aus ihrer Sicht ist die Welt instabil und wenig verlässlich, sodass sie sich vom Arbeitgeber *Sicherheit und ein hohes Einkommen* wünschen, das gerecht und angemessen sein soll, um frühere Zeiten als unbezahlte Praktikanten zu kompensieren und die steigenden Lebenshaltungskosten sowie die eigene Familie finanzieren zu können. Wert-voll ist eine gute *Work-Life-Balance; sie ist wichtiger als* ein Firmenwagen oder eine besondere Büroausstattung. Sie Die Generation Y ist ebenso *leistungsbereit* wie ältere Generationen, will jedoch anders arbeiten; weniger in einer Führungsposition, eher als Fachkraft oder in Projekten. Ein Grund ist der hohe Wert der *Familien- und Freundeszeit* im Gegensatz zu wahrgenommenen Arbeitszeiten bisheriger Führungskräfte mit 10 bis 12 Stunden täglich. Ihre Arbeitsmotivation und Werte sind *Selbstverwirklichung, Vernetzung* mit anderen auf der ganzen Welt sowie *Zusammenarbeit mit Kolleginnen und Vorgesetzten auf Augenhöhe*. Ihre besondere Eigenständigkeit und Kreativität resultieren aus ihrer modernen Erziehung. Sie tragen gern soziale Verantwortung, Werte wie *Vertrauen und Offenheit, Feedback und Wertschätzung*, persönliches Wachstum und Lernen sollen eine Unternehmenskultur prägen. Starre Arbeitszeiten und -orte sowie Überstunden und Wochenendarbeit finden keine Zustimmung, da in Y-Familien beide Partner arbeiten und die Kinder betreuen (Franken, 2016, S. 21–23, Lüneburg, 2019, S. 32–33; Klaffke, 2021, S. 82–99).

Ein Buch zum Weiterlesen zur Generation Y:

Wer mehr über die Generation Y erfahren möchte, kann im Buch „Glück schlägt Geld. Generation Y: Was wir wirklich wollen" mehr über neue Berufswelten, Führungs- und Lebenskultur erfahren. Die ZEIT-Wirtschaftsredakteurin Kerstin Bund (2014) beschreibt, was die Generation Y unter anders leben, anders arbeiten und anders sein versteht und was Unternehmen, Personalabteilungen und Führungskräfte tun können, um davon zu profitieren.

▪ *Generation Z (1996–2010)*

Diese Generation hat bereits viele globale Krisen durch die frühe und stetige Nutzung von sozialen Medien, Tablets und Smartphones „miterlebt". Sie lieben die neuen Technologien, mit denen sie ihr Wissen erweitern und sich mit anderen austauschen können. Jedoch filtern sie Informationen schnell, ohne dass sie in die Tiefe gehen. Werte wie *freie Entfaltung, Flexibilität und Work-Life-Balance*, insbesondere *Familie und Freunde* sind wichtig. Für ihr Unternehmen wünschen sie sich *Sicherheit, klare Strukturen und Kommunikation* sowie eine *gute Unternehmenskultur*. Ihre Führungskräfte sollen sozial kompetent sein und die Rolle von Ersatzeltern übernehmen. Sie zeichnet *Leistungsbereitschaft*, aber weniger Loyalität gegenüber dem Arbeitgeber aus. Die Generation Z traut sich viel zu und will mitreden bzw. mitentscheiden. Junge Menschen mit hohem Bildungsniveau erwarten Möglichkeiten zur

4

persönlichen Entwicklung, Work-Life-Balance und *flexiblem Arbeiten*, während sich bildungsfernere Menschen eher an Vorbildern mit *klaren Ansagen* orientieren. Eine Abgrenzung zwischen Arbeit und Freizeit ist ihnen wichtig, um sich selbst verwirklichen zu können. Mit höherem Bildungsniveau ist die Generation Z bereit, *soziale Verantwortung* zu übernehmen, sie denkt global, ist politisch aktiv oder begleitet Aktivitäten wie „Fridays for Future". Krisen machen ihr Sorgen, während Rituale ihr in der schnelllebigen Zeit wichtig sind. Viele Jungen brauchen Förderung, während die Mädchen häufig sehr gute Schul- und Studienabschlüsse erbringen. Dafür sind die Mädchen weniger belastbar, die Jungen zielorientierter (Meyer, 2020, S. 5–6 und 17–22; Klaffke, 2021, S. 109–117, Franken, 2016, S. 21–23; Lüneburg, 2019, S. 33).

Unternehmen beschäftigen sich aufgrund des Fachkräfte- und Auszubildendenmangels derzeit intensiv mit der *Integration der jungen Generationen*. Da sich die Generationen Y und Z schnell für einen Wechsel entscheiden, wenn ihre Arbeitszufriedenheit gering ist, ist davon auszugehen, dass ihre Werte nicht mit denen der Unternehmen übereinstimmten bzw. dass Entscheider nicht verstanden haben, was ihnen *wichtig ist, um gut arbeiten* zu können. Ebenso ist zu vermuten, dass sie durch die Anforderungen an die Tätigkeit über- oder unterfordert sind oder kommunikativ nicht mit älteren Generationen zurechtkommen (oder diese mit ihnen). Daraus entsteht offenbar ein Stressempfinden, das nur durch eine Kündigung bewältigt werden kann.

Beratung zur Generation Z

Die Schweizer Beratungsagentur ZEAM (2022) ist spezialisiert auf die Generation Z. Die Gründer, selbst zur Generation Z gehörig, beraten zusammen mit ihren Mitgliedern (nicht Mitarbeitern!) zu den Bedürfnissen und dem Verhalten dieser Generation. Aus Sicht von ZEAM will die Generation Z gern früh Verantwortung übernehmen und unternehmerisch aktiv sein, flexibel an unterschiedlichen Arbeitsorten und zu unterschiedlichen Zeiten arbeiten. Im Gegensatz zur Generation Y geht es der Generation Z um Work-Life-Blend, also der Verschmelzung der Grenzen von Arbeit und Leben. Sie arbeiten gern, aber nicht in starren Strukturen, sind karriereorientiert, erwarten gute Gehälter, interne und externe Wertschätzung. Wenn diese drei Säulen ausgewogen sind, sind Unternehmen interessant, wie das Motto von ZEAM zeigt: „Es ist 2022. Wenn du relevant bleiben willst, musst du die Generation Z verstehen."
▶ https://zeam.xyz/generationz

Untersuchungen zeigen, dass die *Zusammenarbeit alters-gemischter Teams* eine höhere Arbeitsqualität, mehr Innovation, Kreativität und bessere Ergebnisse erbringen. Durch die vielen unterschiedlichen Kompetenzen, Erfahrungen und Perspektiven können *mehrgenerationale Teams und Unternehmen Entscheidungen besser fällen und Probleme leichter lösen.* Auch neigen sie in ihrer Unterschiedlichkeit weniger dazu, zu kooperativ zu sein, um das gute Verhältnis untereinander nicht zu stören („Gruppendenken"), sondern setzen sich sachlich miteinander auseinander. Voraussetzung ist, dass alle ausreichend kommunizieren können und die unterschiedlichen *Kommunikationsmuster kennen* und respektieren. Kommunikationswege müssen verbindlich festgelegt sein. Weitere Voraussetzungen sind die Wissensweitergabe bzw. das Teilen von Wissen, ein einheitliches methodisches, strategisches und operatives Vorgehen (Klaffke, 2021, S. 25–26).

In manchen Unternehmen gibt es (noch) die Haltung, dass alle *Mitarbeiter ab 55+* mental und körperlich nicht mehr in der Lage sind, sich neue Fähigkeiten anzueignen oder die Belastungen des Arbeitsalltages auszuhalten. Diese Haltung gab es bereits vor 30 Jahren, als in Deutschland Menschen über 55 mit finanzieller Unterstützung des Staates früh in Rente geschickt wurden. Diese Altersdiskriminierung wurde nach der Finanzkrise 2008 erneut deutlich, als mehr Menschen über 55 ihren Job verloren hatten bzw. länger brauchten, einen neuen zu finden. Gemäß Studien aus dem Umfeld der Stanford University gibt es zwei Mythen, die in Unternehmen vorherrschen:
- Ältere Mitarbeiterinnen sind teuer und liefern zu wenig Produktivität.
- Ältere haben Schwierigkeiten mit neuen Technologien und dem Lernen von neuen Fähigkeiten.

Es ist jedoch nachgewiesen, dass Menschen dieser Altersgruppe heute länger fit und gesund sind und durch ihre Lebenserfahrung dazu beitragen, den *Teamzusammenhalt zu stärken* und die *Stressresistenz zu erhöhen.* Sie sind bereit, Neues zu lernen, länger zu arbeiten. Die Pandemie hat dafür gesorgt, dass sich viele Ältere sehr schnell digitales Wissen angeeignet haben. Der Unterschied zu Jüngeren ist das fehlende selbstständige Ausprobieren – aber das Lernen ist kein Problem, wenn es ihnen zugetraut wird und der Wille zum Lernen da ist. Das wiederum ist Voraussetzung in allen Altersgruppen (Wilner Golden, 2022, S. 26–29).

Am Beispiel der Älteren wird deutlich, welche wichtige Rolle Werte und Einstellungen spielen, ob Menschen zeigen dürfen, was sie können, oder nicht. Wurden ältere Menschen in der Familie eines Entscheiders im Unternehmen abgelehnt, sogar als unbrauchbar und lästig angesehen? Oder haben sie eine wichtige Funktion als weise Menschen, die in der Familie um Rat gefragt werden, ohne sich aufzudrängen? Diese Fragen sollten sich Entscheider stellen.

Zusammenfassung

In diesem Kapitel wurde auf die Rolle der Familiengeschichte, die dort erlernten Muster und Glaubenssätze sowie auf den Umgang mit negativen Erlebnissen geblickt. Wer Rollen und Machtverhältnisse in der Herkunftsfamilie verstanden hat, seine unbewusst übertragenen Muster, Werte und Einstellungen kennt und sie in Bezug zum eigenen Führungsverhalten setzt, kann sie verändern. Das kann durch Selbstreflexion oder im Rahmen eines Coachingprozesses geschehen. Klarheit über eigene biografische Werte und ihre Wurzeln führt zu mehr Klarheit in der Führung von Menschen und in der Selbstführung. So kann eine kulturelle Transformation im Unternehmen begonnen werden, die Voraussetzung für eine erfolgreiche digitale Transformation ist. Das wird insbesondere durch die abweichenden Werte der jüngeren Generationen Y und Z deutlich, die sich hinsichtlich Arbeitszeiten und -orten sowie hinsichtlich Flexibilität und Haltung zur Digitalisierung von den älteren Generationen der Babyboomer und X unterscheiden.

Literatur

Ancelin Schützenberger, A. (2010). *Oh, meine Ahnen! Wie das Leben unserer Vorfahren in uns wiederkehrt* (6. Aufl.). Carl Auer.

Bordt, M. (2017). *Die Kunst, die Eltern zu enttäuschen* (6. Aufl.). Elisabeth Sandmann.

Bradshaw, J. (2015). *Familiengeheimnisse. Warum es sich lohnt, ihnen auf die Spur zu kommen* (10. Aufl.). Goldmann.

Bund, K. (2014). *Glück schlägt Geld. Generation Y: Was wir wirklich wollen.* Murmann.

Crott, R., & Crott Berthung, L. (2013). *Erzähl es niemandem! Die Liebesgeschichte meiner Eltern* (28. Aufl.). DuMont.

Döbler, K. (2021). *Dein ist das Reich.* Claassen.

Drexler, K. (2020). *Ererbte Wunden erkennen. Wie Traumata der Eltern und Großeltern unser Leben prägen.* Klett-Cotta.

El-Mafalaani, A. & Graf, A. (2022) Im Fokus: Aufsteigerkinder. In: Psychologie heute, 1/2022

Franke, R., & Puppatz, M. (2022). Die drei Bindungsstile nach Bowlby (1958). In *Unterlagen für den LINC Personality Profiler Coach.* LINC GmbH.

Franken, S. (2016). *Führen in der Arbeitswelt der Zukunft. Instrumente, Techniken und Best-Practice-Beispiele.* Springer.

Hagehülsmann, U., & Hagehülsmann, H. (1998). Der Mensch im Spannungsfeld seiner Organisation. In *Transaktionsanalyse in Managementtraining, Coaching, Team- und Personalentwicklung.* Junfermann.

Literatur

Klaffke, M. (Hrsg.). (2021). *Generationenmanagement. Konzepte, Instrumente, Good-Practice-Ansätze* (2. Aufl.). Springer.

Konrad, S. (2020). *Das bleibt in der Familie. Von Liebe, Loyalität und uralten Lasten* (9. Aufl.). Piper.

Lüneburg, A. (2019). *Auf dem Weg zur Führungskraft. Die innere Haltung entwickeln.* Springer.

Meyer, K. (2020). Persönlichkeit und Selbststeuerung der Generation Z. Ein Leitfaden für Bildungsträger und die mittelständische Unternehmenspraxis. Springer, Wiesbaden.

Mohr, G. (2008). *Coaching und Selbstcoaching mit Transaktionsanalyse.* EHP Kohlhage.

Pohl, M., & Witt, J. (2010). *Innovative Teamarbeit zwischen Konflikt und Kooperation* (2. Aufl.). Windmühle.

Radebold, H., et al. (2009). *Transgenerationale Weitergabe kriegsbelasteter Kindheiten. Interdisziplinäre Studien zur Nachhaltigkeit historischer Erfahrungen über vier Generationen.* Beltz Juventa.

Wilner Golden, S.: Unterschätzte Kräfte, in: Harvard Business Manager September 2022

Wüstel, J.-M. (2017) Traumakinder. *Warum der Krieg immer noch in unseren Seelen wirkt.* Lübbe

ZEAM (2022) https://zeam.xyz/generationz

Bedeutung der transgenerationalen Weitergabe von Werten für Führung und Unternehmenskultur

Wirkung von passenden und nicht-passenden biografischen und organisationalen Werten

Inhaltsverzeichnis

© Der/die Autor(en), exklusiv lizenziert an Springer-Verlag GmbH, DE,
ein Teil von Springer Nature 2023
A. Lüneburg, *Wie digitale Transformation mit Werten gelingt*,
https://doi.org/10.1007/978-3-662-66727-9_5

Trailer

Wie nehmen Sie Ihre Organisationskultur wahr? Wird die Leistung der Mitarbeiterinnen gesehen und wertgeschätzt? Wie begrüßen sich Kollegen untereinander? Wie reagiert Ihre Teamleiterin, wenn Fehler passieren oder Dinge vergessen werden? Gibt es „Alphatiere" unter Ihren Führungskräften?

Nicht bewusste biografische Werte und ihre Wurzeln von Führungskräften und Mitarbeitern haben Auswirkungen auf die Unternehmenskultur. Dazu gehören u. a. Macht oder Ohnmacht von Führungskräften und Teams, unterschiedliche Kommunikationsfähigkeiten, Anerkennung von Leistung, das Verhalten untereinander, die Zahl der Konflikte, die Fluktuationsquote und der Krankenstand.

Persönliche Erfahrungen mit Führungskräften mit unterschiedlichen Haltungen und eigene Beobachtungen als Coach, welche Glaubenssätze weitergetragen werden und welche Gründe zu mangelnder Kommunikation und unangemessenem Verhalten führen, zeigen die Wirkung nicht passender Werte.

Seit vielen Jahren wird von Entscheidern verlangt, „Gefühle vor der Tür zu lassen", während sie selbst Angst verbreiten. Solche Entscheider werden oft als *Alphatiere* bezeichnet. In der Tierwelt sind das die stärksten und erfahrensten Tiere, die andere so lange wegbeißen, bis schließlich die jüngeren stärker werden und die Alten besiegen. Also: Kampf und Wettbewerb!

Menschliche Alphatiere – die an *Dark Leader* erinnern – wollen *bestimmen, gewinnen, sich um jeden Preis durchsetzen* (wie hoch ist der Preis?). Sie sind an anderen Menschen nur insoweit interessiert, dass sie deren Arbeitsergebnisse für eigene Ziele nutzen können. Sie wollen sie jedoch weder fördern noch bei ihrer Karriere unterstützen, um keine Wettbewerber neben sich zu haben und um der Gefahr eines ebenso hohen Machtanspruchs wie des eigenen zu entgehen. Alphatiere glauben, dass sie eine natürliche Autorität haben und *zur Führung geboren* sind, in Wirklichkeit sind sie Einzelkämpfer und keine Teamplayer. Menschen folgen ihnen nur aus Angst, nicht aus Begeisterung, weil sie sich selbst als schwach empfinden und glauben, dass eine starke Persönlichkeit sie schützt (Bitzer, 2016, S. 71).

Das hat Einfluss auf die Team- und Unternehmenskultur, Kommunikation, Leistung und Gesundheit von Mitarbeitern und Führungskräften. Wenn Mitarbeiterinnen systematisch verunsichert und eingeschüchtert werden, um das Selbstwertgefühl ihrer Alpha-Führungskraft zu stärken, bleiben Kompetenzen wie *Kreativität, innovative Fähigkeiten und Ver-*

änderungsbereitschaft, die für *Transformationsprozesse* erforderlich sind, auf der Strecke.

Solche Kompetenzen können nur von mental gesunden und emotional reifen Menschen erbracht werden. Denn wer emotional reif ist, zeigt Alphatieren seine Grenzen auf (oder kündigt). *Emotional unreife Mitarbeiter* brauchen nach jahrelanger direktiver Führung bei einem Wechsel zu agiler oder transformationaler Führung *professionelle Unterstützung*, wenn sie frei und eigenverantwortlich arbeiten sollen. Ohne Wissen um ihre Persönlichkeit, Werte und Muster können sie ihre *neue Rolle* nicht finden, fühlen sich überfordert und unsicher (Bitzer, 2016, S. 72).

Menschen entwickeln durch prägende negative Ereignisse in ihrem Leben, z. B. durch schwere Krankheiten, Todesfälle wichtiger Personen oder von Eltern oder Geschwistern vermittelte Wert-Losigkeit, unterschiedliche *Wege, um eine solches Erlebnis auszuhalten.*

Der eine Weg ist ein *Geltungs- und Machtbedürfnis*, um die damaligen Gefühle nie wieder an sich heranzulassen. Darunter bleibt jedoch der Eindruck der Wert-Losigkeit, was sie mit dem Streben nach Macht zudecken.

Der andere Weg ist eine reine *Schutzfunktion*, denn diese Menschen entwickeln das Gefühl der *Ohn-Macht* aus der Kindheit zu ihrer Lebenseinstellung oder zum persönlichen Glaubenssatz (Mohr, 2008, S. 79–81). Mohr zeigt beispielhafte *Verhaltensweisen von Macht-Habern und Macht-Losen* in ◧ Tab. 5.1.

Von Druck, Leistungsansprüchen und Personalmangel überforderte und erschöpfte Mitarbeiter, deren Bedürfnisse, z. B. nach *Anerkennung und Wertschätzung ihrer Leistung*, unerfüllt sind, stehen Veränderungen negativ gegenüber, da sie sie als zusätzliche Erschwernis betrachten. Die Folgen sind schlechte Kommunikation untereinander und zu den Führungskräften, innere Widerstände, negative Gruppendynamiken, hoher Krankenstand und hohe Fehlerquoten.

Befragungen von Entscheiderinnen zeigen, dass *veraltete Denkmuster* zu den *Bremsern des digitalen Wandels* gehören und durch agile Methoden nicht aufgehoben werden können. Nur das *richtige Mindset* (Werte!), gute *Rahmenbedingungen* (ausreichende Zahl guter Mitarbeiter) sowie *verbindliche Ziele und Meilensteine* sind *Voraussetzung für die Entwicklung und Einführung digitaler Geschäftsmodelle*. Ist ein zur Organisation und seinen Zielen passendes Mindset erarbeitet, sind agile Tools hilfreich – jedoch nicht umgekehrt. Die Verantwortung für Fokussierung und Mindset liegt bei der Unternehmensleitung (Herrmann, 2022).

5

◻ **Tab. 5.1** Machtinszenierung. In Anlehnung an Mohr, 2008, S. 79–81	
Macht-Haber dürfen ….	**Macht-Lose …**
Das Gespräch beginnen	Sitzen eng beieinander
Monologe halten	Warten auf Sprecherlaubnis, reden nicht dazwischen
Bedeutungen festlegen	Haben Blickkontakt mit Macht-habern, wenn sie sprechen
Gesprächsbeiträge von Machtlosen interpretieren	Schauen Machtlose nicht an, wenn diese sprechen
Fragen überhören und einfach etwas anderes erzählen	Verstärken bei Diskussionen ihre ohnehin gebückte Haltung
Anweisungen geben, Aufträge erteilen	Lächeln, wenn Abstimmungen deutlich gegen sie ausfallen
Gespräche unterbrechen, abbrechen und beenden	Schränken das Gesagte sogleich wieder ein („Ich bin nicht so sicher", „Ich finde es eigentlich ein bisschen schade", „Wir können es natürlich auch anders machen …")
Der machtlosen Person die Zukunft voraussagen („damit werden Sie scheitern")	Sprechen schnell, leise, gehetzt
… und weitere Verhaltensweisen	… und weitere Verhaltensweisen

Veraltete Denkmuster, Führungskräfte mit hohem Bedürfnis nach Macht, angstgesteuerte und erschöpfte Mitarbeiter verhindern das nötige neue Mindset für eine Transformation.

Die Werte und Mindsets in solchen Organisationen sind – ohne dass es Mitarbeitern bewusst ist – *Disziplin, Ehrgeiz, Erfolg, Pflichterfüllung, Stärke, Wettbewerb und Zielorientierung* sowie Glaubenssätze wie „Nur Leistung zählt", „Was uns nicht umbringt, macht uns härter", „Du darfst nie eine Schwäche zeigen" oder „Wir gewinnen immer".

5.1   Führung gestern und heute

Vielen Führungskräften und Entscheiderinnen ist heute die Bedeutung eines positiven Menschenbilds, eines lebendigen Führungsstils sowie des Wissens über Menschen bewusst, wie folgende wertorientierte Zitate von Expertinnen zeigen:

» Wichtige Ressourcen für Führungskräfte sind:
- „Adler sein": schnell offizielle und inoffizielle Strukturen durchschauen
- zuhören und verstehen wollen, hohe Wahrnehmungsfähigkeiten

- starker Wille
- gute Kommunikations- und Kooperationsfähigkeiten
- Entwicklung von Strategien
- Schützen vor „Rollenzuweisungen" (Birgit Jürgens)

> „Führung ist Kommunikation. Nur im Dialog kann man sich austauschen, Ideen weiterentwickeln, voneinander lernen und gemeinsam Ziele erreichen." (Petra Clemen) (Quelle: Lüneburg, 2019, S. 234).

Aus diesen Zitaten lassen sich Rückschlüsse auf wichtige Werte für passgenaue Führung ziehen: *Klarheit, Empathie (Bedürfnisse von Mitarbeitern erkennen), Authentizität, Wertschätzung anderer Menschen und ein positives Menschenbild.* Dazu gehören Führungskompetenzen wie *kommunikative Dialoge* führen können, *aktiv zuhören, kooperieren und koordinieren,* Mitarbeiterinnen *fordern und fördern.* Eine Übereinstimmung der organisationalen Werte mit den persönlichen Werten ist für das eigene Wohlbefinden unabdingbar. Wenn Menschen heute Führungsverantwortung übernehmen, erwarten ihre Teams diese Werte, dazu einen *guten Umgang mit Veränderungen und Krisen, Resilienz (Widerstandsfähigkeit) und psychologische Sicherheit* im Team.

Nun klingt das alles gut – was passiert jedoch, wenn
- diese (für die beschriebenen Führungskompetenzen wichtigen) Werte in der Herkunftsfamilie nicht gelebt wurden?
- eine patriarchalische Familienstruktur vorherrschte?
- wichtige Inhalte nicht offen angesprochen wurden?
- emotional geschwiegen wurde?
- eher abwertend über andere oder innerhalb der Familie gesprochen wurde?
- jemand das nie reflektiert, sondern eher vergraben hat, um nicht mehr an die Kindheit erinnert zu werden?

Dann werden möglicherweise die folgenden sieben Führungsmuster angewendet, die die „Musterbrecher" (Wüthrich et al., 2009) beschreiben:
- *Führung muss steuern!* Im Kopf ist das Bild des „Kapitäns", der als einziger aufgrund seiner Erfahrung weiß, welcher Weg der richtige ist.
- *Führung muss kontrollieren!* Regeln sind notwendig und ebenso die Kontrolle von deren Einhaltung: „Sonst macht hier jeder, was er will!". Vertrauen ist nicht möglich.
- *Führung muss standardisieren!* Standards und Normen sind unabdingbar, um eine Organisation zu führen. Vergleichbarkeit und Messbarkeit sind Voraussetzung für ein gut funktionierendes System und gibt Sicherheit.

5

- *Führung muss rational entscheiden!* Ohne messbare, nachvollziehbare und systematisch gesammelte Daten und Fakten kann ein Unternehmen nicht geführt werden. Nur so sind objektive Entscheidungen möglich, die akzeptiert werden.
- *Führung muss den kurzfristigen Erfolg suchen!* Es müssen aktuelle Probleme kurzfristig gelöst werden, langfristige Strategien und der Wunsch nach mehr Nachhaltigkeit sind zweitrangig.
- *Führung muss beschleunigen!* Um den Anschluss auf dem Markt nicht zu verlieren, muss alles schneller und effizienter gehen, Prozesse und Produktionen müssen optimiert werden: „Wer zu spät kommt, den bestraft das Leben" oder „Nur die Schnellen gewinnen".
- *Führung muss sich an Rahmenbedingungen orientieren!* Politik, Recht und Gesellschaft geben vor, wie gehandelt werden soll. Daher kann sich niemand allein dem Druck entziehen und z. B. sozialer oder ökologischer handeln, sonst verliert er persönlich.

Diese *reflexhaften Muster* erleichtern den Führungsalltag und sind trotz aller neuen Modelle zum agilen Führen oder zur stärkeren Teamorientierung noch da (Wüthrich et al., 2009, S. 19–25).

In den sieben Führungsmustern werden die Werte deutlich, die solche Führungskräfte mitbringen:
- Sicherheit und Ordnung,
- Ehrgeiz und Wohlstand (Karriere),
- Pflichterfüllung und Anpassung,
- Schnelligkeit und Rationalität,
- Misstrauen und ein Mangel an Anstand.

Da Führung eine „Form der personalen Beziehungsgestaltung" (Eck, 2014, S. 3) ist, finden sich in der Führung *Muster aus der biografischen Erfahrung* mit Bindung und Bindungsbedürfnis. Diese Erfahrungen fließen in die Beziehungsgestaltung ein. Aus Sicht von Eck sind „Führungsverhältnisse gemeinsam konstruiert und verantwortet" (Eck, 2014, S. 4), nämlich von oberen Führungskräften, dem direkten Vorgesetzten und dem Geführten. Daneben sind die *Führungstradition* der Organisation, die allgemeine Kulturkompatibilität und die Dynamik der aktuellen Situation relevant (Eck, 2014, S. 3–6).

Wenn nun Werte eine große Rolle für eine erfolgreiche Transformation spielen, so muss die Persönlichkeit betrachtet werden. Aus Sicht von Eck bildet sich aufgrund der *genetischen Grundlage, frühen Erfahrungen, Sozialisierung und biografischen Erlebnissen* eine individuelle Konfiguration der „Big Five", der fünf Charaktereigenschaften zu einer Persönlichkeit, heraus (Eck, 2014, S. 12).

Eck zeigt, wie sich *Menschen zwischen zwei Polen* bewegen, zwischen dem „Sowohl – als auch" (siehe ◘ Tab. 5.2). Bestehen Wille und Einsicht, können sich Menschen zu einer reifen Persönlichkeit (in Richtung der linken Tabellenspalte) bewegen.

Die Persönlichkeit bildet sich zusätzlich im Rahmen des gesellschaftlichen Zusammenhangs, so entstehen dann sogenannte „Persönlichkeitstypen" bzw. Sozialcharakter wie eine „autoritäre Persönlichkeit" oder eine „narzisstische Persönlichkeit". Aufgrund der „personalen Beziehungsgestaltung" der Führung bestimmt die Qualität der Führung die Lebensqualität der Mitarbeiterinnen.

◘ **Tab. 5.2** Menschen sind sowohl ------------------ als auch	
1… vernunftbegabt, fähig, realistisch, analytisch und vorausschauend denkend; sie können durch Bildung und Kreativität umsichtig auch komplexe Probleme lösen	1… nur begrenzt rational; sie treffen Entscheidungen auf der Basis begrenzter Informationen und oft einseitiger Perspektive
2… in der Lage, unvoreingenommen Informationen zu sammeln und „objektiv"zu verarbeiten, als Grundlage weiteren Lernens	2… haben sie ein beschränktes Gedächtnis und tendieren dazu, die Gedächtnisleistung und Erinnerung nach ihren jeweiligen psychischen Bedürfnissen zu verzerren
3… offen und unbefangen gegenüberneuen Problemen und gestalten ihre Beziehungen auf der Basis des natürlichen Selbstvertrauens; fähig, sich in andere Personen einzufühlen und ergänzend zusammenzuarbeiten	3… oft verunsichert; ihre negativen Gefühle bezüglich ihres Selbstvertrauens und Selbstwerts schlagen sich in zahlreichen Abwehrmechanismen nieder und werden in dysfunktionalen Formen der Zusammenarbeit sichtbar
4… geleitet durch ihr Bedürfnis nach Zugehörigkeit, Solidarität; anpassungs- und verzichtbereit im Dienst einer Aufgabe oder Beziehung	4… oft machthungrig und haben starke Kontrollbedürfnisse, was ihre Ängste vor Abhängigkeit herabsetzen soll
5… neugierig, veränderungsorientiert, risikobereit, an Neuem interessiert	5… gegenüber massiven Veränderungen skeptisch und reagieren umso konservativer, je mehr ihr Sicherheitsbedürfnis und Statustangiert werden könnte.
6… motiviert und fähig zu lernen und dadurch auch in der Lage, Lernschwierigkeiten zu überwinden	6…oft durch zahlreiche innere Lernhemmungen gekennzeichnet, auch wenn sie sich durchaus für lernwillig halten

(Fortsetzung)

5

◘ **Tab. 5.2** (Fortsetzung)	
7… durch ihr Streben nach Autonomie, Selbstständigkeit und ihr Verantwortungsgefühl, ihre Geradlinigkeit und ihre Zivilcourage gekennzeichnet	7… auf der ständigen Suche nach Akzeptanz durch eine Gruppe oder wichtige Bezugspersonen; sie unterliegen dem Konformitätsdruck, in dem sie Gruppenzugehörigkeit und Geborgenheit erhalten, gegen die Bereitschaft, das zu tun, was die Gruppe oder die Bezugspersonen von ihnen verlangen
8… zur Selbsterkenntnis fähig; können selbstkritisch reflektieren, sich infrage stellen und sich klar verändern (umlernen); Empathie und auch Scham empfinden und sich um Wiedergutmachung bemühen	8… aggressiv reagieren auf kritisches Feedback; sie wehren dieses durch verschiedene Mechanismen ab; sie sind nicht fähig, sich infrage zu stellen; perseverieren in Zielsetzung und Handeln; sind zu Empathie und Scham unfähig (Alexithymie)
9… und viele andere Möglichkeiten mehr	9… und viele andere Möglichkeiten mehr

Persönlichkeitsbasiertes Verhalten zwischen zwei Polen (nach Eck, 2014, S. 13–14, S. 35)

Führungsstile, -verhalten und -kommunikation beruhen auf Mustern aus Kindheit und Gesellschaft sowie auf der daraus entstandenen Persönlichkeit. Menschen bewegen sich in ihrem Verhalten zwischen zwei Polen.

Menschen führen mit *Werten aus der Familie* und auf der Basis des Verhaltens dort: Wie wurde in der Familie mit den Kindern oder anderen Familienmitgliedern umgegangen?

— *Patriarchalisch, autoritär, mit negativem Menschenbild:* Die übertragenen Werte wie Wettbewerb, Strenge oder Härte aus der Familie wurden unreflektiert oder positiv übernommen, sodass dieser Mensch durch die Führungsrolle seine Lebensposition wechseln konnte: Aus der −/+-Haltung (Abwertung in der Kindheit) zur +/−-Haltung. Durch das Abwerten von anderen kann ein Mensch das eigene Selbstwertgefühl stärken. Eine solche Führungskraft kann mit diesen Werten und durch direktives Führen ihre Karriereziele erreichen, ohne Rücksicht auf andere Menschen zu nehmen. Dann gewinnt sie irgendwann eine Position, in der ihr niemand mehr etwas zu sagen hat, sodass einige ihrer Bedürfnisse erfüllt sind. In den meisten Fällen hat eine autoritäre/ patriarchalische Führungskraft ihre Ziele vor Augen, reflektiert jedoch nicht ihr Verhalten, ihre Kommunikation und ihr Misstrauen sowie deren Auswirkungen auf andere.

— *Grenzenlose Freiheit, mit positivem Menschenbild:* Wurden den Kindern keine Grenzen gesetzt? War alles erlaubt und wurde nie etwas reglementiert? Dann bekommen heute die

Teammitglieder alle Freiheiten, jedoch auch keine Ziele oder Feedbacks: Der *Laissez-faire-Stil oder der nicht führende Stil* führen jedoch zu Verunsicherung der Mitarbeiterinnen.

— Möglicherweise hat eine Führungskraft auch unter der patriarchalischen Haltung in der Familie gelitten und sich vorgenommen, dass andere nicht leiden sollen. So wird Mitarbeitern *zu viel Freiraum* gelassen mit der *Wirkung des Nicht-Wissens*: Was sind unsere Ziele? Welche Arbeitsqualität ist gewünscht? Wofür steht unsere Leitung? Ein solches Führungsverhalten kann auch zur Überforderung von Mitarbeiterinnen führen.

— *Auswirkungen von übertragenen biografischen Werten* können ebenso hinter folgenden Fragen stecken: Gibt es die familiäre Erlaubnis, die Rolle als Führungskraft zu übernehmen oder greife ich unbewusst in die Familienführungsrolle des Vaters oder der Mutter ein? Nehme ich als Führungskraft unbewusst die Rolle einer „Mutter" oder eines „Vaters" ein, da ich die Rolle in der Familie hatte? Oder bin ich sehr distanziert, da ich gelernt habe, dass Gefühle etwas Schlechtes sind und nicht gezeigt werden dürfen? Vielleicht verunsichert mich eine ältere Kollegin mit viel Fachwissen, da mir in der Familie immer gesagt wurde, dass ich nichts kann? Erlaube ich mir, konsequent und klar zu handeln und zu kommunizieren oder habe ich das Bedürfnis, viel zu erklären? Freue ich mich, es mal allen, die nicht an mich geglaubt haben, zu zeigen, was ich kann? Darf ich endlich bestimmen und sagen, wo es lang geht?

Wenn das eigene Verhalten nicht reflektiert wird, entstehen solche Situationen mit Konsequenzen:

— *Wer sich selbst nicht erlaubt, seine Führungsrolle mit Leben zu füllen,* weil unbewusst Vater oder Mutter „hinter" ihm stehen, mit dem Kopf schütteln oder den Finger heben und sagen „Das darfst du nicht, das ist meine Aufgabe!", wird immer in der Unsicherheit stecken bleiben, da er seine familiäre Rolle nicht abgelegt hat (Lebensposition −/+). Dieser nicht erledigte Auftrag wird ihn ohne Bearbeitung *von einer erfolgreichen Führungsrolle abhalten.*

— *Wer als Mutter oder Vater sein Team führt,* wird entweder als empathisch wahrgenommen, da er sich viel um das Wohlergehen der Teammitglieder kümmert, ihnen z. B. stets frei gibt, wenn sie es wünschen. Dafür werden die Erreichung der Teamziele und die pünktliche Erledigung von *Aufgaben vernachlässigt.* Manche mütterlichen oder väterlichen Führungskräfte vermischen Privat- und Berufsleben, integrieren sämtliche Familienmitglieder der Mitarbeiterinnen ins Team oder mischen sich in private An-

5

Biografische Werte prägen die eigene Wahrnehmung und die Sicherheit als Führungskraft und steuern das Führungsverhalten. Auch die Zielerreichung kann durch unbewusste Werte beeinflusst werden.

gelegenheiten ein (Lebensposition +/−), bis es einem Teil der Mitarbeiter zu viel wird. Andere fühlen sich sehr wohl in einer „elterlichen" Umgebung und geben sämtliche Verantwortung an die Führungskraft ab („Mama wird es schon richten").

- Das Gegenteil sind *sehr distanzierte Führungskräfte*. Sie geben nichts von sich preis und möchten auch nichts von ihren Mitarbeiterinnen wissen. Aus ihrer Sicht sollen sie ihre Arbeit machen und alles andere außerhalb der Arbeitszeit klären. Sie finden Rituale wie Geburtstagsfrühstücke oder Weihnachtsfeiern lästig und den Umgang mit sensiblen Mitarbeitern anstrengend (Lebensposition +/−). Dahinter steht die *Erfahrung als Kind*, früh selbstständig sein zu müssen und niemandem zur Last zu fallen. Das erwarten sie jetzt auch von ihren Mitarbeiterinnen und sehen weder die eigene emotionale Unterversorgung noch die *Bedürfnisse der Mitarbeiter*.
- Eine *innerlich unsichere Führungskraft* (−/+) mit übertragenen Glaubenssätzen wie „Du bist unwichtig" oder „Das wirst du nie lernen" wird stets Schwierigkeiten haben, sich durchzusetzen, da sie sich von fachlich guten Mitarbeitern schnell aus dem Konzept bringen lässt, selbst wenn sie fachlich sehr gut ist.
- Wer *viel erklärt, anstatt klar zu sagen*, was er von seinen Mitarbeiterinnen erwartet, ist ebenfalls *unsicher* (−/+ oder −/−), denn er hat den Eindruck, seine Erwartungen begründen zu müssen oder die Sorge, er könnte als unfreundlicher oder unhöflicher Mensch wahrgenommen werden. Er will gemocht werden, was jedoch in der Rolle als Führungskraft irrelevant ist.

> **Coaching für Führungskräfte**
>
> Coachees mit solchen Fragen und Herausforderungen können durch Coachingtools wie dem Einflussrad, mit Aufstellungsfiguren oder mit der Erarbeitung ihrer Ressourcen ihre Stärken, Werte und ihre Rolle als Führungskraft erkennen und nutzen. Sie lernen ebenfalls, sich hinsichtlich des Verhaltens anderer Führungskräfte oder Kolleginnen und ihrer eigenen Rolle in der Organisation sicher zu werden sowie Ziele und Erwartungen zu klären.

Führungskräfte mit Persönlichkeitsmerkmalen der dunklen Triade wurden mit „Dark Leadership" als extreme Beispiele beschrieben. Werte wie Wettbewerb, Macht, Einfluss oder Status

und Eigenschaften wie Kontrolle, Prinzipien- und Leistungsorientierung, positive Selbstdarstellung oder Außenorientierung
können Führungsqualität stark beeinflussen - positiv wie negativ - und in Kombination mit einem negativen Menschenbild zu
folgendem *Führungsverhalten* führen:

- mit anderen Abteilungen und Teams wird um Macht ge-
  kämpft;
- Ziele wie die eigene Beförderung, Positionen und Gehalts-
  erhöhungen/Prämien werden priorisiert und eher verfolgt
  als fachliche Ziele;
- reine Konzentration auf die eigene Karriere ohne Berücksichtigung der Menschen, die geführt werden;
- starke Kontrolle der Mitarbeiterinnen durch Regeln und
  wenig Handlungsspielräume, um stets als einziger alles zu
  wissen;
- grobes, unüberlegtes und verletzendes Verhalten als be-
  wusstes Führungsverhalten.

Die Folgen solcher Verhaltensweisen sind:

- wenig Anwesenheit der Führungskraft im Team oder in
  der Abteilung und somit kaum Rücksprachemöglichkeiten
  für Mitarbeiter, obwohl sie wenig allein entscheiden dürfen;
- dysfunktionales Verhalten der Mitarbeiterinnen, da ihre
  Bedürfnisse nicht erfüllt werden, vor allem Bedürfnisse
  nach Bindung und Teamzusammenhalt, nach Orientierung, Freude und Anerkennungs, wodurch Konflikte entstehen;
- steigende Stresswahrnehmung durch enge Regeln und
  gleichzeitige Nicht-Anwesenheit der Führungskraft;
- steigende Unzufriedenheit bei den Mitarbeitern;
- möglicherweise Nachahmung des Verhaltens der eigenen
  Führungskraft bei unteren Führungskräften als Selbst-
  schutz oder aus Karrieregründen;
- der Verlust von gutem Arbeitsklima und gesundem
  Menschenverstand in der Organisation und damit Einfluss
  auf die „Organizational Citizenship Behavior", sodass
  „Counterproductive Work Behaviors" (kontraproduktives
  Verhalten) entsteht;
- steigende Zahl der Krankmeldungen und der Fluktuation.

> ⊘ **Counterproductive Work Behaviors (CWB, kontra-
> produktives Verhalten)**
> Zu diesen Verhaltensweisen als Kehrseite der guten Seite
> der Arbeitsleistung gehören Betrug, Erpressung, Dis-
> kriminierung, verbale und körperliche Gewalt gegenüber

5

Kollegen, Mitarbeiterinnen oder Vorgesetzten, Mobbing, sexuelle Belästigung und „social loafing" (sich weniger anstrengen, wenn man in einem Team arbeitet). Es wird unterschieden zwischen Verhalten gegenüber der Organisation (CWB-O) und gegenüber Individuen (CWB-I). Persönlichkeitseigenschaften haben Einfluss auf CWB. Wenn sich Menschen ungerecht behandelt fühlen, verhalten sie sich eher kontraproduktiv. Eine respektvolle Führung kann jedoch das Verhalten beeinflussen (nach Robinson & Bennett, 2000).

Organizational Citizenship Behavior (OCB)

Hier geht die Arbeitsleistung über die üblichen Abforderungen hinaus. Bezogen auf Individuen (OCB-I) gehören Werte wie Hilfsbereitschaft, kollegiale Unterstützung, Engagement, Rücksicht und Optimismus dazu. Bezogen auf die Organisation (OCB-O) sind es Werte wie Pünktlichkeit, das Einhalten von Regeln und Prozessen (Disziplin, Ordnung), die Übernahme weiterer Rollen in der Organisation wie Projektarbeit oder in Gremien und eine positive Haltung zur Organisation nach außen. Dieses Verhalten führt zu höheren Leistungen der Mitarbeiterinnen, unterstützt bei der Teamorganisation, trägt dazu bei, Mitarbeiter an die Organisation zu binden, eine attraktive Arbeitgebermarke zu werden (Employer Branding) und spielt eine große Rolle bei Veränderungen (nach Organ, 1988).

Führungskräfte mit den beschriebenen Merkmalen reflektieren eher selten ihre Verhaltensweisen, sondern *genießen ihre Machtposition* und streben höhere an. Wenn die Folgen für Mitarbeiterinnen und damit das Unternehmen vermindert oder vermieden werden sollen, ist das Handeln von Entscheidern erforderlich. Sie müssen zunächst die *Ursachen für ein negatives Arbeitsklima* herausfinden und Verursacher wie Betroffene identifizieren. Parallel müssen *präventive Maßnahmen* gestartet werden wie Konfliktmanagement oder Mitarbeiterermutigung, Berichtsmöglichkeiten über dieses Verhalten an einer geschützten Stelle sowie Intervention in den schlimmen Fällen (Itzkowich, 2021, S. 32–37; siehe auch Lindstrom, 2021, Mourlane, 2021).

Machtverhalten, ein großes Ego, stetiges Konkurrenzverhalten und die Durchsetzung der eigenen Ziele auf Kosten von Mitarbeiterinnen und Unternehmenszielen kann in Organisationen, die sich auf den Weg zu einer Transformation machen wollen, zukünftig zu folgender Konsequenz führen: „You are hired for your skills and fired for your personality" (Stephanie Schorp).

Die meisten Führungskräfte agieren aus dem Bauch heraus, da sie Führungsverantwortung ohne persönliche Coachingprozesse oder Führungskräftetrainings übernommen haben oder glauben, dass sie es nicht brauchen. In Deutschland wird viel Wert auf die fachliche Aus- und Weiterbildung gelegt, jedoch wenig auf Führungswissen oder Menschenkenntnisse. Die meisten Studiengänge oder Meisterlehrgänge vermitteln die klassische Managementsicht oder beschränken sich auf die technische Ausbildung. Manchmal gibt es kleine Einheiten zum Thema Führung, jedoch häufig mit standardisierten Tools. Die Themen Selbstkompetenz (Wissen über sich selbst) und Selbstreflexion finden selten statt.

Alle beschriebenen Führungsverhaltensweisen können Veränderungen im Unternehmen ausbremsen, denn Menschen mit dieser Haltung können nicht vertrauen oder transparent kommunizieren und handeln. Sie bringen die notwendigen Werte für erfolgreiches Veränderungsmanagement nicht mit und tun sich schwer, sie zu erlernen.

Negatives Führungsverhalten kann bei Mitarbeitern zu Folgen wie steigender Unzufriedenheit, nicht erfüllten Bedürfnissen, nicht erreichten Zielen, dysfunktionalem Verhalten und insgesamt zu einem schlechten Arbeitsklima führen.

▶ Ein gutes Beispiel

Während der Ausbildung eines Coachee in den 1980er-Jahren war ein damaliger Abteilungsleiter ein Vorbild als Führungskraft, da er sehr inspirierend und wertschätzend agiert hat und den Auszubildenden zugetraut hat, Aufgaben eigenständig zu erledigen. Dieses Führungsverhalten hat den Coachee sehr beeindruckt und in späteren Jahren geleitet, obwohl er die biografischen Werte Macht, Ordnung und Gehorsam mitgebracht hatte. Vorgesetzte in den ersten Berufsjahren verhielten sich eher machtvoll und verlangten Gehorsam, sodass er immer wieder den Job wechselte, ohne den Grund zu verstehen. Als er später eine GmbH aufbauen und leiten sollte, hat er Werte für die Organisation und für die Führung gemeinsam mit den ersten Mitarbeitern und einem Coach erarbeitet. Erstmals hat sich der Coachee bewusst mit seinen eigenen Werten und Mustern beschäftigt und sowohl biografische Werte als auch die Werte aus seinem Ausbildungsbetrieb und seiner damaligen Führungskraft reflektiert und weiterentwickelt. ◀

5.2 Organisationskultur

Jedes Unternehmen oder jede Organisation ist zu einem bestimmten Zweck gegründet worden. Der hauptsächliche Zweck ist *unternehmerischer Erfolg*; jedoch zeigt der Blick auf viele Unternehmenswurzeln, dass sie einstmals mit einer bestimmten *Sinnhaftigkeit* gegründet wurden. Das kann ein Haushaltswarenhersteller sein, der die Arbeit im Haus erleichtern, oder eine soziale Institution, die anderen Menschen bei der Lebensbewältigung helfen wollte. Natürlich gab es früher und teilweise heute noch einen Unternehmenssinn wie „mit unseren Panzern einen Krieg gewinnen" oder mit Atomstrom alle Haushalte mit günstiger Energie versorgen. Gerade in diesen Zeiten werden jedoch immer mehr Unternehmen gegründet oder transformiert hin zu nachhaltigem Wirtschaften, erneuerbaren Energien oder technologischer Erleichterung für die Lebensorganisation. Diese Sinnhaftigkeit spricht u. a. junge Menschen an.

In welche Richtung auch immer – in Organisationen entwickeln sich auf Basis des jeweiligen Sinns und auf Basis persönlicher Werte der Gründer Visionen, Missionen, ein bestimmtes Menschenbild sowie Werte. Darüber hinaus entsteht Verbundenheit bzw. Zugehörigkeit, wenn die Werte der Mitarbeiterinnen mit denen des Unternehmens übereinstimmen, wie z. B. der Geschäftsführer eines Bauunternehmens sagt:

» „Die Grundhaltung, die Werte und die Authentizität eines Menschen sind wichtig, der bei uns führen will. Wir wünschen uns bei den Werten eine Übereinstimmung von mindestens 80 % mit den Werten unseres Unternehmens." (Dr.-Ing. C. Eberhardt in: Lüneburg, 2019, S. 233)

In der Gründerzeit ab Ende des vorletzten Jahrhunderts gab es bei bekannten Unternehmen aus der Auto- oder Elektroindustrie Werte wie Sicherheit kombiniert mit Ordnung und Treue. Es herrschte ein eher negatives Menschenbild vor: „Menschen sind von Hause aus faul, man muss sie antreiben oder mit Belohnungen locken und kontrollieren." und „wenn wir einen sicheren Arbeitsplatz und Werkswohnungen bieten, gehorchen die Menschen." (Zuckerbrot und Peitsche).

Heute werden in vielen Unternehmen Werte wie Mut, Respekt, Vertrauen, Integrität, Aufrichtigkeit und ein guter Umgang mit Krisen und Veränderungen propagiert – jedoch nicht immer gelebt. Es stellt sich die Frage nach der *Ursache:* Warum funktioniert das Umsetzen solcher Werte in manchen Unternehmen, während sie in anderen nur im Leitbild zu finden sind?

Antworten finden sich beispielsweise bei Sprenger: Wer *Mitarbeiter als Mittel* betrachtet oder *infantilisiert, Autonomie verletzt und nur menschliche Mängel* sieht, bekommt genau das:

– Mitarbeiter, die ohne eigene Ziele und Entwicklungsmöglichkeiten „Mittel zum Zweck" des Unternehmens und Instrument der Führungskraft sind. So lange Führungskräfte das Ziel vorgeben und die Mitarbeiterinnen folgen müssen, werden sie nicht als Persönlichkeit gesehen, sondern als Umsetzer der Aufgaben, die in ihrer Stellenbeschreibung stehen. Sind jedoch die Mitarbeiter *selbst der Zweck,* so dürfen sie *sich selbst entwickeln,* empfinden *Sinn* in ihrer Arbeit und können neue Ideen für ihr Unternehmen entwickeln.

- Mitarbeiter, die *sich wie Kinder verhalten, weil sie wie Kinder behandelt werden.* Soll eine Führungskraft Vorbild sein, so müssten die Mitarbeiterinnen genauso werden – und werden dann nicht *für ihre eigenen Werte geschätzt.* Weder früher noch heute können Menschen als allwissende und allmächtige Führungskräfte agieren; es wird nur so getan, als ob. Jeder Mitarbeiter kann sich jedoch angenehme Verhaltensweisen und Werte zum Vorbild nehmen.
- Mitarbeiterinnen, die vermittelt bekommen, wie defizitär sie sind und sich nur an die Vorgaben der Organisation anpassen sollen, verlieren die *Freude am Lernen.* Sie ziehen sich zurück und tragen ihre Wissbegierde ins Privatleben. Wer weiterlernen darf, auch als älterer Mitarbeiter, um seine Stärken zu stärken (und das auch vermittelt bekommt), behält die Lernfreude.
- Mitarbeiterinnen, die nicht oder *wenig selbstbestimmt* arbeiten dürfen, wird die Autonomie abgesprochen. Sie können ihre Arbeit wenig beeinflussen und sollen sich jedoch über die Arbeit hinaus mit dem Team treffen. Gerade Introvertierte wünschen sich Raum für sich; Teamentwicklungsaktivitäten mit Outdoor-Übungen oder häufige Feierabendtreffen können die Autonomie von Mitarbeitern verletzen, wenn ihnen ihre freie Zeit zuhause wichtiger ist (nach Sprenger, 2015, S. 51–53 sowie der gesamte Teil II).

Rüdiger Fox, CEO eines Outdoor-Bekleidungsunternehmens, ist davon überzeugt, dass die Aufnahme *gesellschaftlicher Werteveränderungen* für Unternehmen unabdingbar ist, um frühzeitig neue Geschäftsfelder zu entwickeln. Voraussetzung für innovatives und damit erfolgreiches Arbeiten ist aus seiner Sicht die *Stärkung der intrinsischen Motivation* der Mitarbeiter durch *neun Dimensionen*: Ganzheitliche Fürsorge, kollaborative Agilität, strategische Nachhaltigkeit, verantwortungsvolle Führung, psychisches Wohlbefinden, ausgewogene Lebenszeit, Unternehmensseele, lernende Organisation und positive Anerkennung (nach Fox, 2017, insbesondere S. 57–214).

Wie jedoch soll jemand die beschriebenen Werte und Verhaltensweisen in einer neuen Organisationsstruktur strategisch aufsetzen und umsetzen, der in seiner Herkunftsfamilie gelernt hat, dass man „ordentlich durchgreifen muss", wenn Mitarbeiterinnen arbeiten sollen, dass er „niemandem trauen darf" oder „einer eine Ansage machen muss"? Und diese *Muster auch für sich übernommen* hat, weil er diese *Haltung richtig* findet?

Ein solche Führungskraft ist entweder bereit, sich mit der eigenen Biografie zu beschäftigen und ihre Werte und Glaubenssätze zu verändern (und damit ihren Führungsstil) oder sie muss die Organisation verlassen, wenn die neuen Werte wie bei Fox wirklich zu einer *veränderten Organisationskultur* führen sollen.

> Jede Organisationskultur besteht aus Werten. Jede Organisation sollte ihre Werte an gesellschaftliche Veränderungen anpassen und Mitarbeiterinnen als eigenständige Persönlichkeiten arbeiten lassen.

5

> ▶ **Passung von Werten**
>
> Zwischen Unternehmen und Mitarbeiterinnen kann es öfters zu *Nicht-Passung* kommen. Menschen sind dann unzufrieden oder unglücklich und sehen entweder die Führungskraft oder sich selbst als Ursache. Wenn beispielsweise Menschen mit den *Werten Sicherheit und Zuverlässigkeit* in einem Unternehmen arbeiten, das stark von der unsicheren Entwicklung der Weltwirtschaft bzw. der Finanzwelt abhängt, passen Unternehmenswerte und persönliche Werte nicht (mehr) gut zusammen. Derzeit wechseln beispielsweise viele Bankmitarbeiter in öffentliche Organisationen, da dort offenbar ihre Werte übereinstimmen bzw. ihr Sicherheitsbedürfnis erfüllt wird.
>
> Andere Menschen, deren wichtigste Werte *Freiheit und Unabhängigkeit* sind, haben in unsicheren Geschäftsfeldern weniger Probleme, passen jedoch weniger gut in Organisationen wie der öffentliche Dienst oder angelehnte Organisationen.
>
> Noch deutlicher werden die Veränderungen durch das agile Arbeiten: Wenn für jemand die Werte *Ordnung, Disziplin und Kontrolle* wichtig sind, wird sich in einem agilen Umfeld mit einem Work-Life-Blend schwertun. Junge Menschen der Generation Z wiederum fühlen sich in starren Strukturen nicht wohl und wünschen sich ein Unternehmen mit Werten wie *Kollaboration, Kooperation, Gemeinschaft und Wertschätzung.* ◀

5.3 Verknüpfung von Familien- und Unternehmenswerten

Bei der Lektüre der bisherigen Kapitel wurde deutlich, dass sich Werte aus Familien und Unternehmen immer wieder begegnen.
- Entweder wählen Menschen eine Organisationsform, die auch die Eltern gewählt haben, und bleiben dort trotz geringer Zufriedenheit. Wenn es nicht mehr passt, z. B. bei neuen Führungskräften mit neuen Werten, wechseln sie oder halten aus.
- Oder Menschen tragen die biografischen Werte nicht mit, entwickeln sich weiter und gehen in ein für sie passendes Unternehmen.
- Auch umgekehrt kann es funktionieren – jemand fühlt sich wohl in einem neuen Unternehmen und beginnt, seine bisherigen Werte zu hinterfragen.
- Der Fall der jungen Generationen ist noch anders: Durch ihre moderne freiheitliche Erziehung bringen sie Werte mit, die zu einer agilen Unternehmenskultur passen, jedoch sind trotzdem Werte wie Zuverlässigkeit, Entscheidungskraft, Ordnung oder Kontrolle relevant, um das Unternehmen erfolgreich zu führen und Ziele zu erreichen.

An dieser Stelle sollen Führungswerte anhand zweier gegensätzlicher *Führungskräfte-„Typen"* (ausnahmsweise ist hier die Rede von Typen) überspitzt dargestellt werden, um den größtmöglichen Kontrast zwischen Zielen, Verhalten und Wurzeln von Führungskräften zu zeigen:

- Die eine Führungskraft hat nicht reflektiert, dass ihre Werte aus der Kindheit als Kriegskind oder -enkel stammen, sondern hat sie auf ihr Verhalten als Führungskraft übertragen
- Die andere Führungskraft führt nach Leadership-Grundsätzen.

Die Hintergründe für Leadership und Kindheit als Kriegskind/-enkel werden im Folgenden kurz beschrieben; in ◘ Tab. 5.3 stehen sich die jeweiligen Werte als Kontrast gegenüber.

◘ **Tab. 5.3**   Unterschied von Werten in der Führung und ihre Wurzeln

Führungs	Leadershipwerte	Kriegskindwerte
Ziele	Mitarbeiter in ihrer Entwicklung stärken	Erfolg durch ihn allein Immer siegen Unauffällig sein
	Das Wohl aller mitdenken Gesellschaft/Gemeinwohl als Richtwerte	Andere überholen Immer mehr wissen als andere Andere klein halten
	Einstellung des Dienens	Einstellung des Befehlens
Verhalten/ Haltung	Ermutigung, Zuversicht (+/+)	Abwertung (+/− oder −/−)
	Eigene Stärken und Werte kennen und (in Krisen) nutzen	Status und Position als Schutz Keine Wertschätzung oder Anerkennung
	Transformationale Führung	autoritäre/transaktionale Führung
	Gute Kommunikation/Teilen von Wissen	Angepasst sein und kommunizieren Herrschaftswissen
	Werte: Klarheit, Empathie	Gute Werte wie „planvoll/zuverlässig" Können in Krisen überkompensiert werden zu extremer Kontrolle
	kooperativ, ggf. zu wenig Durchsetzungskraft	Durchsetzungsstark ohne Kooperation
	Gemeinsame Entscheidungen	Einsame Entscheidungen
	Offenheit für Neues/Veränderungen	Festhalten an Altem, da Neues eine Bedrohung ist
Wurzeln	Positives Menschenbild Vertrauen, Ehrlichkeit, Kooperation, Selbstrespekt	Maschinenbild Misstrauen, Kampf, Wettbewerb, Härte
	Demokratische Erziehung oder spätere Veränderung, sieht Menschen als einzigartige Persönlichkeiten	Patriarch/Matriarchin, autoritäre Erziehung, Vorurteile, (in)direkte Kriegserfahrungen, Verletzungen in der Kindheit
Glaubens- und Erlaubnissätze	*Erlaubnissätze* wie „Du schaffst das", „Geh deinen Weg", „Nutze deine Möglichkeiten", „Sei unabhängig", „Frauen können alles"	*Glaubenssätze* wie „Bleibe in Sicherheit", „Traue niemandem", „Ohne Mann kommen Frauen nicht zurecht", „Du bist unwichtig", „Nicht gemeckert ist genug gelobt", „Frauen können nicht führen"

Unterschied von Werten in der Führung und ihre Wurzeln

▪ **Kindheit als Kriegskind oder Kriegsenkel**

Ablehnung und Abwertung in den ersten sieben Lebensjahren führt bei einem Menschen zum Verbleib im Wohlfühlbereich als Erwachsener, auch wenn seine Bedürfnisse nicht konstruktiv erfüllt werden können. Er verhält sich dann destruktiv und vermeidet den Angstbereich wie verletzende Situationen, Angst, Ohnmacht oder Hilflosigkeit und bleibt unter seinen Potenzialen. Kinder von Kriegskindern haben oft „Angstmacher"-Eltern, die aufgrund ihrer eigenen Geschichte keine Geborgenheit für Kinder ermöglichen konnten und Risiken anstelle von Chancen sehen. Die in solchen Familien häufig vorkommenden Glaubenssätze und Werte sowie das „emotionale Schweigen" wurde bereits in ▶ Abschn. 4.2 beschrieben.

Wenn Führungskräfte herausfinden, wo der Wohlfühlbereich eines Mitarbeiters endet und der Angstbereich beginnt, können sie sie dabei unterstützen, gut und kreativ zu arbeiten. Zuviel Freiraum kann jedoch überfordern. Kennt eine Mitarbeiterin ihre Stärken, vergrößert sich ihr Wohlfühlbereich. So kann ein neues inneres Wertemodell entwickelt werden: Was bin ich wert? Auch das Erkennen seiner Bedürfnisse hilft, damit ein Mensch seine Würde behalten kann und nicht in alte Verhaltensmuster (=Angstbereich) zurückfällt (◘ Tab. 5.3).

Leadership aus managementtheoretischer Sicht

Bruch et al. verstehen Leadership
- „als professionellen Umgang mit den weichen Faktoren im Management
- von der Führung einzelner Mitarbeiter und Teams bis hin zum visionären Denken und Handeln von Führungskräften für das gesamte Unternehmen
- als die Mitarbeitenden motivierende und inspirierende Leader, die diese über das Erkennen ihrer individuellen Wünsche und Bedürfnisse sowie einer speziellen Bereitstellung von Anreizpaketen zu Spitzenleistungen führen
- als erfolgreiche Führung, die Probleme in Teams identifiziert, diese konstruktiv zu lösen versucht, Zusammenhalt schafft und einen gemeinsamen Leistungswillen fördert.

Leadership weckt Begeisterung, fördert Identität, entwickelt Stolz und ermutigt Mitarbeiter, selbst Führungsverantwortung im Unternehmen zu übernehmen, um hohe Leistungen für gemeinsame Aufgaben und übergeordnete Ziele zu erreichen" (Bruch et al., 2012, S. 4).

Was geschieht zwischen einer Organisation und einem Mitarbeiter während seiner Laufbahn, wenn *seine eigenen biografischen Werte mit den Unternehmenswerten* zusammenkommen?

Den Prozess zwischen Unternehmen und Mitarbeiter (siehe ◘ Abb. 5.1) können Sie sich wie eine ungleichmäßige Doppelhelix vorstellen, deren Stränge immer wieder aufeinandertreffen:

— Der Mitarbeiter kommt neu in eine Organisation mit seinen (un)bekannten biografischen Werten und Glaubenssätzen.

— Er lernt die Werte des Unternehmens kennen und übernimmt sie oder gibt vor, sie zu übernehmen, da er die eigenen Werte für richtig hält, sich aber anpassen will.

— Nach ein paar Jahren übernimmt er Führungsverantwortung; hier werden seine biografischen Werte deutlicher.

— Gleichzeitig hat das Unternehmen bestimmte Erwartungen an Führungskräfte und ihr Verhalten, ggf. hat sie eine Führungskultur mit verbindlichen Führungswerten entwickelt.

— Wenn beides passt, läuft es gut weiter.

— Sollte beides nicht zusammenpassen, kommt es nach einiger Zeit zum Konflikt mit dem Team oder mit anderen Führungskräften.

Die biografischen Werte begegnen immer wieder den organisationalen Werten. Insbesondere bei der Übernahme von Führungsverantwortung ist auf eine Passung der Werte zu achten.

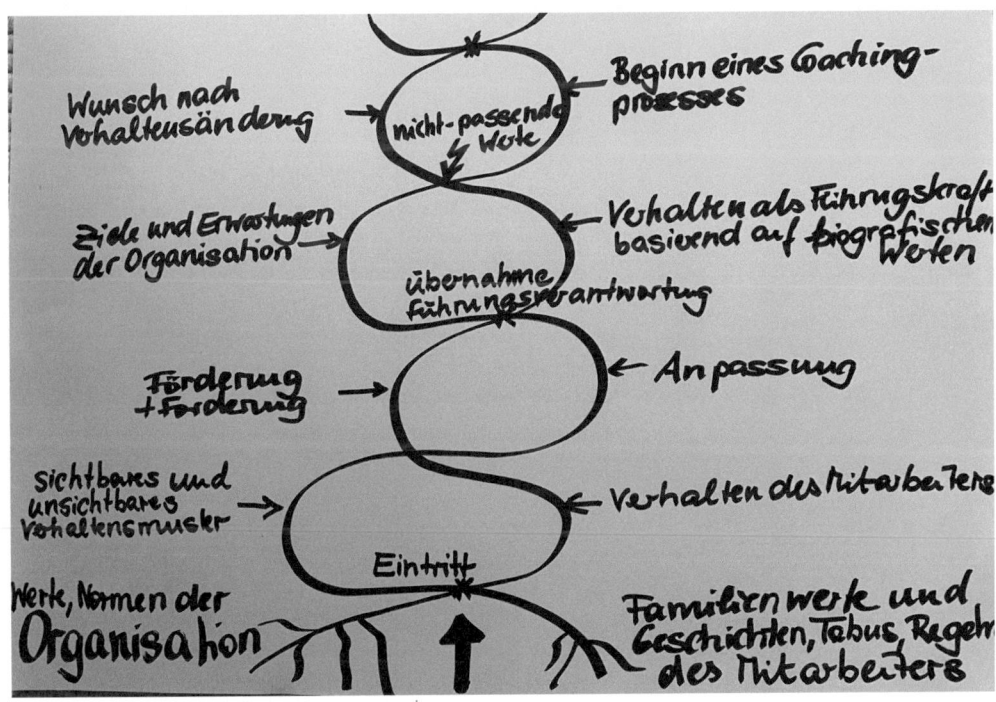

◘ **Abb. 5.1** Transgenerationale Weitergabe von Werten

5

- Das Unternehmen wünscht eine Verhaltensänderung der Führungskraft.
- Eine Lösung wird z. B. im Coaching gesucht. Ziel des Coachingprozesses ist eine Veränderung zu passgenauer Führung und eine innere Haltung als Führungskraft.

Die Entwicklung der Führungskräfte und ihrer Werte sollte beobachtet werden, wenn ein Transformationsprozess geplant ist. Von vornherein können durch einen guten Organisationsentwicklungsprozess die Erwartungen an lebendige, passgenaue Führung erarbeitet und kommuniziert werden. Die Führungskräfte werden intern und extern begleitet, um die neue Führungskultur zu verinnerlichen und auf ihre Mitarbeiterinnen zu übertragen.

Wer nur transformiert, ohne die Mitarbeiter mit ihren biografischen Werten und Bedürfnissen mitzunehmen und ohne auf ihre Ängste zu achten, wird auf dem Weg steckenbleiben. Spätestens dann ist eine professionelle Unterstützung durch Coaching oder Teamcoaching erforderlich, bei bereits entstandenen Konflikten sogar Mediation.

> **Hinweis**
>
> Gerade weil in den letzten Jahren viel von agilem Führen und Organisationen gesprochen wird, kann der Eindruck entstehen, dass nichts anderes mehr in der Arbeitswelt funktionieren kann. Daher ist es wichtig, sich als Organisations- oder Personalentwicklerin folgende Fragen zu stellen:
> - Möchte jemand grundsätzlich Leader werden oder agil führen? Vielleicht passen die traditionelle, transaktionale Führung und das Maschinenbild einer Führungskraft besser zu dieser Organisation und es geht bei einem Mitarbeiter oder bei der Organisation um ganz etwas anderes?
> - Was ist das Ziel dieser Organisation? Möchte sie agil werden, weil es gerade alle tun, oder ist sie wirklich von der Wirksamkeit und der Notwendigkeit einer Transformation überzeugt? Hier sollten Entscheider die Situation selbst analysieren und diagnostizieren und es nicht Beratern überlassen.
> - Um welche inneren und äußeren Konflikte in der Organisation geht es möglicherweise? Gibt es einen internen Machtkampf und soll von anderen Dingen abgelenkt werden?
> - Wo ist Widerstand zu erkennen und wie lange gibt es ihn schon?
> - Welche Muster gibt es in der Organisation, welche bei den Entscheidern? Was ist da zu klären?

5.4 Coachings mit Führungskräften

Bevor es im nächsten Kapitel um die erfolgreiche Transformation von Werten geht, sollen hier drei sehr unterschiedliche Beispiele von Coachingprozessen mit Führungskräften gezeigt werden. Bei allen ging es um Werte, ohne dass es ihnen bewusst war.

5.4.1 Frau W.

■ *Der Anlass und das Ziel*

Frau W. leitete eine Abteilung mit mehreren Teams. In einem Team gärten bereits seit drei Jahren Konflikte unter den Mitarbeitern sowie zwischen Mitarbeiterinnen, Teamleitung und ihr. Ihr Arbeitgeber bot ihr ein Coaching an. Es wurde deutlich, dass Frau W. nicht gern führte, sondern lieber als Spezialistin arbeitete. Gleichzeitig war ihr bewusst, dass sie diese Gehalts- und Karrierestufe im Unternehmen nur mit Führungsverantwortung erreichen konnte. Sie war oft genervt von allen Mitarbeitern und wünschte sich, „einfach nur in Ruhe arbeiten zu können".

■ *Erarbeitung ihrer Werte und Bedürfnisse*

— *Wohlstand und Sicherheit*: Sie genoss ihre hohe Position mit entsprechender Vergütung sowie ihre Möglichkeiten, Einfluss zu nehmen und Entscheidungen zu fällen. Aus ihrer Sicht gab ihr ihre Position die Macht, ungeliebte Aufgaben wie Personal-, Verwaltungs- und Organisationsaufgaben durch Anweisungen schnell zu erledigen. Rückfragen waren nicht erwünscht. Die Konflikte waren durch die nicht erfüllten Bedürfnisse der Mitarbeiterinnen nach Nähe, Klarheit und Zusammenhalt entstanden;
— *Anerkennung*: ihren Eltern zeigen, zu was sie es gebracht hat
— *Status*: sie will „jemand sein" und respektiert nur höhergestellte Personen
— *Wettbewerb*: Kämpfe gegen andere Abteilungsleiter

Gern war sie kreativ und entwickelte z. B. neue Ideen. Das lag jedoch im Verantwortungsbereich ihrer Mitarbeiterinnen und sie hatte dafür nur wenig Zeit. Menschliche Gefühle hatten aus ihrer Sicht bei der Arbeit nichts zu suchen; Mitarbeiter sollten nur ihre vertraglichen Verpflichtungen erfüllen. Wenn sie untereinander Konflikte hatten, sollten sie sie selbst lösen, schwache Menschen konnte sie nicht respektieren. Während des Coachingprozesses wurden ihre aus der Familie übertragenen Glaubenssätze deutlich:

5

- „Nur starke Menschen kommen weiter/haben Erfolg"
- „Erfolg ist immer wirtschaftlicher Erfolg – es zu etwas bringen"
- „Jemand sein in der Stadt – in der ersten Reihe sitzen"
- „Nach oben buckeln, nach unten treten"
- „Nur die Harten kommen in den Garten"
- „Es laufen so viele Idioten herum"
- „Wenn ich eine Ansage mache, dann haben alle zu folgen".

In der ◨ Abb. 5.2 wird deutlich, wie die *Werte von Frau W. mit den Werten ihres Unternehmens kollidierten.* Ihr Arbeitgeber wünschte sich Führungskräfte, die empathisch sind, die Mitarbeiter wertschätzen, Führung als Aufgabe sehen und klar mit den Teams kommunizieren. Sie hingegen hatte ein negatives Menschenbild mitgebracht. Ihre Mitarbeiterinnen nervten sie, nahmen ihr „Zeit von schönen Aufgaben weg" und wurden von ihr abgewertet. Sie hatte ihre biografischen Werte auf ihre Mitarbeiter übertragen und behandelte sie entsprechend aus der +/–-Haltung heraus. Empathie und Nähe und damit auch die +/+-Haltung betrachtete sie als Schwäche.

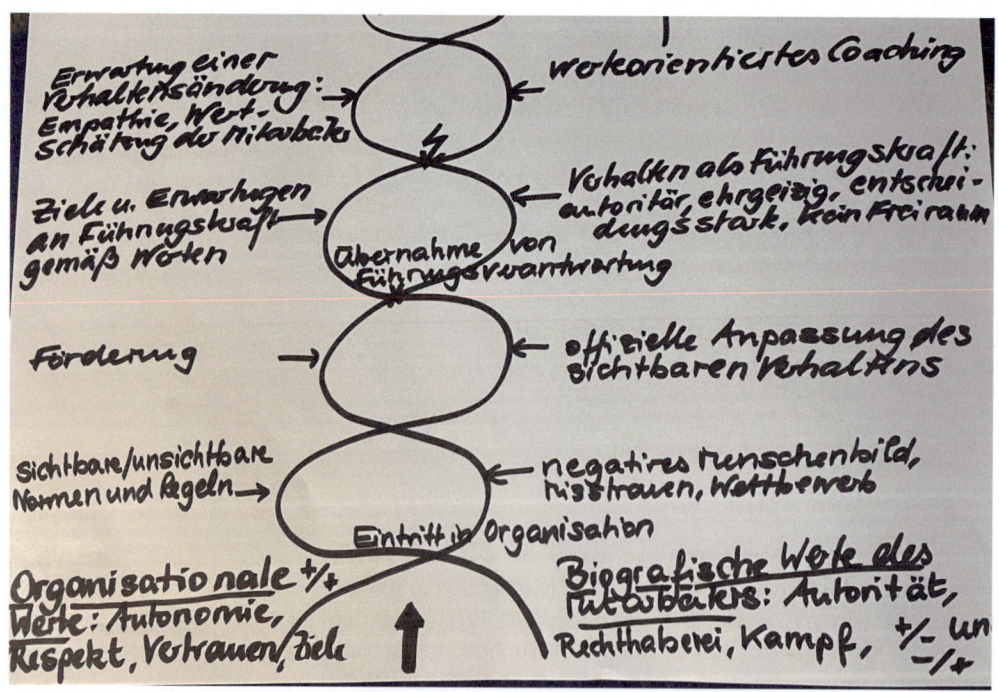

◨ **Abb. 5.2** Transgenerationale Weitergabe von negativen Werten

■ *Ergebnis*

Obwohl Frau W. das Coaching widerwillig begann, nutzte sie es, um sich und ihr Verhalten zu reflektieren. Während des einjährigen Prozesses lernte sie, ihre biografischen Werte und deren Auswirkungen auf ihr Führungsverhalten zu erkennen und zu verändern, um anders mit ihren Mitarbeiterinnen umzugehen und zu kommunizieren. Wenn sie ihre Mitarbeiter gut führte, gab es weniger Unruhe und Konflikte und sie konnte die Spezialaufgaben erledigen, die sie zufriedener machten. Ihre Arbeitszufriedenheit hatte wiederum gute Auswirkungen auf das Arbeitsklima, sodass auch der Arbeitgeber zufrieden war.

Im Coaching mit Frau W. wurden ihr negatives Menschenbild und ihre Werte reflektiert und führten zu einem veränderten Führungsverhalten.

5.4.2 Herr B.

■ *Der Anlass und das Ziel*

Herr B. wünschte sich einen Coachingprozess, um seine Haltung als Führungskraft und seine Karriere zu entwickeln. Zu Beginn des Coachingprozesses erarbeitete Herr B. sein Ziel als Führungskraft, um Klarheit über seine Zukunft zu gewinnen. Die unten stehenden Fragen halfen bei der Zielfindung und wurden später um Reflexionen zu Erwartungen an Mitarbeiter und eigene Führungskräfte ergänzt.

❓ Fragen zur Zielfindung

Was ist Ihr Ziel als Führungskraft?
Woran merken Sie, dass Sie es erreicht haben?
Welche Zukunft möchten Sie für sich entwerfen?
Welches konkrete Verhalten zeigen Sie, wenn Sie Ihr Ziel erreicht haben?
Welches Verhalten zeigen andere?
Wie stellen Sie sich die optimale Zusammenarbeit vor?
Angenommen, das Ziel wäre erreicht – woran würden Sie, Ihre Kollegen, Mitarbeiter und Vorgesetzte das merken?
Welche Auswirkungen hätte das auf Ihr Umfeld? Wäre es besser? Schlechter?

Herr B. hatte sich das Ziel gesetzt, ein Umfeld zu schaffen, wo sich seine Mitarbeiterinnen und er selbst wohlfühlen und alle gern zur Arbeit gehen. Auch wollte er etwas Sinnvolles schaffen. Durch die Fragen wurden Werte wie *Respekt, Klarheit, Freiheit, Autonomie, Familie, Empathie, Freude* und ein positives Menschenbild deutlich (siehe ◖ Abb. 5.3). Gleichzeitig zeigten ihm die Ergebnisse, dass er zu Nachgiebigkeit neigte und ein hohes Harmoniebedürfnis hatte. Daher wünschte er sich, durchsetzungsstärker und im Umgang mit Autorität klarer zu werden.

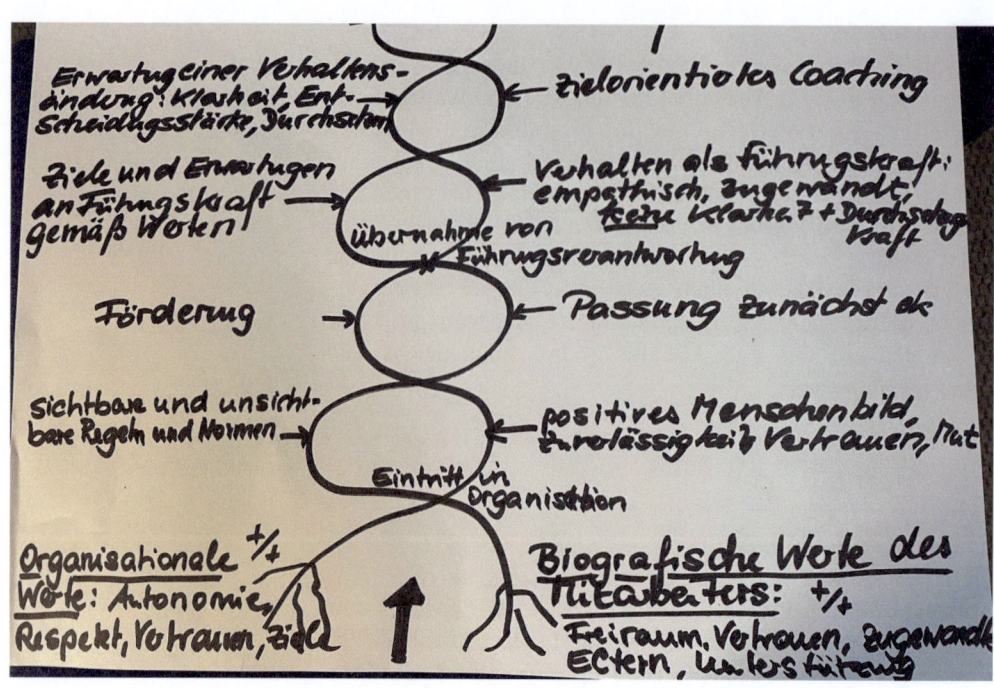

■ Abb. 5.3   Transgenerationale Weitergabe von positiven Werten

Herr B. war sehr offen und kommunikativ und konnte sich gut selbst reflektieren. Durch die Zielfindung wurde ihm gleichzeitig deutlich, dass er als Führungskraft auch unangenehme Themen bearbeiten, Entscheidungen durchsetzen und mit Konflikten umgehen muss.

Daher wollte er ebenfalls *zielgerichtete Kommunikation* lernen.

Kommunikation ist eins der wichtigsten Themen für Führungskräfte. Manche kommunizieren zu wenig, da sie es wenig relevant finden, andere reden zu viel, sodass Arbeitszeit verloren geht und die Mitarbeiter an Informationsüberflutung leiden. Durch die *Lebenspositionen und das Dramadreieck aus der Transaktionsanalyse* sowie durch Übungen zum Konfliktmanagement lernte Herr B. eine klare und prägnante Sprache in der Führung und im Umgang mit Geschäftspartnern anzuwenden. Da er im Umgang mit Autoritäten haderte und autoritär auftretende Menschen bisher ablehnte, wurde mit Coachingtools wie dem *Einflussrad* erarbeitet, woher diese Ablehnung stammte. So entdeckte Herr B. die wichtige Rolle der Werte *hohe Arbeitsqualität, Leistung, Genauigkeit und Klarheit* für ihn. Mitarbeiterinnen sollten zukünftig durch seine klare Kommunikation diese Werte mittragen. Dafür brauchte er keinen autoritären Führungsstil wie bisher gedacht (und durch seinen Vater negativ erlebt). Nicht autoritäre Führungskräfte hatte er in seinem bisherigen Berufsleben als inkonsequent und „zu weich" empfunden.

■ *Weitergabe von Werten*

Um eine mögliche Weitergabe von Werten aus der Familie in seine Führung genauer zu untersuchen, wurde das *Genogramm* eingesetzt. Herr B. erstellte das Genogramm seiner Familie zunächst allein, dann mit Unterstützung der älteren Familienmitglieder. In der Folge wurden die Lücken gefüllt und familiäre Glaubenssätze ergänzt und reflektiert. Durch die Arbeit mit dem Genogramm hatte Herr B. sich selbst die Erlaubnis gegeben, Stärke für sich neu zu entwickeln. Durch die Betrachtung der Werte, insbesondere der männlichen Ahnenreihe, wo er bis hin zum Urgroßvater den gleichen Beruf entdeckte, erkannte er die für seine Führungshaltung sinnvollen Werte.

Insbesondere das autoritäre Verhalten sämtlicher männlicher Ahnen hat er durch die Aufstellung von Holzfiguren (siehe ❏ Abb. 5.4) reflektiert. Er stellte die beiden Pole der Werte Autorität – Durchsetzungskraft früher und heute gegenüber und betrachtete sie hinsichtlich seines eigenen zukünftigen Führungsstils.

■ *Ergebnis*

Durch die Werte *Verlässlichkeit, Verbindlichkeit, Empathie, ein positives Menschenbild und Vertrauen* konnte er jetzt Durchsetzungsstärke positiv bewerten und sie als Führungskraft in seiner eigenen Form einsetzen. Wichtige Motivatoren von Herrn B. waren Ehrgeiz, Erfolg und Sicherheit, Begeisterung von Menschen, Sinnhaftigkeit im Tun und einen Beitrag zum großen Ganzen leisten. Herr B. erkannte, *dass diese Werte auch seine Ahnen angetrieben haben.* Vor dem Coachingprozess wollte er Abstand insbesondere zur männlichen Linie der Ahnen gewinnen, nun wusste er, welche biografischen Werte er für seine Haltung als Führungskraft übernehmen wollte.

Herr B. hat die eigenen und die biografischen Werte erarbeitet, um seine eigene innere Haltung als Führungskraft zu entwickeln. Insbesondere die zwei Seiten von Durchsetzungskraft spielten eine Rolle.

5.4.3 Herr G.

■ *Der Anlass und das Ziel*

Herr G. hatte eine neue Position als Teamleiter seines bisherigen Teams in einem Konzern übernommen. Sein Ziel für den Coachingprozess war die Reflexion seiner neuen Rolle als erstmalige Führungskraft, die Erarbeitung seines weiteren professionellen Wegs und des Umgangs mit seinem sehr heterogenen, wenig veränderungsbereiten Team. Er selbst konnte mit Veränderungen gut umgehen und wollte ein Team aufbauen, das professionell, leistungsbereit und engagiert

5

☐ Abb. 5.4   Aufstellung von Familienmitgliedern

arbeitet und dessen Mitglieder bereit sind, sich neues Wissen anzueignen und zu nutzen. Auch die Bereitschaft zu Veränderungen sollte steigen.

Durch die Erarbeitung der Ziele, der gegenseitigen Erwartungen, der Stärken und Werte, ergänzt von Kommunikationsthemen, wurde die Persönlichkeit von Herrn G. klarer.

■ Biografische Werte und Weitergabe

Die Werte Begeisterung, Kooperation, Zuversicht, Lebensfreude und Hilfsbereitschaft prägten ihn selbst; durch das Genogramm wurden die Werte der Familienmitglieder deutlich.

In der Kindheit gab es weder Anerkennung für seine Leistungen noch Förderung, dennoch hatte er Freude am Lernen. Manche Familienmitglieder waren karriereorientiert, sehr autark und stark, andere sehr häuslich mit einem Platz für ein Kind, wieder andere unsicher und unselbstständig. Viele Werte hinsichtlich Karriere, Unabhängigkeit und Weiterentwicklung durch Lernen stimmen bei der einen Großmutter und ihm als Enkel überein (◘ Abb. 5.5).

■ *Führungswerte und Glaubenssätze*

Um seine Werte, Normen und Glaubenssätze für seine Führungsrolle deutlicher werden zu lassen, wurde das Seerosenmodell genutzt. Die Werte auf der positiven Seite des Pols waren Leistung, Verantwortung, Verlässlichkeit, Austausch/Offenheit, Wissbegierde, Belastbarkeit, Schnelligkeit, Klarheit, Sinnhaftigkeit, Freiraum, Teamzusammenhalt und Kooperation. Zu den Werten am negativen Pol gehörten eine nicht zielführende Kommunikation („zu viel labern", „Ich will nichts Privates wissen") sowie eine abgelehnte Rollenzuschreibung als „Vati" und die vermeintliche Verpflichtung, nett sein zu müssen.

Die Glaubenssätze aufgrund der Fragen zum Modell zu erarbeiten, war für Herrn G. sehr hilfreich:

„Wer A sagt, muss auch B sagen."

„Auf mich kann man sich immer verlassen."

„Man kann alles schaffen, wenn man will."

„Ich bin nur etwas wert, wenn ich bei allen beliebt bin."

5

Herr G. stand vor der Herausforderung, ein langjährig direktiv geführtes Team in ein eigenverantwortlich arbeitendes Team umzuwandeln. Dazu musste er seine eigenen Werte reflektieren, um die Bedürfnisse der Mitarbeiterinnen besser zu verstehen und passend führen zu können.

■ *Ergebnis*

Herr G. wusste um das Risiko, sich stets verantwortlich zu fühlen und zu stark von seinem Leistungsziel und seiner Perfektion angetrieben zu werden. Aus den Glaubenssätzen wurden Erlaubnissätze entwickelt, die ihn bei den Themen wie hohe Verantwortungsbereitschaft, Schnelligkeit oder Leistung zukünftig unterstützen können. Ebenso hatte er Wege erarbeitet, wie er zukünftig jedes Teammitglied individuell führen konnte, sodass sie sich langsam von einem direktiven Führungsstil ohne Eigenverantwortung an den neuen Stil von Herrn G. gewöhnen konnten. Innerhalb der Organisation wollte er für mehr Unterstützung werben.

❯ Reflexion zu den Coachingbeispielen

Alle Coachingprozesse zeigen, wie Menschen zum einen ihre biografischen Werte unbewusst in die Führung übertragen und zum anderen ihre Werte ändern können, wenn sie anders führen möchten, als sie es selbst erlebt haben. So spielen auch Freunde und andere wichtige Bezugspersonen für die persönliche Entwicklung eine Rolle, sodass sich Menschen für andere Werte als die der Familie entscheiden können. So wurde z. B. Herrn B. klar, dass Durchsetzungskraft (das Ziel) die andere Seite von Autorität ist (die abgelehnt wurde). So konnte er sich mit seinen biografischen Werten versöhnen und sogar stolz auf sie sein.

Der Arbeitgeber von Herrn G. übersah während des Transformationsprozesses offenbar die Mitarbeiterinnen und ihre Bedürfnisse, sodass sich die Mitarbeiter von Herrn G. nicht mitgenommen fühlten. Ihn wiederum belastete es, dass er zum einen Entscheidungen der Konzernleitung mittragen musste und wollte (um seine Karriere zu fördern) und zum anderen wahrnahm, dass sich seine Mitarbeiter nach langer direktiver Führung ohne Eigenverantwortung schwer taten mit Veränderungen und dem Aneignen von neuem Wissen. Dieser Organisationskonflikt spiegelte sich in seinem eigenen inneren Konflikt seiner Werte für Führung.

Zusammenfassung

Welche Bedeutung biografische Werte in der Führung und Organisation haben können, wurde in diesem Kapitel beschrieben. Die übertragenen Werte steuern das Verhalten und die Kommunikation in Teams, Abteilungen und zwischen Führungskräften und ihren Mitarbeitern. Wer also als Entscheider die Organisationskultur verändern will, um eine Transformation erfolgreich umzusetzen, muss zum einen die Unternehmenswerte festlegen und sicherstellen, dass sie wirklich gelebt werden. Zum anderen ist zu klären, ob die Werte der Führungskräfte zu den Unternehmenswerten passen. Veränderungen können durch neue Strukturen ebenso erfolgen wie durch verändertes Verhalten. In drei beispielhaften Coachingprozessen wurde gezeigt, welche Rolle Werte in Bezug auf die Führungsqualität, das Arbeitsklima und die Veränderungsbereitschaft spielen können.

Literatur

Bitzer, B. (2016) *Alphatiere können nicht führen. Mehr Empathie im Führungsalltag!* (1. Aufl.). Windmühle.

Bruch, H., Krummaker, S., & Vogel, B. (2012). *Leadership – Best Practices und Trends* (2. Aufl.). Springer Gabler.

Eck, C. D. (2014). *Persönlichkeit und Führung.* Zur Interaktion von zwei Orientierungssystemen.

Fox, R. (2017). *Bionische Unternehmensführung.* Springer.

Herrmann, W. Überlastete Mitarbeiter bremsen den digitalen Wandel. In: Cio vom 4.10.2022, https://www.cio.de/a/ueberlastete-mitarbeiter-bremsen-digitalen-wandel,3693929 zugegriffen am 29.10.2022.

Itzkowich, Y. (2021) Why do leaders behave uncivilly? A new perspective on workplace mistreatment and power. Wirtschaftspsychologie II. 2021 – 23. Jahrgang, ISSN 1615-7729

Lindstrom, M. (2021). *Plädoyer für den gesunden Menschenverstand – 5 Schritte für mehr Lebensqualität und weniger Bürokratie am Arbeitsplatz.* Plassen.

Lüneburg, A. (2019). *Auf dem Weg zur Führungskraft. Die innere Haltung entwickeln.* Springer.

Mohr, G. (2008). *Coaching und Selbstcoaching mit Transaktionsanalyse.* EHP Kohlhage.

Mourlane, D. (2021). *Emotional Leading – Unsere fünf Grundbedürfnisse oder wie wir die Kraft positiver Emotionen entfesseln.* Business Village.

Organ, D. W. (1988). *Issues in organization and management series. Organizational citizenship behavior: The good sodier syndrome.* Lexington Books.

Robinson & Bennett. (2000). Development of a measure of weorkplace deviance. *Journal of Applied Psychology, 85*, 349–360.

Schop, S. (2022). *Persönlichkeit macht Karriere. So stellen Sie die Weichen für Ihren eigenen beruflichen Weg.* Campus.

Sprenger, R. K. (2015). *Das anständige Unternehmen. Was richtige Führung ausmacht – und was sie weglässt.* DVA.

Wüthrich, H.A., Osmetz, D. & Kaduk, S. (2009) *Musterbrecher. Führung neu leben.* (3., überarb. u. erw. Aufl.). Gabler

Die Transformation von Werten führt zu neuer Führungsqualität

Kooperative Führung + Leadership + reife Teams = tiefgründiger Wandel

Inhaltsverzeichnis

© Der/die Autor(en), exklusiv lizenziert an Springer-Verlag GmbH, DE,
ein Teil von Springer Nature 2023
A. Lüneburg, *Wie digitale Transformation mit Werten gelingt*,
https://doi.org/10.1007/978-3-662-66727-9_6

6

Trailer

„Ein Baum mit starken Wurzeln kann einem Sturm widerstehen, aber kein Baum kann solche Wurzeln schlagen, wenn der Sturm schon am Horizont auftaucht" (Zen-Weisheit).

Die starken Wurzeln sind Werte, die Menschen helfen, gut zu arbeiten und gut zu führen. Die notwendigen und passenden Werte werden entweder von einer reifen Persönlichkeit mitgebracht (dann ist der Baum gut verwurzelt) oder es herrscht Klarheit über nicht passende biografische Werte, die durch neue – wurzelstarke – ersetzt werden. Dazu gehört viel Arbeit an sich selbst: Mit oder ohne Unterstützung durch Coaching und Selbstreflexion. Werte in der Führung helfen, eine Transformation mit ihren besonderen Merkmalen erfolgreich umzusetzen, um so den Stürmen der Weltwirtschaft gut zu widerstehen.

Alle Welt spricht von der neuen Arbeitswelt 4.0, von Leadership und Transformation. Es ist jedoch nicht leicht, all die wunderbaren Pläne umzusetzen, wenn im Unternehmen eher von Wettkampf anstelle von Kooperation und von Kostenfaktoren anstelle von Menschen die Rede ist, während Nachhaltigkeit oder Corporate Social Responsibility (CRS) als Marketinginstrument ohne konkrete Umsetzung betrachtet wird.

Wo es jedoch nicht ausschließlich um Gewinnmaximierung geht, sondern um ein langfristiges Bestehen eines Unternehmens, um klimaschonendes Produzieren und Verkaufen sowie um eine gute Unternehmenskultur, in der Menschen sogar glücklich sein können (Rehwaldt, 2019), dann braucht ein Unternehmen die passenden Führungskräfte – neben der passenden Organisation (siehe ▶ Kap. 7).

Aus langjähriger Beobachtung stellen sich mehrere *Fragen zum Thema Führung*:

— Warum investieren Organisationen viel Geld in fachliche Aus- und Weiterbildung, jedoch wenig in auf die Organisation abgestimmte Führungsworkshops oder Coachings, obwohl es um Menschen geht? Angeboten werden – wenn überhaupt – standardisierte Führungskräftetrainings, die Instrumente lehren. Dann bekommt eine Führungskraft z. B. das Tool „Mitarbeitergespräch" in die Hand, ohne dass sie etwas über ihr eigenes Menschenbild und ihre Selbstkompetenzen weiß.

— Warum bekommen oft die besten Fachkräfte Führungsverantwortung, obwohl sie lieber Spezialisten geblieben wären und ihr Wissen sehr wichtig ist für die Organisation? In vielen Unternehmen ist eine Karriere ausschließlich an Führungsaufgaben gebunden, d. h. ein Mitarbeiter kann nur aufsteigen und sein Gehalt erhöhen, wenn er führt.

Wenn jemand nicht gelernt hat, mit Menschen umzugehen, sich nie selbst reflektiert hat und sich sowieso lieber mit fachlichen Herausforderungen beschäftigt, wird seine Führung nicht gut funktionieren. Darüber hinaus fehlt dann Fachwissen im Team und manch eine Führungskraft macht beides – oft zulasten der Führungsaufgaben und zulasten der eigenen Freizeit durch Zwölf-Stunden-Tage.

– Unternehmensentscheider wählen darüber hinaus häufig ihnen ähnliche Menschen als Führungskraft mit bestimmten Mustern und Glaubenssätzen, die ihren eigenen entsprechen. Gleichzeitig erfordert die gesellschaftliche Entwicklung Veränderungen: Veränderte Erwartungen der Generationen Y und Z an Unternehmen, Nachhaltigkeit, Positionierung zu globalen Themen und Leadership anstelle von traditioneller Führung.

Schüle gibt in seinen „Denkanstößen für ein gutes Leben" Hinweise, welche fünf Wertverlagerungen im Lebensarbeitszeitmodell für Führung und Unternehmenskultur eine wichtige Rolle spielen:

1. Zeit ist wichtiger als Geld
2. Kooperation ist wichtiger als Egoismus
3. Ergebnisorientierung ist wichtiger als Anwesenheitspflicht
4. Netzwerke sind wichtiger als Hierarchien
5. Weiterentwicklung und Selbstbestimmung sind wichtiger als Stabilität und Effizienz.

(Schüle, 2017, S. 147)

6.1 Führungskräfte

Jede Führungskraft bringt ihre Werte, Muster und Glaubenssätze mit in ihr Unternehmen und wirkt so auf die Organisation ein. Besonders stark wirken die Werte und Muster der obersten Leitungsebene und die von Unternehmensinhabern. Sie wirken jetzt – und sie wirken, wenn sie sich verändern. Werte beeinflussen also eine Organisation, einfach durch ihr „Da-Sein", und damit eine gewünschte Transformation (Luinstra, 2021, S. 186).

Wer das Muster mitbringt wie „Ich bin Kapitän", „Auf mich hören alle" oder „Ich kümmere mich, dass hier alles funktioniert", hat Werte wie Hilfsbereitschaft aus der +/−-Position heraus, Überlegenheit, Einfluss oder Status. Wer glaubt, dass ohne ihn nichts klappt, gibt Mitarbeiterinnen wenig oder keine Chancen, ihre Kompetenzen und ihr Wissen zu zeigen oder ihre Potenziale zu erweitern.

6

Wenn nun eine dringend erforderliche Transformation im Unternehmen gestartet werden soll, kann nicht einfach die Organisationsstruktur verändert werden, denn die dort tätigen Menschen sind Teil der Struktur (oder aus systemischer Sicht, des Systems). Und damit kommen vor allem die Führungskräfte ins Spiel.

Systeme und systemisches Denken

Jahrhundertelang herrschte das mechanistische und lineare Denken vor. Durch die *Komplexität der heutigen Welt* reicht es nicht aus, sie mit formaler Logik, also Ursache und Wirkung, zu erklären. Widersprüche müssen ebenso mit einbezogen werden wie die *Wirklichkeitskonstruktion*: Es gibt viele „Wahrheiten", nicht eine – jeder Mensch schafft sich seine eigene Welt. Daher gibt es im systemischen Weltbild kein richtig – falsch oder schuldig – unschuldig.

Menschen befinden sich in Systemen, z. B. im System ihres Unternehmens oder in dem ihrer Familie. Jede Handlung, die ein Mensch in seinem System vollzieht, erzeugt eine Reaktion – wie bei einem Mobilé geraten alle Elemente in Bewegung. Das heißt, wenn ein Mensch einen Impuls in sein System gibt, erfolgt ein Feedback, das wiederum einen Impuls für weitere Feedbacks auslöst. Damit entstehen *komplexe Wechselwirkungen zwischen allen Menschen des Systems*.

Während im mechanistischen Weltbild Fakten und die Vernunft wichtig sind, werden im systemischen Denken Emotionen, Bedürfnisse und Intuitions- und Selbststeuerungsfähigkeiten ergänzt, sodass *jede die Verantwortung für sich selbst hat*. Lebensprozesse verlaufen aus systemischer Sicht in Kreisen, nicht linear, denn Menschen sind in Netzwerken und nicht „auf einer Linie" unterwegs, also mit nur einer Person oder einer Ursache befasst.

In der *Führung* bedeutet das, dass Führungskräfte nicht (mehr) ihre Rolle als Macherin, Befehlshaber oder Steuermann ausfüllen, sondern eine *neue Rolle als Impulsgeberin, Unterstützer oder Mitarbeiterentwicklerin* einnehmen. Für die Umsetzung lernen sie, Fragen zu stellen, zuzuhören, in den Dialog zu gehen, selbst zu reflektieren und zu lernen.

Wenn Organisationsleitungen und Beraterinnen sich bewusst sind, dass es nicht möglich ist, Organisationen „im Hauruck-Verfahren" umzubauen, dann können sie mit *Wissen um die evolutionäre Entwicklung von Menschen, Organisation und Führung* das System Organisation über behutsame Einflussnahme (Interventionen) weiterentwickeln (Lüneburg, 2019, S. 67–68).

Es gibt mehrere Gründe, weshalb Menschen mehr als zuvor auf Werte in und von Unternehmen sowie von Führungskräften achten:

- Nach der Befriedigung der Grundbedürfnisse werden sich in der westlichen Welt immer mehr Menschen Bedürfnissen höherer Ordnung bewusst: Werte wie Freiheit, Gleichheit, Verantwortlichkeit, Fairness, Offenheit und Transparenz,
- die Weiterentwicklung des menschlichen Bewusstseins, dass es mehr Ebenen im menschlichen Leben gibt als das Überleben und Besitzen,
- die Notwendigkeit, Resilienz, also Widerstandsfähigkeit, aufzubauen, um in diesen Zeiten mit dem Leben in der „VUKA-Welt" zurechtzukommen,
- die Notwendigkeit, die gestiegene Komplexität im Leben und im Beruf auszuhalten (Barrett, 2015, S. 1–12).

VUKA steht für

V = Volatilität (Schwankungen, insbesondere bei Preisen, Zinssätzen und Börsenkursen)

U = Unsicherheit

K = Komplexität

A = Ambiguität (Doppel- oder Mehrdeutigkeit, Unentschiedenheit, schwierige Einordnung von Sachverhalten, sodass Entscheidungen schwerer werden).

Seit Ende des Kalten Krieges wurde die Welt immer unüberschaubarer für Politik und Wirtschaft. Neben vielen „kleinen" Konflikten in der Welt kam die Herausforderung durch die Digitalisierung dazu, die wiederum zu Übernahmen von Unternehmen führte, die früher nicht für möglich gehalten wurden (Schorp, 2022, S. 32–33).

Neben der schwer überschaubaren Welt wurden die Folgen des Klimawandels ebenso deutlich wie die Folgen des demografischen Wandels. So änderten sich die Bedürfnisse und das Verhalten der Menschen in der westlichen Welt, insbesondere der jüngeren. Es gibt die Prognose, dass ein Wettbewerb der Werte an die Stelle des Kampfes und Wettbewerbs in den Unternehmen tritt und daher ein neues Paradigma des Führens gebraucht wird: ein Wechsel vom „Ich" zum „Wir" (Barrett, 2016, S. 10–11). Vielen geht es (zukünftig) um das Gemeinwohl und weniger um das individuelle Wohl. Je mehr Menschen diese Werte von einem Arbeitgeber verlangen, desto wichtiger und dringender wird die *Transformation der Unternehmens- und Führungswerte*, insbesondere der Geschäftsleitung bzw. der Inhaberfamilien.

Gleichzeitig *profitieren Organisationen von der Konzentration auf Werte*: Ein hohes Engagement der Mitarbeiterinnen führt zu besseren Unternehmensergebnissen und weniger Energieverschwendung durch überflüssige und unproduktive Tätigkeiten (kulturelle Entropie), z. B. interne Konkurrenzkämpfe, Schuldzuweisungen oder übermäßig viele Kontrollen (Barrett, 2016, S. 35–40).

Wenn von Transformation gesprochen wird, muss der *große Unterschied zwischen Changemanagement und Transformation* deutlich werden:

Change folgt den bisherigen, meist betriebswirtschaftlichen Wegen: Im *Management* werden Ziele und Strategien entwickelt, die operative Umsetzung geplant und schließlich in Maßnahmen umgesetzt. Die Einstellung des „Machens" herrscht vor, Dinge und Menschen werden in Bewegung gesetzt, es geht um Methoden, Techniken und Kontrolle. Mit-

6

arbeiterinnen gelten als Hilfe, werden vorher oft nicht einbezogen und entwickeln möglicherweise Widerstände. So wird *im System und innerhalb eines Paradigmas (Musters)* gearbeitet, Veränderungen werden von der Leitungsebene angeordnet und mit den bisher genutzten Prozessen, Strukturen und Ansichten nach Möglichkeit umgesetzt. Meist bleibt es grundsätzlich beim Bestehenden und wird nur etwas aufgehübscht, damit alle zufrieden sind.

Transformation dagegen ist *Arbeit am System und an einem neuen Paradigma* (Muster), um so einen sozialen Wandel zu ermöglichen. *Transformation braucht Leadership als Grundlage*: Eine Ehrfurcht vor dem Menschen, Vertrauen als Grundlage, Mitarbeiterinnen werden angeregt und in die Lage versetzt, Spitzenlistungene zu erbringen (mit zeitlichen und finanziellen Ressourcen). Leader haben die Haltung des Dienens, d. h. sie sorgen dafür, dass ihre Mitarbeiter gut arbeiten können (in Anlehnung an Hinterhuber & Krauthammer, 2001, S. 15).

> » „Change optimiert die Gegenwart.
> Transformation schafft neues und anderes" (Reza Razavi).

🗲 Merkmale von Transformation

- *Schaffen neuer Muster bzw. Paradigmen* anstelle der Verbesserung der bestehenden, z. B. neue Arbeitszeitmodelle und Arbeitsorte als Norm mit verbindlichen Regeln der Zusammenarbeit vor Ort und remote.
- *Tiefgründiger Wandel braucht das Mit-Gestalten von Akteuren*, um Grundstrukturen und Institutionen sowie die Lebensweisen von Menschen zu verändern, z. B. Beteiligung von Mitarbeitern an neuen Wegen der Zusammenarbeit und des Umgangs miteinander.
- *Orientierung auf die Zukunft*, ohne dass das Ziel feststeht, sondern als Suchprozess in einem Möglichkeitsraum, da sich das Neue erst im Prozess herausbildet, z. B. durch genaue und stetige Information an alle Mitarbeiterinnen vor und während des Prozesses sowie vorab Coaching der Führungskräfte, damit sie lernen, wie sie *ziel-los arbeiten* und führen können.
- *Hohe soziale Kompetenzen* wie Intelligenz, Dialogfähigkeiten und gute Konfliktkultur; verknüpft mit den *Werten Offenheit und Respekt*, z. B. durch Coaching und Training vorab, um die Kompetenzen zu lernen, sowie durch Unterstützung durch neue zur Transformation passende Mitarbeiter und externe Expertinnen.
- *Bereitschaft, alte Denkmuster zu überwinden:* Als wichtigster und schwerster Punkt werden hier als Erstes viele persönliche Gespräche der Unternehmensleitung mit

allen Führungskräften geführt und durch Coaching unterstützt, um die persönlichen Muster und Werte zu erkennen und zu verändern. Im Folgenden wird auch mit allen Mitarbeitern gesprochen, über die Führungskräfte, die vorher für sich Klarheit gewonnen haben müssen, oder auch mit externer Unterstützung. Insbesondere der Mangel an Zielen und die große Offenheit für die Zukunft wird eine Herausforderung darstellen, die von allen vorher reflektiert werden muss.

- Eine DNA, in der das *Neue schon im Bisherigen* erkennbar ist, z. B. durch das Nutzen von existierenden Vorbildern wie frühere Zusammenarbeit auf dem Land zum Wohle der Natur, der Produktion sinnvoller und nachhaltiger Dinge etc.
- *Geschichten*, die das Neue für alle verständlich erzählen (Storytelling oder Narrative), damit alle Führungskräfte und Mitarbeiterinnen wissen, wofür die Transformation gut ist, was sie ihnen, den Kunden, den Lieferanten und der Gesellschaft nutzt, was gerade passiert – Geschichten sollen Begeisterung wecken und Zuversicht ausstrahlen.
- *Geduld und Zuversicht,* denn der Prozess braucht Zeit und wird neben Begeisterung und Entwicklung nach oben auch Konflikte, Widerstände, Unsicherheit und Korrekturen beinhalten. Hier werden interne und externe Coaches, Mediatoren und Organisationsentwickler gebraucht, um auf Kurs zu bleiben (in Anlehnung an Razavi, 2022, S. 13–71).

Für eine *echte Transformation brauchen Unternehmen heute andere Führungskräfte* als bisher: Weg vom „macht- und statusorientierten, meist weißen älteren Mann mit der Attitüde: ‚Nur ich weiß, wo es lang geht.'" (Schorp, 2022, S. 33).

Das ist ein weiter und schwerer Weg, der in ◫ Abb. 6.1 gezeigt wird. Mitarbeiterinnen und Führungskräfte wollen trotz eines wirtschaftlichen Schocks zunächst nicht die Notwendigkeit zur Veränderung sehen, die Haltung ist „Es ist doch alles bisher gut gewesen". Wenn die Transformation begonnen wird, entsteht Widerstand, Wut und Zorn, denn es erzeugt Schmerzen, wenn alle einsehen müssen, dass es jetzt nicht mehr „gut" ist und sich dringend etwas ändern muss, um wieder wirtschaftlich erfolgreich zu werden. Gleichzeitig herrscht der Glaube vor, dass kleine und größere „kosmetische" Veränderungen ausreichen, um sich selbst und die Anspruchsgruppen zufriedenzustellen. Bis hierhin blicken alle in die Vergangenheit, in „glorreiche Zeiten". Die nächste Phase ist der Tunnel: Es herrscht Chaos und Unruhe, alte Werte, Strukturen und Vorgehensweisen stoßen auf neue, gewünschte, bevor

Transformation bedeutet die Aufgabe alter Denkmuster, um wirkliche Veränderungen in der Organisation zu ermöglichen. Changeprozesse nehmen nur Verbesserungen mit alten Methoden und Strategien vor, sodass tiefgreifendere Veränderungen nicht möglich sind.

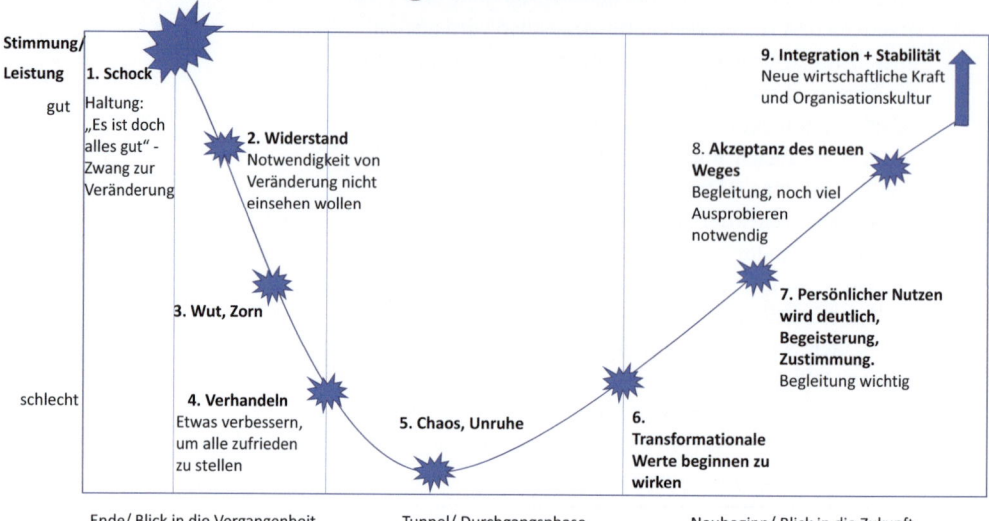

Abb. 6.1 Krisenverlauf in Organisationen. Eigene Darstellung in Anlehnung an die Trauerphasen von Kübler-Ross

transformationale Werte beginnen, ihre Wirkung auszustrahlen. Ab diesem Punkt geht es aufwärts, wenn Mitarbeiter und Führungskräfte gut begleitet werden. Sie blicken in die Zukunft, erkennen ihren eigenen persönlichen Nutzen, die Transformation erhält Zustimmung und weckt sogar Begeisterung. Der neue Weg wird akzeptiert und führt zu neuer Stabilität und Organisationskultur, Integration der neuen Werte und damit zu neuer wirtschaftlicher Kraft.

Die *Handlungsempfehlungen für Leadership in Veränderungsprozessen* von Rosenstiel können bei Transformationen helfen:

- „Entwerfe (sic!) eine glaubhafte, motivierende und konkrete Vision!
- Kommuniziere sie durch Bilder, Symbole und knappe sprachliche Formen!
- Informiere umfassend und rechtzeitig im Gespräch!
- Begründe überzeugend die Notwendigkeit des Wandels!
- Höre gut zu und diskutiere mit den Betroffenen!
- Betone die Stabilität im Wandel!
- Motiviere zur Veränderung und betone positive Konsequenzen des erfolgreichen Prozesses!
- Qualifiziere rechtzeitig für die kommenden zu erwartenden Anforderungen!

- Ziehe die Betroffenen in die Entscheidung mit ein, damit aus Opfern zumindest Mittäter werden!
- Gehe sichtbar menschlich und fair mit den Verlierern des Change-Prozesses um!
- Sichere dir ein loyales Team, mit dem du auch schwierige Phasen meistern kannst!
- Lebe selbst Veränderungsbereitschaft vor!
- Sorge dafür, dass es nicht nur zu ‚Blut, Schweiß und Tränen' kommt, sondern feiere mit allen Beteiligten das Erreichen von Zwischenzielen! (von Rosenstiel in: Bruch et al., 2012, S. 154).

Nach der Darstellung des Wegs stellen sich *Fragen zur notwendigen Transformation von Werten:*
- Welche Herangehensweisen können helfen, um die passenden Werte für eine erfolgreiche Umsetzung einer Transformation zu entwickeln?
- Wie können Führungskräfte insbesondere junge Mitarbeiterinnen für die Arbeit in ihrem Unternehmen begeistern und die älteren so lange wie möglich halten?
- Wie können sie Widerstände und Blockaden beseitigen, um ein Zusammengehörigkeitsgefühl aller zu erreichen?

Um Antworten zu finden, werden im Folgenden *verschiedene Herangehensweisen* an häufige Herausforderungen von Führungskräften gezeigt und mit den dafür notwendigen Werten verknüpft.

- **Beispiel: „Unlösbare Probleme"**

Johnson (2014) hat als Unterstützung für Managerinnen das *Polarity Management* entwickelt: Wer Polaritäten (also *nicht lösbare Probleme*) identifizieren und managen kann, ist erfolgreicher und effektiver als jemand, der versucht, unlösbare Probleme zu lösen. Wie das funktioniert, zeigt das Beispiel der zwei Seiten einer Unternehmensstrategie: „Teamarbeit" contra „Individualismus fördern": Es kann keine Lösung geben, da es bei diesem Thema in Unternehmen und in der Führung *kein „Entweder-oder" gibt, sondern nur ein „Und" oder „Beides/Auch".* Weder funktioniert „verordnete" Teamarbeit für alle Mitarbeiter noch ein angewiesener Individualismus, da Menschen aufgrund ihrer Persönlichkeit unterschiedliche Voraussetzungen und Bedürfnisse haben, um gut arbeiten zu können. Auch die Arbeit selbst erfordert je nach Aufgabe unterschiedliche Herangehensweisen. Das Dilemma muss immer wieder austariert bzw. neu verhandelt werden: Wie passt es genau für dieses Team oder diese Mitarbeiterin? Füh-

6

rung und Organisation müssen *zwischen den Polen fließen wie bei einer liegenden Acht* (oder dem Unendlichkeitszeichen) *und „beides/auch/und" ermöglichen.* Damit kann es Führungskräften und Unternehmen gelingen, beide Arbeitsweisen zu ermöglichen und als gleichwertig anzuerkennen.

Notwendige Werte für die Haltung des „beides/auch/und" sind Toleranz, Freiheit und Selbstbestimmung.

Wer als Führungskraft also zulässt, dass seine Mitarbeiterinnen so arbeiten dürfen, wie es ihrer Persönlichkeit und den Anforderungen entspricht und nicht, wie es jemand als Extrem-Pol vorschlägt (z. B. alle müssen ins Großraumbüro, und zwar jeden Tag), erntet bessere Ergebnisse und damit u. a. weniger Überstunden. Selbst wenn die Organisation feste Vorgaben hat, ist es der Versuch wert, Alternativen zu ermöglichen, z. B. für Menschen, die sich besser konzentrieren können, wenn sie Ruhe haben. Damit gewinnt man bei allen Altersgruppen, bindet die Jungen und sorgt durch mehr Rücksicht ein längeres Durchhalten der älteren Mitarbeiter.

> ▶ **Beispiel für Polarity Management aus der Führung**
>
> In der Führung ist der *Wert bzw. die Charaktereigenschaft „Empathie"* allein keine Lösung, denn sie führt als ausschließliches Kriterium zum „Weichspülen": Teams werden sehr sozial geführt, vor allem ihre privaten Belange sind relevant, es wird stets wertschätzend kommuniziert ohne Probleme anzusprechen. Das führt häufig zu Konflikten, die unter den Teppich gekehrt werden, zu unklaren Zielen und Wegen dorthin sowie zu Verzögerungen bei Aufträgen.
>
> Der *Wert „Klarheit"* steht allein betrachtet z. B. für autoritäre Führung. Hier wissen zwar alle Mitarbeiter, wo es hingehen soll und was sie wie tun sollen, jedoch werden Menschen ggf. durch Angst geführt, es fehlen ein freundlicher Umgangston, ein gutes Teamklima und Interesse der Führungskraft an seinen Mitarbeitern als Menschen.
>
> Damit kann gute Führung nur durch das *Zusammenspiel von Empathie und Klarheit* ermöglicht werden. Das kann man sich wie eine *Waage* vorstellen, die an jedem Arbeitstag mit neuen Inhalten gefüllt und austariert werden muss, um in Balance zu kommen (nach Schrör, 2016). An manchen Tagen hat vielleicht ein Wert Übergewicht, an manchen Tagen der andere, das ist dann die Realität des Führungsalltags. Ein anderes Bild ist das der *liegenden Acht* aus dem Polarity Management, auf dessen Spur Führungskräfte stetig unterwegs sind. ◀

■ **Beispiel: „Unterschiedliche Realitäten oder Welten" von Menschen:**

Als Führungskraft sollte man nicht einfach die Realität des Mitarbeiters abwerten, um ein weiteres unlösbares Problem zu generieren, sondern seine Realität bestätigen: „Walk a mile in their shoes" gemäß der systemischen Sichtweise „Jeder lebt in seiner eigenen Welt." Im zweiten Schritt muss die Führungskraft dann zeigen, dass die andere Seite auch ihre Berechtigung hat, sodass auch die Mitarbeiterin die Welt der Führungskraft und der Organisation sieht. Wie beim Polarity Management fährt der Mitarbeiter *entlang der „liegenden Acht"* und erweitert sowohl seine Menschenkenntnis als auch seine Kompetenz zum ganzheitlichen Denken.

Wer es als Führungskraft schafft, die *eigene Realität zu ändern oder zu erweitern*, erreicht möglicherweise die Bereitschaft der Mitarbeiterin, sich ebenfalls zu ändern oder zumindest die Sichtweise anderer zu sehen und zu respektieren. Denn niemand kann andere Menschen wirklich ändern, das kann nur jeder selbst tun.

Notwendige Werte für die Haltung der unterschiedlichen Welten sind Respekt, Empathie, Einfühlungsvermögen, Verantwortung und Toleranz.

Im *Fach- oder Führungskräftecoaching* kann z. B. mit Wertequadraten gearbeitet werden. Es hilft, Polarisierungen zu durchschauen und auf das „Entweder-oder" zu verzichten, das in vielen Familien gelernt wurde. So kann ein *Wertequadrat* für alle erarbeiteten biografischen Familienwerte erstellt und dann zum *Wunsch- bzw. Entwicklungsquadrat* weiterentwickelt werden. Beispielsweise könnte ein Lernfeld wie „Ich sage ungern nein, muss das aber als Führungskraft" als Ressource „Ich bin hilfsbereit und empathisch, setze aber Grenzen" erkannt und damit genutzt werden. Mit diesem Wissen können sich Führungskräfte leichter in die Welt ihrer Mitarbeiterinnen versetzen und ihnen möglicherweise sogar helfen, ihre eigenen Werte zu erkennen und ihre Wirkung auf die Arbeit zu reflektieren. Dafür sind ausreichende Selbstkompetenzen erforderlich, die ebenfalls allen Altersgruppen helfen.

Durch Polarity Management können unlösbare Probleme identifiziert und gemanagt werden, indem die Haltungen „und", „auch" und „beides" anstelle eines „Entweder-oder" gewählt wird, z. B. die Führungswerte Klarheit und Empathie im ausgewogenen Verhältnis.

6

Werte- und Entwicklungsquadrat von Schulz von Thun im Coaching nutzen

Es geht um die Auflösung von Polarisierung, also „und" anstelle von „entweder – oder". Am Beispiel der zwei Führungsstile „autoritär" und „laissez-faire" soll zunächst gezeigt werden, wie ein *Wertequadrat* funktioniert.

Autoritär führen mit strengen Regeln ist Pol 1. Der Wert *Autorität* wird von Pol 2 als strenge Reglementierung empfunden und ihm vorgeworfen.

Laissez-faire führen mit Freiraum ist Pol 2. Der Wert *Freiheit* wird von Pol 1 als Orientierungslosigkeit empfunden und ihm ebenfalls vorgeworfen.

So stehen sich beide Werte unversöhnlich gegenüber, denn Sach- und Beziehungsebene werden vermischt und beide Pole nehmen ihren Wert als „richtig" wahr.

In einem *Entwicklungsquadrat* kann dann gezeigt werden, wie eine empfundene Schwäche in eine Ressource umgewandelt und so für das persönliche Wachstum genutzt werden kann. So werden beide Werte positiv geschätzt, denn Autorität sorgt z. B. für Klarheit in der Zielerreichung und Freiheit für die Entfaltung von Potenzialen. So können beide Seiten den positiven Anteil erkennen und gemeinsam zu einem „Und" kommen. Die jeweiligen Werte dürfen jedoch nicht übertrieben werden, sondern müssen stetig in Balance gehalten werden.

Das Wertequadrat hilft vor allem dabei, die eigenen Werte und ihre jeweilige Seite zu erkennen und sie in Ausgewogenheit zu halten, um so eine Übertreibung (z. B. nur Befehl und Gehorsam oder nicht Führen) zu vermeiden (nach Schulz von Thun, 2000, S. 38–53).

Durch das Wertequadrat können die unterschiedlichen Lebenswelten von Menschen reflektiert und in einem Entwicklungsquadrat durch ein „Und" oder „Auch" miteinander in Einklang gebracht werden.

■ **Beispiel: Beziehungsrolle**

Aufgrund der Beziehungsrolle der Führung bestimmt die *Qualität der Führung die Lebensqualität der Mitarbeiterinnen.* Insbesondere von der mittleren Führungsebene wird seit einigen Jahren verlangt, nicht nur die Entscheidungen des hohen Managements zu vertreten, sondern Beziehungsarbeit zu leisten, das Team zusammenzuhalten, remote zu führen, unterschiedliche Arbeitsmodelle zu ermöglichen und für die Erfüllung aller Ziele zu sorgen.

Das führt zu Überforderung, wenn unklar bleibt, wohin sich ein Unternehmen bewegt und wofür es steht (Werte, Sinn). Wenn die Fachaufgaben nicht reduziert werden und Aktionismus im Unternehmen üblich ist, kann Überarbeitung und Erschöpfung die Folge sein. Kompensiert werden die zusätzlichen Führungsaufgaben in vielen Unternehmen durch die Werte Macht, Prestige und ein hohes Einkommen (Eck, 2014, S. 15–19).

Unterschiedliche Antriebe in der Persönlichkeit von Menschen können auf die Führungsrolle einwirken:

- *Impulsive Antriebe* stehen für triebhafte, aufschaukelnde, nicht reflektierte Energie („Draufgänger");
- *Prospektive Antriebe* stehen für Planung, Reflexion, Teilhabe, Steuerung, Behutsamkeit;
- *Propulsive Antriebe* stehen für Veränderung, Innovation, Kreativität und Problemlösung.

Je nach Ausprägung bzw. Zusammenspiel der drei Energieformen wird die Führungsrolle ausgefüllt und wirkt auf Mitarbeiterinnen oder sogar auf die Organisation. Eck definiert Führung daher so:

» „Führung verbindet impulsive und prospektive Antriebe zu propulsiven Kräften, d. h. zu Handlungen, die nach vorne, zu Neuem, Noch-nicht-Gegebenem führen. Genau darin liegt der Mehrwert der Führung" (Eck, 2014, S. 30).

Die Definition der Rolle als Führungskraft aus Sicht der Organisation kann sich von der eigenen Gestaltung der Rolle durch Werte unterscheiden, sodass es zu inneren und äußeren Konflikten kommen kann. Organisationen wie Führungskräften muss bewusst sein, dass eine Rollenkompetenz erforderlich ist, die erlernt werden kann. Zum Lernziel gehört auch, wie sehr die Führungsrolle *psychische Energie* erfordert, um sich auf die Beziehung zu den Mitarbeitern, auf Ziele und Aufgaben zu konzentrieren und allem gerecht zu werden (Eck, 2014, S. 31–33).

❯ Psychische Energie

Die psychische Energie bewegt sich *zwischen den beiden Polen* positiver und negativer Energie bzw. Werten:

- *positive Werte* wie Sinn, Neugierde, Zuversicht, Hilfsbereitschaft, Durchsetzungsvermögen (Grenzen setzen), Interesse oder Veränderungen und
- *negative Werte* wie Tabuisierung, Zurückweisung, Resignation, Verhinderung, Leugnung von Sinnhaftigkeit, Panik und Destruktion.

Das führt bei allen Intentionen, Handlungen und Wirkungen zum Verhalten zu Kommunikation und Entscheidungen zwischen den beiden *Polen konstruktiv und destruktiv*.

Damit ist die wichtigste Herausforderung für Führungskräfte die *stetige Aktivierung der eigenen positiven Energien*

6

und die Transformation der negativen in positive, wozu *Identifikation* mit dem Unternehmen und der Arbeit beitragen kann. Durch die Identifikation können Aufgaben in ein eigenes Anliegen verwandelt werden, wenn das Ziel klar ist. Das führt dann zu einer klaren Ausrichtung, die sich in positiven Wertbegriffen wie Verantwortung, Berufung oder Engagement wiederfindet.

Bei *Widerständen* aus dem Team, von der eigenen Führungskraft oder von der Organisation entstehen negative Energien, denen mit noch mehr positiven Energien begegnet werden muss.

Falls die Identifikation unausgewogen ist, entstehen ebenfalls negative Energien: Bei *Überidentifikation* wird übertrieben und „ohne Sinn und Verstand" gehandelt, um Ziele zu erreichen. Bei einem *Mangel an Identifikation* wird innerlich gekündigt und damit die Zielerreichung gefährdet. Beides wandelt positive Energien in negative um und führt zu Resignation und Nicht-Handeln (Eck, 2014, S. 33–35).

Um die Führungsrolle langfristig ausfüllen zu können, ist die *Selbstfürsorge* wichtig: Das Steuern der eigenen Energiespeicher und rechtzeitige Auffüllen durch externe Unterstützung, Vermeiden von Selbstausbeutung und Verschleiß der eigenen Kräfte.

Die Beziehungsrolle der Führungskraft benötig viel psychische Energie. Je nach Identifikation mit der Organisation kann sie positiv oder negativ sein.

Die Beziehungsrolle ist in Zeiten von Fachkräftemangel und hoher Wechselbereitschaft von Mitarbeiterinnen sehr relevant und muss von der Organisation unterstützt werden, damit ihre Führungskräfte mit den einzelnen Persönlichkeiten gut arbeiten und ihnen psychologische Sicherheit bieten können. Das wünschen sich nach dem Leadership Survey 2018 (Kienbaum & Stepstone, 2018, S. 10) auch Fachkräfte: *Empathie, emotionale Unterstützung und Zeit für ihre (Weiter-)Entwicklung.*

Zirkler und Herzog (2021, S. 6–31) betonen die besondere *Rolle von Führungskräften für die Gestaltung von Zusammengehörigkeit* in der Arbeitswelt. Sie befürchten, dass sich Menschen durch die Digitalisierung, die Pandemie und durch die stärker individualisierten und flexibilisierten Arbeitswelten voneinander und von ihren Führungskräften entfremden und rein auf ihre Funktion reduziert werden. *Zusammenarbeiten hat jedoch eine große soziale und psychologische Bedeutung*, sodass die Gestaltung von Zusammengehörigkeit von Teams sowie die Wertschätzung der Einzigartigkeit der einzelnen

Mitarbeiterinnen eine wichtige Führungsaufgabe ist, die sie „Inclusive Leadership" nennen. Aus ihrer Untersuchung zeigt sich, dass folgende sechs Faktoren die Zusammengehörigkeit beeinflussen:

- eine gemeinsame Ausrichtung,
- Fairness und Transparenz,
- Kontinuität,
- Kommunikation,
- ein gemeinsamer Erlebensraum und
- ein grundlegendes soziales Bedürfnis.

Inclusive Leadership hat die Aufgabe, immer wieder die *Balance zwischen den beiden Polen Bedürfnis nach Zusammengehörigkeit und Einzigartigkeit* herzustellen. Auch hier sind die beiden Pole zu sehen, die nicht vereinbar sind: Gute Führung schafft es mithilfe der oben genannten Faktoren, ein Gleichgewicht zwischen zu viel Nähe (Pol 1) und zu viel Egozentrik (Pol 2) im Team herzustellen.

Notwendige Werte für die Haltung „gute Beziehung zwischen Führungskraft und Team, zwischen Zusammengehörigkeit und Einzigartigkeit" sind Gemeinsamkeit, Fairness, Offenheit, Zusammengehörigkeit, Empathie, Verantwortung, Respekt, Geduld, Sicherheit und Wertschätzung.

Allen Altersgruppen ist es wichtig, *wahrgenommen und möglichst auch wertgeschätzt* zu werden. Insbesondere die *Jungen brauchen Zuwendung*: Zeit für den Austausch und für regelmäßiges Feedback; Zeit, um von ihrer Führungskraft Neues zu lernen und sich weiterzuentwickeln. Sie wollen Verantwortung übernehmen und brauchen dafür eine Zeitlang enge Begleitung, da ihnen aufgrund verkürzter Ausbildungswege Wissen und Erfahrung fehlt. Sie wollen kollaborativ arbeiten und gleichzeitig für ihre Einzigartigkeit anerkannt werden. Sie wünschen sich die Kommunikationswege ihrer Generation und müssen lernen, andere zu akzeptieren.

Die *Älteren* wiederum wollen für ihre *Erfahrung und für ihr Wissen* wertgeschätzt werden. Sie schätzen das Arbeiten im Team und die direkte mündliche Kommunikation, z. B. in Meetings oder von Büro zu Büro. Soziale Medien lehnen sie im beruflichen Kontext eher ab. Sie sind es gewohnt, sich im Beruf anzupassen und Geduld für längere Vorgänge aufzubringen. Allen gemeinsam ist, dass sie auch von Kollegen wertgeschätzt werden wollen und *Sicherheit* brauchen.

Die Beziehungsrolle von Führungskräften soll für Zusammengehörigkeit im Team sorgen. Das wird als Inclusive Leadership bezeichnet.

6

> **Definieren Sie Ihre eigene Beziehungsrolle zu Beginn Ihrer Tätigkeit als Führungskraft:**
>
> - Was ist Führung für mich?
> - Wie will ich führen? (Und hinsichtlich der eigenen Führungskraft: Wie will ich geführt werden?)
> - Was erwarte ich von meinen Mitarbeitern?
> - Was können sie von mir erwarten?
> - Wie gebe ich Fachaufgaben ab und delegiere einschließlich Verantwortung?
> - Brauche ich Unterstützung bei meiner Entwicklung zur Führungskraft, um meine Rolle richtig auszufüllen?
>
> Wenn die Fragen schwer im Arbeitsalltag zu beantworten sind, empfehlen sich Rückzugstage mit oder ohne professionelle Begleitung.

■ **Beispiel: Minimalistisches oder zurückhaltendes Führen**

Führung ist etwas, was „sich ereignet oder eben nicht" im Gegensatz zum Management. Dazu gehören aus Sicht von Eck *Kreativität, Gelassenheit, Engagement, ein langer Atem und Da-Sein*. Wenn die Führungsrolle nicht ausgefüllt wird, entsteht eine *Lücke* in der Organisation, die dann durch Chaos, Intrigen oder unsichtbare Führungskräfte gefüllt wird (Eck, 2014, S. 20). Unsichtbare Führungskräfte sind von allen Teammitgliedern respektierte Mitarbeiterinnen, die aufgrund ihrer natürlichen Autorität (im positiven Sinne) und ihres Fachwissens ein Team führen, indem sie z. B. dringend notwendige Entscheidungen fällen. Die Zuordnung der Führungsrolle mit der zugehörigen Verantwortung ist also wichtig, entweder durch die Person, die dafür eingesetzt wurde, oder durch das Team selbst.

Freimuth (2021, S. 39–54) glaubt, dass *Führen „zwischen Tür und Angel"* gut funktionieren kann, da z. B. die Schwere von Mitarbeitergesprächen wegfällt, wenn Themen „kurz einmal" angesprochen werden anstelle von „Vorladung" ins Chefbüro, um sich vor dem großen Schreibtisch rechtfertigen zu müssen. Durch das unkonventionelle Verfahren lernen Mitarbeiterinnen, auf ihre Problemlösungsfähigkeit zu vertrauen und ihre Kompetenzen zu nutzen. Freimuth nennt es „Minimalismus als Selbstkonzept für Führungskräfte". Hier wird wie bei Eck in Ruhe geführt: durch Zuhören, unauffällige Interventionen, wenn notwendig, und Fragenstellen. Eine minimalistische Führungskraft – oder auch *Silent Leader* genannt – stellt eine gute, zurückhaltende Kommunikation sicher, sodass die Wissensressourcen aller Teammitglieder bekannt sind, geteilt und für die Lösung von Problemen genutzt werden. Trotzdem ist die Führungskraft „da" und beobachtet, ob alles läuft. Im Falle eines notwendigen Eingreifens stellt sie Fragen. Damit hat sie von außen betrachtet weniger Macht – aus der inneren Sicht schon.

Der bekannte Wirtschaftswissenschaftler Mintzberg hat 1991 in einer Studie herausgefunden, dass 80 % der Arbeit von Führungskräften aus Gesprächen besteht. Dazu gehören auch Geschichten der Mitarbeiter, bei denen zugehört werden sollte, selbst wenn die Zeit knapp ist. Wer sich austauschen darf, spürt den Wert seiner Erfahrungen und seines Wissens, fühlt sich wertgeschätzt und wohl am Arbeitsplatz.

Die *minimalistische Haltung einer Führungskraft* wird nicht für so „stark" gehalten wie eine machtorientierte; da sie jedoch Polarisierungen vermeidet, gewinnt sie durch ihre Ruhe gegenüber Aktionismus und aggressivem Verhalten. Eine minimalistische Haltung entspricht der +/+-Haltung aus der Transaktionsanalyse: Sie gibt jedem die Chance zur Autonomie und Selbsthilfe, auch in schwierigen Situationen, und springt einem Mitarbeiter nicht gleich zur Seite (+/−-Haltung), da sie die Spannung aushalten kann. Minimalistinnen sind überzeugt, dass eine *Lösung im Raum* ist, dass sie jedoch noch nicht in Worte gefasst werden kann. Hier bieten sich Pausen oder andere Themen vorübergehend an – im Gegensatz zu Aktionismus und Hektik.

Notwendige Werte für die Haltung „minimalistisch führen" sind Kreativität, Gelassenheit, Engagement, Vertrauen und Selbstvertrauen, Zurückhaltung, Autonomie, Wertschätzung, Verantwortung und Mut.

Wer minimalistisch führt, gibt seinen Mitarbeiterinnen *viel Freiraum und Vertrauen* sowie die Möglichkeit, Fehler zu machen. Das erfordert Mut, Zuversicht in ein positives Ergebnis und eigene Zurückhaltung (loslassen können). Diese Art der Führung wird von vielen jungen Mitarbeitern geschätzt, da sie sich früh Verantwortung zutrauen. Gleichzeitig muss die Führungskraft sicherstellen, dass die Qualität der Arbeit stimmt und Deadlines eingehalten werden. Ältere Mitarbeiterinnen müssen ggf. erst (wieder) lernen, sich etwas zuzutrauen, wenn sie jahrelang anders geführt wurden. Hier muss beobachtet werden, wer mit wieviel Handlungsspielraum zurechtkommt bzw. ihn braucht. Für alle Altersgruppen gilt, dass sie sich anerkannt fühlen, wenn sich z. B. die Führungskraft ins Teammeeting setzt, ohne die Leitung zu übernehmen, sondern nur zuhört und ggf. Fragen stellt. Durch ein solches Verhalten spüren alle Teammitglieder, dass ihnen Lösungen zugetraut werden. Eine solche Meetingstruktur muss unter Leitung der Führungskraft vorab erarbeitet und geübt werden, damit sich alle sicher fühlen und sich beteiligen.

6

Minimalistisches Führen oder Silent Leadership bedeutet Führen mit Freiraum und Vertrauen, Zuhören und Fragen stellen.

■ **Beispiel: Zielorientiert und gleichzeitig empathisch führen**

Bruch beschreibt Manager, die nur wenig fokussiert sind in ihrem Tun und gleichzeitig einen hohen Energielevel haben, als „Busy Manager". Diese sind sehr engagiert und motiviert, es fehlt ihnen aber der Fokus in ihrer Arbeit und in der Führung. Somit verlieren sie sich in kurzfristigen operativen Aufgaben und vernachlässigen ihre strategischen Aufgaben ebenso wie ihre Führungsverantwortung. Um die Defizite zu verschleiern, sind sie sehr aktionistisch und kommen immer wieder mit neuen Ideen in ihre Teams, ohne sich Zeit zum Nachdenken zu nehmen. Damit werden die Mitarbeiterinnen stetig am eigenen Nachdenken gehindert und können sich nicht in Ruhe mit Problemen auseinandersetzen, um sie zu lösen. *Zielgerichtete Managerinnen* dagegen sind voller Energie, die sie mit ihren Mitarbeitern fokussiert für ihre (auch langfristigen) Ziele und Projekte einsetzen und damit gute Ergebnisse erzielen (Bruch et al., 2012, S. 15–16).

Wichtig ist die *Kombination mit Empathie*, also das Da-Sein für Mitarbeiterinnen. Die Empathie sollte zur klaren Zielorientierung im ausgewogenen Verhältnis stehen, verknüpft mit Leistung kann sie bei den Mitarbeitern für psychologische Sicherheit und Klarheit sorgen.

Notwendige Werte für die Haltung „empathische Ziel- und Leistungsorientierung" sind Klarheit, Empathie, Verantwortung, Geduld, Sicherheit und Ordnung.

Zielgerichtetes Handeln ist eine Voraussetzung für gutes Führen im Sinne von *Leadership*. Ohne Energie können Führungskräfte weder begeistern noch Dinge vorantreiben; ohne Fokussierung können sie weder für sich noch für ihr Team die richtigen Prioritäten setzen. „Busyness" ist im Gegensatz zur Zielorientierung eine *Gefahr für die Wirksamkeit von Führung*. Alle Altersgruppen können durch

- klare Ziele (wissen, wohin es geht und wofür die eigene Tätigkeit nutzt),
- Empathie (ich sehe dich) und
- Leistungserwartung (ich erwarte von dir, dass du all deine Kompetenzen und Fähigkeiten innerhalb deiner Grenzen zum Wohl des Teams einsetzt)

begeistert und inspiriert werden.

Tipp

Der Begriff „Leadership" unterscheidet sich im deutschsprachigen Raum durch seine Eigenschaften und Werte von dem klassischen Begriff der Führung. Echtes Leadershipverhalten gehört zur lebendigen Führung und wird in ▶ Abschn. 6.3 vertieft.

■ **Beispiel: Sinn-voll und ethisch führen**

Insbesondere junge Menschen wollen etwas Sinnvolles tun und erwarten von ihrem Arbeitgeber, dass dort Dinge produziert oder entsprechende Dienstleistungen erbracht werden, die sinnvoll sind. Gleichzeitig herrscht in den meisten Unternehmen noch der *Managertyp des „Machers"* vor, den Bruch als „Busy Manager" beschreibt. Macherinnen glauben, dass sie alles regeln müssen und können und es vor allem besser machen als andere. Für sie sind Werte wie Macht, Status und Wohlstand wichtig, während sie gleichzeitig das mechanistische Denken mit Ursache –Wirkung verfolgen. Das wiederum ist mit Kampf verbunden. Macher denken nicht über ihr Handeln und seine Folgen nach, auch nicht über ihre Mitarbeiterinnen und deren Bedürfnisse.

Wenn sich also ein Unternehmen transformieren will, werden *Managerinnen mit passenden Werten* bzw. Leader gebraucht. Nicht nur junge Menschen möchten etwas tun, was sinnvoll ist, gerade in diesen Zeiten haben auch viele Ältere den Wunsch, zu mehr *sozialer und ökologischer Nachhaltigkeit* beizutragen.

Sinn wird ermöglicht durch Werte, die zunächst erkannt und dann gelebt werden müssen. Das Erkennen der eigenen Werte ist durch Selbstreflexion möglich, sodass die Möglichkeit zur Orientierung entsteht. Unternehmenswerte werden auf der Basis der Unternehmensziele und dem „Wofür" erarbeitet, die den Nutzen aller im Blick haben sollen:

Sinnvolles Führen, Entscheiden und Handeln orientiert sich somit immer:

- am Nutzen und der nachhaltigen Verbesserung der Wettbewerbsfähigkeit des Unternehmens als übergeordnetes Ganzes,
- am Nutzen und an der Verbesserung der Lebensqualität der gesamten Stakeholder (Mitarbeiterinnen, Kunden, Kreditgeberinnen, Staat und Gesellschaft),
- an der Nachhaltigkeit und den möglichen Konsequenzen für die Nachwelt und
- am Nutzen für die Führungskraft (Pircher-Friedrich & Friedrich, 2015, S. 259).

Im Leadership Survey (Kienbaum & Stepstone, 2018, S. 11) belegen die Ergebnisse, dass die meisten Befragten einen transformationalen, einen strategischen oder einen ethischen Führungsstil bevorzugen, während sie transaktionale und direktive Führungsstile ablehnen.

Zielorientiertes und empathisches Führen hat eine hohe Wirksamkeit und kann bei einer Transformation durch die Haltung als Leader helfen.

6

Führungsstile

Direktiver Führungsstil

Führungskräfte geben Anweisungen und erwarten, dass ihnen Folge geleistet wird. Sie erwarten Disziplin und Leistung.

Transaktionaler Führungsstil

Führungskräfte gehen davon aus, dass Mitarbeiterinnen nur gut arbeiten, wenn sie eine Belohnung oder eine Bestrafung in Aussicht haben. Zielvereinbarungen werden als Führungsinstrument eingesetzt. Es sind also je nach Zielerreichung Prämien oder Beförderungen zu erwarten, die Führungskraft gibt Anweisungen, fördert den Wettbewerb untereinander und kontrolliert die Mitarbeiter.

Transformationaler Führungsstil

Der transformationale Führungsstil will intrinsische Motivation sowie Begeisterung, Vertrauen und ein Zusammengehörigkeitsgefühl bei den Mitarbeiterinnen erreichen. Dazu muss es klare Ziele verbunden mit Handlungsspielraum und Freiheit zum selbstständigen Arbeiten geben. Führungskräfte mit diesem Führungsstil fördern Ideenentwicklung, sehen ihre Mitarbeiter als Mensch und Persönlichkeit und zeigen ihnen die Sinnhaftigkeit ihrer Arbeit für das Unternehmen.

Laissez-faire-Führungsstil

Die Mitarbeiterinnen bleiben im Unklaren über Ziele und Sinn. Da sie keine Vorgaben bekommen, haben sie zwar großen Freiraum, bleiben jedoch im Ungewissen, ob sie auf dem richtigen Weg sind, da es auch kein Feedback gibt.

Viele Mitarbeiter wünschen sich eine *charismatische Führungskraft mit Vorbildcharakter*, die eine Vision vermittelt und motiviert (transformationaler Führungsstil), für Klarheit über Ziele sorgt, Feedback gibt und/oder wertorientiert und transparent führt sowie Freiräume fördert (ethischer Führungsstil). Den Wünschen stehen jedoch andere Realitäten gegenüber, vor allem unterscheidet sich häufig das *Selbstbild der Führungskräfte* von der Wahrnehmung der Mitarbeiter (Kienbaum & Stepstone, 2018, S. 12). Transformationale Führung und ethische Führung haben den größten Effekt auf die Arbeitszufriedenheit, das Engagement und die Identifikation mit dem Unternehmen, denn bei diesen Führungsstilen werden am ehesten die Bedürfnisse der Mitarbeiterinnen berücksichtigt, der Sinn ihrer Arbeit vermittelt, Freiräume zugestanden und persönliche Entwicklungsmöglichkeiten gefördert. Das wiederum unterstützt die Mitarbeiterbindung und stärkt das gegenseitige Vertrauen.

Wenn Führungskräfte die Werte ihrer Organisation aus Überzeugung übernehmen, sie selbst leben und an ihre Mitarbeiterinnen weitergeben, *führen sie wertorientiert* und unterstützen die Identifikation der Mitarbeiter mit der Organisation und ihrer Arbeit. Dazu gehört eine Vertrauensbasis zwischen Führungskraft und Mitarbeiterinnen sowie emotionale Unterstützung und Freiräume (Kienbaum & Stepstone, 2018, S. 13–18).

Notwendige Werte für die Haltung „Führen mit Sinn und ethischen Werten" sind Gemeinwohl, Ethik, Nachhaltigkeit, Klarheit, Sinnhaftigkeit, Freiheit und Vertrauen.

Abschließend noch ein paar Worte zum *Wert „Macht"*:

Viele Fach- und Führungskräfte sind macht-bewusst. Sie streben nach Einfluss, möchten entscheiden, bestimmen, Karriere machen und sich einen hohen Status erarbeiten. Das sind gut nachvollziehbare Antreiber für eine erfolgreiche berufliche Laufbahn, aber auch für das Nutzen von Macht: *Macht hat zwei Seiten*: Nutzt jemand seine Macht aus, um einen persönlichen Nutzen zu erreichen, z. B. indem er seine Mitarbeiterinnen und ihr Wissen ausnutzt? Oder nutzt jemand seine Macht, um sich für andere oder für die Gesellschaft einzusetzen?

Wer als Führungskraft zunächst reflektiert, wieviel Macht er hat und wozu er sie nutzen möchte, um sie im Anschluss mit seinen Mitarbeitern zu teilen, passt zu den hier beschriebenen Beispielen. Nur wer Macht teilen kann und will, ermöglicht seinen Mitarbeitern Freiraum, individuelles Arbeiten auf ihre Weise, eigenständiges Denken und Entfaltung ihrer Persönlichkeit. Durch Förderung könnte eine Mitarbeiterin an ihrer bisherigen Führungskraft „vorbeiziehen"– das kann eine reife Führungspersönlichkeit aushalten und sich sogar freuen – für die Mitarbeiterin und für das Unternehmen, das davon profitieren wird.

Viele Mitarbeiter wünschen sich transformationale oder ethische Führung, die ihnen die Sinnhaftigkeit ihrer Arbeit vermittelt und sie anerkennt und wertschätzt.

6.2 Teams und Mitarbeiter

Kommunikation ist eins der wichtigsten Führungskompetenzen – und wird oft wenig beachtet. In Workshops ist eine häufige Aussage, dass Kommunikation doch jeder beherrsche. Erst in der praktischen Anwendung werden Lernfelder deutlich. *Angemessene, passende Kommunikation* ist für erfolgreiche Führung Grundbedingung, was wiederum bestimmte Werte wie Offenheit, Transparenz, Klarheit und Vertrauen voraussetzt. In der Realität gehen jedoch viele Führungskräfte und Mitarbeiterinnen von unterschiedlichen Grundannahmen aus: Wenn sie selbst z. B. das Ziel mit allen Meilensteinen klar im Kopf haben, reden sie nicht weiter darüber. Die andere Person sieht andere Meilensteine, arbeitet anders, sieht sogar das Ziel anders – und fragt nicht nach, da es für sie klar ist. So entstehen *Missverständnisse aufgrund mangelnder Klarheit und Transparenz*, möglicherweise mangelnder Offenheit (um ein Nicht-Wissen nicht eingestehen zu müssen) und häufig aufgrund fehlenden Vertrauens.

Es gibt ein Instrument, dass häufig im Coaching, aber auch in der Mediation angewendet wird: die *Wertschätzende Kommunikation im Business*. Die Methode basiert auf der „Gewaltfreien Kommunikation", die sein Entwickler Marshall Rosenberg nutzte, um große Konflikte u. a. zwischen Jugendbanden in den USA zu beseitigen. Da er so erfolgreich war, wurde seine Methode auf der ganzen Welt bekannt und wird heute noch vermittelt. Seine Haltung zeigt die folgende Aussage:

„Ich möchte mit anderen Menschen so umgehen, dass wir gemeinsam von der Macht profitieren. Es ist aber sehr verbreitet, mit Macht anders umzugehen, nämlich Macht über andere haben zu wollen" (Marshall Rosenberg, in: Brüggemeier, B. (2017), S.17).

Durch wertschätzende Kommunikation verbessern sich die Beziehungen in Teams, zwischen den Teammitgliedern und ihrer Führungskraft und verhindern Konflikte. Wenn Teams erst richtig zerstritten sind, leidet nicht nur die Arbeitsfähigkeit, sondern die Erledigung der Aufgaben ist teilweise nicht mehr möglich. Manchmal werden weitere Teams in den Konflikt hineingezogen, da sie Position für die eine oder andere Seite beziehen sollen, sodass im schlimmsten Fall die Arbeitszufriedenheit und das Klima im gesamten Unternehmen leidet.

Die *wertschätzende Kommunikation* erfolgt in vier Schritten. Derjenige, der etwas klären möchte, geht vorab in sich (oder erarbeitet seine Inhalte im Coaching) und macht sich bewusst, was ihm bei der Klärung einer Konfliktsituation wichtig ist (alle vier Schritte!). Ebenso macht er sich Gedanken, was nach seiner Vermutung dem anderen wichtig ist. Nach der Klärung lädt er zum ungestörten Gespräch ein und sagt, entlang der vier Schritte, was *ihm* wichtig ist (die Ansprache ist also „ich"). Das Muster sieht so aus:

> **Die vier Schritte der wertschätzenden Kommunikation**
> 1. Schritt: *Beobachtung* der Situation: Was habe *ich* wirklich gesehen?
>
> Wichtig: *Ohne* Bewertung
>
> 2. Schritt: *Gefühle*: Wie fühle *ich* mich bei einer bestimmten Handlung oder Aussagen?
>
> Wichtig: *Ohne* Vorwurf

3. Schritt: *Bedürfnisse*: Welches Bedürfnis ist *bei mir* erfüllt oder nicht erfüllt?

Was brauche ich von meinem Gegenüber?

4. Schritt: *Bitte*: Konkret und handlungsorientiert geäußert

(nach Brüggemeier, 2017, S. 21–64)

▶ **Beispiel**

Beispiel für eine wertschätzende Kommunikation zwischen einer Führungskraft und einem Mitarbeiter.

Situation: Mehrfaches Zuspätkommen einer Mitarbeiterin.

1. Schritt: *Beobachtung*: Ich habe beobachtet, dass Sie in den letzten drei Teammeetings in der letzten und in dieser Woche jeweils 10 Minuten zu spät kamen.
2. Schritt: *Gefühle*: Ich bin sehr verärgert über Ihr Verhalten und dass Sie Ihr Verhalten auch nicht nach meinem Hinweis auf pünktliches Erscheinen geändert haben.
3. Schritt: *Bedürfnisse*: Ich brauche Zuverlässigkeit und Pünktlichkeit in meinem Team, denn wir alle haben wenig Zeit für unsere Aufgaben und Projekte.
4. Schritt: *Bitte*: Ich erwarte* von Ihnen, dass Sie ab sofort pünktlich zu den Meetings kommen.

Hinweis: Gern würden Menschen mit „Sie" oder „Du" beginnen, dann Worte wie „nie" oder „immer" nutzen, z. B. „Immer kommst du zu spät!" Dann geht der andere jedoch sofort in die *Verteidigungs- und Rechtfertigungshaltung – und es ändert sich nichts.* Er lässt das „Donnerwetter" über sich ergehen und denkt, dass sich die Chefin schon wieder beruhigen wird. Die Aussagen über die *eigenen* Gefühle und Bedürfnisse sind schwer zu formulieren, daher ist eine Vorbereitung wichtig. Wer sagt „ich fühle mich von dir betrogen, denn du wolltest dich ändern", bleibt nicht bei sich, sondern schiebt die Verantwortung zum anderen, der wieder in die Verteidigung geht. Damit beginnt eine Spirale, die keine Besserung der Situation bringt. Durch die vier Schritte zeigt die Führungskraft, dass sie die Werte der Mitarbeiterin schätzt, möglicherweise die Gründe für das Fehlverhalten oder die unangemessene Kommunikation versteht, jedoch trotzdem nicht damit einverstanden ist: *Verstehen heißt nicht einverstanden sein.*

*Noch ein Hinweis: Wenn jemand als Mitarbeiterin mit seiner Führungskraft oder mit Kollegen etwas klären möchte, sollte die Bitte im 4. Schritt als Wunsch formuliert werden, denn gegenüber einer Leitung oder Kolleginnen kann man sich nur etwas wünschen. Als Führungskraft sollte eine Erwartung gegenüber dem Mitarbeiter ausgesprochen werden, denn ein Wunsch ist nicht klar genug. ◀

6

Mit der wertschätzenden Kommunikation in vier Schritten können Führungskräfte und Mitarbeiter schwierige Themen ansprechen und dauerhaft klären.

Nicht nur in der Kommunikation, sondern im gesamten Verhalten innerhalb des Teams und der einzelnen Teammitglieder sind Werte wichtig. Graf et al. zeigen basierend auf einem Forschungsprojekt, wie sehr *fachliche Heterogenität und wertorientierte Homogenität* Voraussetzung für den Erfolg eines Teams sind. Eine sogenannte immaterielle Ressourcenverteilung im Team unterstützt den Zusammenhalt durch die vier Kompetenzen fachlich-methodisch, aktivitäts- und umsetzungsorientiert, personale Kompetenz (Selbsteinschätzung, Potenzialentfaltung) und sozial-kommunikativ. Alle vier sollten gleichmäßig verteilt und allen Teammitgliedern bekannt sein, um sie nutzen zu können. Die genannten Kompetenzen werden aus Werten gespeist, die allen Teammitgliedern bekannt sein müssen. Eine wertorientierte Führung erarbeitet mit dem Team Werte und Fähigkeiten, klärt Rollen im Team und gestaltet die Kommunikation neu (Graf et al., 2020, S. 19–54).

> ▶ **Beispiel**

Eine Projektleiterin sollte ein Team von fünf Mitarbeitern zusammenstellen, die alle neu im Unternehmen waren und sich untereinander nicht kannten. Die Herausforderung war neben dem fachlichen Aufbau die Vorgabe, dass das Projekt in nur zwei Jahren umgesetzt werden sollte. Die Projektleiterin wollte schnellstmöglich ihre Mitarbeiterinnen kennenlernen und sicherstellen, dass sich auch die Teammitglieder untereinander innerhalb kurzer Zeit gut kennenlernen konnten.

Daher hat sie bereits in den ersten Wochen Einzelgespräche geführt, um die jeweiligen Stärken und Werte sowie, ihre Kompetenzen und Erwartungen an die Arbeit, an die Teammitglieder und an sie als Projektleiterin kennenzulernen. Im Anschluss haben alle gemeinsam in mehreren Strategiemeetings nicht nur die fachliche Arbeit geplant, sondern sich gegenseitig ihre Stärken, Werte, Erwartungen und Kompetenzen sowie Arbeitsweisen vorgestellt – auch die Projektleiterin. Das führte insbesondere beim Remote-Führen der Teammitglieder während der Pandemie zu leichterer und besserer Zusammenarbeit. ◀

Fachliche Heterogenität und wertorientierte Homogenität eines Teams sind Voraussetzung für den Erfolg von Teamarbeit.

In Krisenzeiten ist *Resilienz für Führungskräfte und Mitarbeiterinnen* besonders wichtig, um den außerordentlichen Herausforderungen gewachsen zu sein. Hier hilft es, die großen Ziele durch kleine Ziele (Drei-Monats-Planung) zu verkleinern, das jeweilige Ziel aufzuschreiben und die eigenen *Werte als Anker* zu nutzen. Je mehr das Ziel mit den persönlichen Werten übereinstimmt, desto wahrscheinlicher ist die Zielerreichung. Ebenso hilfreich ist es, das Leben an dem auszurichten, was einem Menschen wichtig ist.

Es gibt sieben *Resilienzfaktoren*, die nicht nur Führungskräften, sondern allen Menschen helfen:
- Optimismus
- Akzeptanz
- Lösungsorientierung
- Selbstregulierung
- Selbstverantwortung
- Netzwerkorientierung
- Zukunftsorientierung (nach Gruhl, 2018, S. 25–106 und Meier, 2021, S. 15–30)

Teams können ihre Resilienz in Teamworkshops verbessern, z. B. durch Nutzung des WOOP-Modells:
- *Wish:* Wie soll das Team nach der Krise/jetzigen Situation aussehen?
- *Outcome:* Welche Vorteile gewinnt ein Team, die einzelnen Mitglieder und die Organisation mit der Zielerreichung? (Förderung des Optimismus)
- *Obstacles*: Welche Hindernisse stehen der Zielerreichung im Weg?
- *Plan*: Für jedes Hindernis wird ein Plan entwickelt (Wenn nicht A, dann B).

WOOP kann u. a. Menschen helfen, ihr zwischenmenschliches Verhalten zu verbessern, z. B. beim Abbau von Vorurteilen, bei der Beseitigung von Konflikten oder bei mangelnder Akzeptanz von Situationen oder der eigenen Lebensgeschichte (Oettingen, 2022 ► https://woopmylife.org/).

Pohl fasst all die Werte, die er als *mentale Voraussetzung für gute Teamarbeit* betrachtet (Vertrauen, Verlässlichkeit, Verbindlichkeit, Teamspirit, positives Konkurrenzdenken, keine Profilierung auf Kosten anderer, zuhören können, Akzeptanz von Andersdenkenden, Offenheit, Flexibilität, Lernbereitschaft und eine proaktive Grundhaltung) zu folgenden *fünf Teamtugenden* zusammen:
- bei sich selbst beginnen,
- Wertschätzung geben,
- erst fragen, dann antworten,
- Widersprüche aushalten,
- sich Zeit nehmen.

> Resilienz bedeutet Widerstandsfähigkeit und besteht aus sieben Faktoren, um Krisen besser zu überstehen. Teamresilienz kann u. a. durch das WOOP-Modell verbessert werden.

Wer *bei sich selbst beginnt, sein Verhalten zu ändern*, übernimmt Verantwortung und schiebt sie nicht den Teamkolleginnen oder der Führungskraft zu. Wer sich über Unzuverlässigkeit beklagt (der Kollege hat erneut eine Deadline nicht eingehalten), muss vorab dafür sorgen, dass er selbst stetig Termine einhält.

6

Wer seinem Team *konstruktive positive Rückmeldung* zu seiner Arbeit gibt, zunächst das Positive sieht, bevor er Fehler anmerkt und niemanden herabsetzt, sondern Dinge z. B. mit der wertschätzenden Kommunikation klärt, sorgt für ein steigendes Selbstwertgefühl bei seinen Mitarbeitern – und als Teammitglied bei seinen Kollegen.

Fragen stellen ist eine gute Möglichkeit, Wissen zu erhalten und in gutem Kontakt mit anderen zu bleiben. Wer konstruktiv fragt und nicht gleich „alles weiß", stärkt seine Kolleginnen und Mitarbeiter und trägt zu einem guten Arbeitsklima bei.

Im Leben und in der Arbeitswelt geht es immer wieder um die *Spannung oder Balance zwischen zwei Polen oder Polaritäten.* Das bedeutet, dass Führungskräfte und Mitarbeiter insbesondere in diesen unruhigen Zeiten *Widersprüche aushalten müssen.* Wer innovativ arbeiten muss und will, ist in einem stetigen Wandel unterwegs. Gleichzeitig wünschen sich viele Menschen Kontinuität. Beides sind wichtige Werte, die Führungskräfte erkennen und ihnen mit dem *„Und" oder „Auch" aus dem Polarity Management* begegnen müssen, um die Bedürfnisse ihrer Mitarbeiterinnen zu erfüllen. Kontinuität kann in einem innovativen oder transformativen Umfeld z. B. durch Rituale, feststehende Meetings oder Ereignisse angeboten werden. Auch andere Werte stehen im Widerspruch zueinander, z. B. Zweifel und Zielorientierung oder Tradition und Flexibilität, die Führungskräfte immer wieder in Balance bringen müssen.

Zeit für Teamarbeit ist häufig selten, denn in den wöchentlichen Meetings werden in einem knappen Zeitfenster hauptsächlich fachliche Dinge besprochen. Manchmal fehlt das Bewusstsein, dass sich *ein gutes Team immer wieder neu aufstellen und entwickeln* sowie seine Kommunikation hinterfragen und neu gestalten muss. Manchmal wird Teamarbeit als nicht relevant angesehen, jedoch ist auch die Pflege der Beziehungen untereinander erfolgsentscheidend (Pohl in: Pohl & Witt, 2010, S. 40–47).

Gute Unternehmen gönnen ihren Teams und Führungskräften ein oder zwei Teamtage pro Jahr – und nicht erst, wenn Konflikte ausgebrochen sind. Hier werden die Kommunikation und das Verhalten mit Hilfe von Teamcoachingtools untereinander besprochen, reflektiert und neu aufgestellt, denn:

„Der Dialog ist das Herz im Kreislauf des Teams" (Pohl, in: Pohl & Witt, 2010, S. 47).

Die Teamuhr bzw. Teamphasen nach Tuckman

Hilfreich für Teamcoachings ist die Teamuhr, die zeigt, was in Teams passiert, wenn sie als Projektteam gemeinsam neu anfangen, ein neuer Kollege in ein bestehendes Team kommt oder ein bisheriger das Team verlässt.

In der *Testphase (Forming)* lernen sich alle kennen, sind höflich, unpersönlich, gespannt und neugierig.

In der *Nahkampfphase (Storming)* kommt es zu Konfrontationen, Cliquenbildung und unterschwelligen Konflikten. Die Phase ist sehr mühsam, muss jedoch durchlaufen werden, damit alle in die nächste Phase gehen können. Hier ist eine klare Teamführung erforderlich, sonst bleiben Teams in dieser Phase hängen.

In der *Organisationsphase (Norming)* entstehen neue Umgangsformen und die Teammitglieder sind in der Lage, konstruktive Kritik zu üben.

Erst in der letzten Phase, der *Arbeitsphase (Performing)*, kann das Team erfolgreich zusammenarbeiten: Alle Mitglieder sind leistungsfähig, solidarisch, offen und hilfsbereit untereinander, flexibel, kreativ und innovativ.

Bei Projekten endet dann die Teamzusammenarbeit. Bei allen anderen beginnt bei jedem Wechsel der Phasenablauf von Neuem.

■ Virtuelle Teams

Gute Kommunikation und der Dialog sind insbesondere in *virtuellen Teams* sehr wichtig. Die Basis müssen *gemeinsame Werte* bilden, um die Arbeit 4.0 im digitalen Zeitalter erfolgreich durchzuführen. Dazu gehören u. a. Vertrauen (alle erledigen ihre Arbeit zuhause oder anderswo genauso gut), Zuverlässigkeit (alle Termine und Deadlines werden eingehalten, sodass sich alle aufeinander verlassen können), Selbstfürsorge (trotzdem achten alle auf sich und arbeiten nicht zu viele Stunden, um nicht krank zu werden) sowie Offenheit, Ehrlichkeit, Kooperation, Verantwortungsbereitschaft und Zielorientierung.

Es gibt *Chancen und Risiken virtueller Teams:* Zu den Chancen gehören höhere Flexibilität, Agilität, neue kompetente Mitarbeiterinnen, die ihren Lebensmittelpunkt weit entfernt vom Unternehmen haben, und Kosteneinsparungen. Risiken sind größere Herausforderungen an die Remote-Führungskräfte, an die Selbstorganisation der Mitarbeiterinnen, an den Erhalt des Zusammengehörigkeitsgefühls und damit an die Motivation der Einzelnen sowie an Technik und Sprache, falls Nicht-Muttersprachler im Team sind oder eine andere Sprache Basis der Zusammenarbeit ist (Lindner, 2020, S. 9–12).

Mentale Voraussetzung für gute Teamarbeit sind fünf Teamtugenden und das Verständnis für die vier Teamphasen.

6

Virtuelle Teams brauchen andere *Arbeitsmethoden* als Präsenzteams. Hier empfiehlt sich vor allem das *agile Arbeiten*, was jedoch Selbstorganisation von den Teammitgliedern sowie ein Loslassen der Führungskraft erfordert. Sie muss ihre Rolle ändern: Von der Leitung zur Moderation und zum „Rückenfreihalten", was unter „minimalistisch führen" beschrieben wurde. Zuvor muss die Führungskraft dafür sorgen, dass alle Teammitglieder die technischen Fähigkeiten haben, virtuell zu arbeiten. Dazu gehören neben den passenden *Meetingformaten* das visuelle Arbeiten an Online-Boards und der virtuelle Austausch.

Wichtig für das Arbeiten sind *regelmäßige Meetings*, an denen alle teilnehmen und Gehör finden. Besonders bei hybriden Teams ist darauf zu achten, dass die online Teilnehmerinnen in gleicher Qualität und in gleichen Zeitfenstern am Austausch teilnehmen können wie diejenigen, die im Büro sind. Führungskräfte sollten neben offiziellen Meetings für *Teamsprechstunden sowie für Einzelgespräche* sorgen, damit Mitarbeiter nicht nur Fachliches, sondern auch Persönliches klären können. Darüber hinaus kann es weitere Meetings mit unterschiedlichen Schwerpunkten geben (Lindner, 2020, S. 35–45).

Wenn gewünscht, kann auch einmal in der Woche oder seltener ein „lustiges" Teammeeting ohne Leitung stattfinden, wo die Mitarbeiterinnen gemeinsam remote Kaffee trinken oder den Feierabend einläuten. Da Arbeit am Ort immer auch sozialer Kitt ist, der Menschen zusammenhält, ist ein vergleichbares Online-Meeting sehr wichtig.

Lindner hat in einer Befragung von Führungskräften die *Pole von je acht alten und neuen Werten* ermittelt, die in der digitalen Transformation als besonders wichtig angesehen werden. Die Führungskräfte konnten dann zwischen den beiden Polen ihre persönliche Gewichtung eintragen.

Alte Werte	neue Werte
Perfektion	Schnelligkeit
Verbessern	Disruption
Ziele vorgeben	Inspiration
Stabilität	Veränderung
Hierarchie	Augenhöhe
Kontrollieren	Vertrauen
Einzelentscheidungen	Partizipation
Prozesse befolgen	Agilität leben

Ein beispielhaftes Wertebild von Lindner ging Richtung neue Werte; Ausnahme ist der Wert „Verbessern". Konkrete Ziele und klare Rollenverteilung sowie Vertrauen sind wichtige Voraussetzungen für erfolgreiche virtuelle Teamarbeit (Lindner, 2020, S. 51–52).

Wer jetzt über die Merkmale und die Kurve der Transformation nachdenkt, dem wird klar, wie besonders wichtig der neue *Wert „Disruption"* ist. Die Übersetzung bedeutet zwar „Zerstörung", jedoch ist das *Aufbrechen bestehender Strukturen* gemeint, also die Voraussetzung für eine echte Transformation.

Eine Führungskraft heute muss nicht nur beim Remote-Führen für Zusammengehörigkeit und Sicherheit sorgen, denn Menschen machen sich in Krisenzeiten Sorgen um ihren Arbeitsplatz, um ihre Familie und um die Zukunft. *Psychologische Sicherheit* ist jederzeit wichtig für Mitarbeiterinnen und Teams. Wertorientierte Führung weiß das und sorgt für die Klärung der gegenseitigen Erwartungen, Beteiligung aller Mitarbeitenden, eindeutige Entscheidungsregeln und klare Rollenverteilung insbesondere bei *selbstorganisierten Teams*.

> Virtuelle und hybride Teams brauchen andere Arbeitsmethoden als Präsenzteams und neue Werte, um gut arbeiten zu können.

6.3 Der Weg zu lebendiger Führung

❯ **Welcher Weg zu einer erfolgreichen Transformation ist der Richtige?**

Seit einigen Jahren wird in der Wissenschaft diskutiert, ob es zielführender ist,

- die Strukturen zu verändern, dann würden sich die Menschen schon anpassen (z. B. durch Reduzierung von Regeln und Erhöhung von Ressourcen), oder
- ob Werte, Einstellungen und Glaubenssätze von Mitarbeitern und Führungskräften verändert werden sollen (und können).

Eine Lösung könnte durch das bereits beschriebene *Polarity Management* entstehen: Polaritäten (also nicht lösbare Probleme) zu managen bedeutet ein „*Und*" oder ein „*Beides/Auch*" anstelle eines „*Entweder-oder*" (unlösbar):

Führung und Organisation müssen also zwischen zwei Polen fließen, zwischen Änderung der Struktur und Änderung der Einstellungen der Menschen, um eine Transformation erfolgreich umzusetzen.

Die „Musterbrecher" plädieren in Anlehnung an den Soziologen Hartmut Rosa für *Dualität*: Sie sehen ein *Wechselspiel* zwischen handlungsprägenden Strukturen und strukturverändernden Handlungen. Eine *verbesserte Struktur* durch weniger Regeln, mehr Handlungsspielraum und flexible Arbeitszeiten und -orte kann Menschen Angebote machen, so zu arbeiten, wie sie es sich wünschen. Ein *besseres Wissen über sich selbst und andere* Menschen kann zu *neuen Werten und Einstellungen* führen, wenn Führungskräfte feststellen, dass trotz der größeren Freiräume verantwortlich und zuverlässig gearbeitet wird.

Zu *Beginn einer Veränderung* muss zu beiden Polen je eine Frage gestellt werden:

- Welche *Strukturen* verhindern die gewünschte Unternehmenskultur und müssen daher verändert werden?
- Welche *Einstellungen, Werte*, aber auch Ängste und Sorgen sind bei Mitarbeiterinnen und Führungskräften zu beobachten? Und wenn sie nicht zu beobachten sind, müssen sie erfragt werden.

Zur ersten Frage müssen weitere Fragen gestellt werden wie

- Brauchen wir die jetzige *Hierarchie* noch oder können wir in Projekten oder Prozessen arbeiten?
- Können wir Führungskräfte abschaffen und *selbstführende Teams* entwickeln?
- Wer trifft welche Entscheidungen?

Zur zweiten Frage gehören Maßnahmen wie

- *Gespräche mit Führungskräften* unterschiedlicher Ebenen, ggf. unter vier Augen (wie geht eine Führungskraft damit um, dass sie plötzlich keine Führungsrolle mehr hat? Fehlt dann etwas? Kann das kompensiert werden? Oder ist sie sogar froh, mehr fachlich zu arbeiten?)
- *Ausprobieren* erster Maßnahmen
- *Selbstreflexionen und Reflexionen* der Erfahrungen in Coachingprozessen während der gesamten Umstellungsphase (nach Kaduk & Osmetz, 2022, S. 16–21).

Wenn Unternehmen es mit der Transformation ernst meinen, ist das *Konzept des Leadership* als Ziel für die gesamte Organisation wichtig. Leader können dank ihres positiven Menschenbilds auf Menschen, ihre Haltung und Werte einwirken, ohne zu bestimmen (+/+-Haltung), denn sie mögen Menschen und arbeiten gern mit ihnen zusammen. Selbstverständlich ziehen sie sich zurück, um konzentriert zu arbeiten, oder sehen manches Verhalten von Kolleginnen oder Teammitgliedern negativ.

Jedoch ist ihre grundsätzliche Haltung positiv. Sie

- verhalten sich wertschätzend und respektierend,
- sehen vor allem Stärken – und nicht Schwächen –, erhalten sie und/oder bauen sie aus,
- sind empathisch und zugewandt,
- kennen die privaten Rollen ihrer Mitarbeiterinnen und beziehen das in ihre Entscheidungen ein,
- geben ihren Mitarbeitern die Möglichkeit, Neues zu lernen,
- sehen in Veränderungen Chancen und begleiten ihre Mitarbeiterinnen durch Informationen und Unterstützung,

- sind konfliktfähig und lehren diese Fähigkeit ihren Mitarbeitern,
- verstehen, dass es verschiedene Sichtweisen bzw. Wahrnehmungen von Situationen gibt, hören daher gut zu und
stellen offene Fragen,
- können durch Kenntnis entsprechender Techniken gut moderieren und Gespräche führen,
- geben Feedback und erwarten ebenfalls Feedback von
ihren Mitarbeiterinnen (Lüneburg, 2019, S. 99).

Mit dieser Haltung können Leader auf die eigenen Führungskräfte einwirken, um Veränderungen an der Struktur vorzunehmen. Empfehlenswert ist ein angemessenes Tempo und
Wertschätzung, um Mitarbeiter und Kolleginnen mitzunehmen. Gerade Menschen, die sich mit Veränderungen
schwertun, brauchen mehr Zeit und mehr Gespräche, um ihre
Sorgen und Bedürfnisse zu kommunizieren. Andere können
nicht gut über ihre Bedürfnisse sprechen und müssen anders
angesprochen werden.

Es gibt weitere Arten von Leadership, z. B. *Positive Leadership,* das auf der Positiven Psychologie und Glücksforschung
nach Seligman basiert. Seligman bezeichnet Werte als Tugenden. Aus seiner Sicht sind die *Kerntugenden*, die zu Glück und
Zufriedenheit führen, Weisheit und Wissen, Mut, Liebe,
Humanität, Gerechtigkeit, Mäßigung, Spiritualität und Tran-
szendenz (Seligman, 2009, S. 32).

> Polarität bzw. Dualität zwischen der Veränderung von Strukturen und der von Menschen kann mit Unterstützung der Leadership-Haltung zu einer erfolgreichen Transformation führen.

Daraus leiten sich die *Prinzipien der Positive Leadership* ab:
- *Führen mit Freude:* Führungskräfte führen sich selbst und
andere mit Optimismus, Zuversicht, Vertrauen und Engagement.
- *Führen mit Sinn:* Führungskräfte betonen die Wichtigkeit
der Rolle jedes Mitarbeiters im Unternehmen und den Sinn
ihrer Aufgaben. Sie begegnen ihnen mit Respekt und Wertschätzung. Die Rolle der Organisation in der Gesellschaft
ist sinnvoll, z. B. durch Engagement für das Gemeinwohl.
- *Stärkenfokussiertes Führen*: Führungskräfte betonen
Chancen, Potenziale und Stärken anstelle von Defiziten
und Schwächen, auch wenn es Lernfelder gibt (Seliger,
2023).

Eine weitere Leader-Eigenschaft wird von Schorp (2022,
S. 35–36) erwartet: Kooperation anstelle von Konkurrenzverhalten. *Kooperative Leader* wollen gemeinsam mit ihren Teams
arbeiten und Ziele erreichen; sie kennen ihre Stärken und
Lernfelder und holen sich Unterstützung von entsprechend
kompetenten Mitarbeiterinnen oder Fachleuten. In der

6

Positive und kooperative
Leadership mit ihren
Werten sind weitere Formen
von Leadership.

VUKA-Welt kann niemand mehr alles wissen und alles über-
blicken. Damit wird die Ausrichtung auf eine hohe *Diversität*
deutlich: Unterschiedliches Wissen, Ausbildungen, Erfahrungen, Geschlechter, Kulturen und soziale Herkunft
schaffen *kreative Auseinandersetzungen und Lösungen* sowie
viele innovative Ideen. Solche Teams vertragen jedoch nur *kooperative Leader mit hoher Selbstkompetenz, Selbstvertrauen
und damit Vertrauen* in die Mitarbeiter. Wer Angst vor Veränderungen, vor der VUKA-Welt und vor Konkurrenz hat,
hat auch Angst vor unterschiedlichen Menschen. Möglicherweise lehnt er sie ab, da ihm ihr Umfeld fremd ist, und spricht
ihnen sogar ihre Kompetenzen ab. Dann trifft das bereits bekannte Zitat zu: „You are hired for your skills and fired for
your personality" (Stephanie Schorp, 2022, S. 102).

Wie kann also eine Führungskraft durch die *Transformation eigener Werte* einen „inneren Kompass" entwickeln
und so als Leader führen und die Unternehmensstruktur sowie
die Mitarbeiterinnen bei ihrem Weg zur Werteveränderung
unterstützen?

Eine Führungskraft kann anhand der in diesem Kapitel
genannten und in der folgenden Liste zusammengestellten
Leadership-Werte die passenden Werte heraussuchen und die
persönliche Bedeutung reflektieren.

- Toleranz
- Freiheit
- Selbstbestimmung
- Empathie und Einfühlungsvermögen
- Beziehung und Zusammengehörigkeit
- Gelassenheit
- Vertrauen
- Kreativität
- Kooperation statt Konkurrenz
- Koordination
- Diversität (Akzeptanz aller Unterschiede)
- Konstruktive Konflikte
- Mut
- Demut oder Anstand
- Verantwortung
- Integrität
- Respekt
- Nachhaltigkeit
- Fehler zulassen
- Zuhören
- Zeit

Alternativ kann jeder seine Werte selbst suchen. Das fällt vielen schwer, daher sind eine Liste oder ein Fragen im Coaching hilfreich, z. B. „Was ist Ihnen wichtig?", „Was genau bedeutet Toleranz für Sie?" oder „Wenn Sie an das Thema X denken, anhand welcher Kriterien würden Sie handeln?"

Die eigenen Werte nehmen eine wichtigere Rolle ein als in Trainings erlernte Führungsstile oder Führungsmodelle, denn nur wer seine eigenen Muster, Einstellungen und Werte kennt, kann sich selbst gut führen. *Gute Selbstführung ist Voraussetzung für gute Führung anderer Menschen.* Tools zur Führung können ergänzende Instrumente darstellen, jedoch nicht den „inneren Kompass" bzw. die Haltung bilden.

Weitere *Hinweise für den „inneren Kompass"* zeigen Ergebnisse aus einer Befragung von Führungskräften und Leadership-Expertinnen. Hier wurden die Eigenschaften ermittelt, die potenzielle Führungskräfte mitbringen sollten, wenn sie Führungsverantwortung übernehmen möchten:

> Wer seine Werte und Einstellungen kennt, kann sich selbst gut führen – und Selbstführung ist Voraussetzung für gute Führung von anderen Menschen.

- ein positives Menschenbild und damit die Anerkennung der Einzigartigkeit von Menschen,
- Empathie,
- Interesse an anderen und mit anderen in den Dialog gehen wollen,
- Mut und Ausdauer,
- Selbstvertrauen und Vertrauen,
- (Selbst-)Verbindlichkeit und (Selbst-)Verantwortung übernehmen wollen,
- Schnelle Auffassungsgabe, v.a. der Unternehmensstruktur und -kultur,
- Entscheidungs- und Gestaltungsfreude, Begeisterung für Veränderungen,
- Kommunikation: durch Konsens führen,
- Durchsetzungsvermögen,
- Ehrgeiz und Zielstrebigkeit,
- Konfliktfähigkeit,
- Neugier und Pionierdenken,
- Organisation, Planung und Delegation,
- Glaubwürdigkeit und Authentizität,
- guter Umgang mit Fehlern,
- Gelassenheit, Humor und über sich selbst und mit anderen lachen können

(Lüneburg, 2019, S. 234).

6

■ *Coaching, Mentoring und Selbstreflexion*

Wer sich Wissen über sich selbst *(Selbstkompetenz)* und seine eigene Persönlichkeit sowie soziale Kompetenzen wie Kommunikation und Konfliktfähigkeit aneignen möchte, kann das durch *Selbstreflexion,* z. B. durch ein mehrtägiges Retreat in einem Kloster tun. Die für Führungskräfte wohltuenden Seiten von Coaching durch die Funktion eines *Sparringspartners* wurden bereits gezeigt. Auch *Mentorinnen* begleiten Führungskräfte eine Zeitlang und helfen ihnen neben der Weitergabe von Wissen über das Unternehmen, ihre Persönlichkeit besser kennenzulernen. Sie spiegeln wie Coaches ihr Verhalten und unterstützen sie in der Selbstwahrnehmung. So wird das Selbstbild einer Führungskraft im Laufe des Mentoring immer mehr mit dem Fremdbild übereinstimmen, z. B. in der Kommunikation mit Mitarbeitern. Die ◘ Abb. 6.2 zeigt die in einer Coachingsitzung gebaute gewünschte Führungskultur eines Coachees.

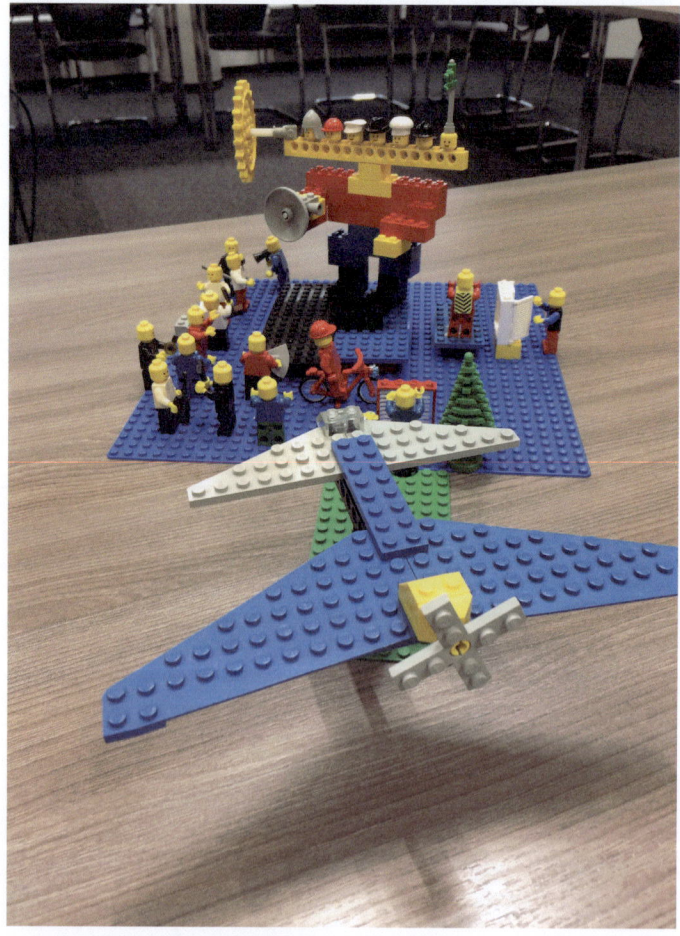

◘ **Abb. 6.2**   Führungskultur in Zukunft

■ *Leadership-Workshops*

Sich selbst besser kennenzulernen, seine Werte zu reflektieren und ggf. zu verändern, ist in maßgeschneiderten Leadership-Workshops mit dem Ziel der *persönlichen Profilbildung als Leader* möglich. Voraussetzung ist das Vertrauen der Teilnehmerinnen untereinander oder, wenn sie sich noch nicht kennen, die Bereitschaft für einen Vertrauensvorschuss. Bei *unternehmensinternen Workshops* ist es Voraussetzung, dass die Werte Kooperation, Respekt und Offenheit neben Vertrauen schon da sind, damit sich die Teilnehmer psychologisch sicher fühlen. Wer befürchten muss, dass seine offen geäußerten Sorgen oder seine Lernfelder im Unternehmen verbreitet oder im Wettbewerb gegeneinander benutzt werden, wird die wesentlichen Dinge im Workshop nicht thematisieren. *Verschwiegenheit* gehört hier zum Vertrauen untereinander. Bei Workshops mit *Teilnehmerinnen unterschiedlicher Unternehmen und Branchen* muss das Thema Verschwiegenheit vorab geklärt werden. Eine Möglichkeit besteht in der Auswahl nur eines Vertreters einer Branche, um Wettbewerb zu vermeiden. Leadership-Workshops sind darüber hinaus eine sehr gute Möglichkeit, ein *Netzwerk von Führungskräften* auf der gleichen Ebene aufzubauen. Der Nutzen liegt in der zukünftigen gegenseitigen Unterstützung auf dem Karriereweg und dem vertrauensvollen Austausch von Führungsthemen.

Workshops können mit Coaching und Mentoring kombiniert werden.

> ▶ **Profil eines echten Leadership-Workshops**
> — Begleitung der Teilnehmerinnen auf ihrem einzigartigen Weg zum Leader
> — Entwicklung eines tieferen Sinnverständnisses von Führung, einer inneren Haltung oder eines inneren Kompasses
> — Erkennen von Stärken und Werten von sich selbst und anderen
> — Im geschützten Raum Selbstkorrekturen vornehmen und lernen, mit Werten wie Verantwortung, Respekt und Vertrauen umzugehen und im Führungsalltag zu nutzen
> — Die Rolle als Führungskraft erarbeiten, insbesondere die Beziehungsrolle
> — Vorbereitung auf Stress, Alltäglichkeit und Krisen in der Führungslaufbahn und sie als Chance zur Weiterentwicklung zu sehen
> — Vertrauensvolle Zusammenarbeit mit den anderen Teilnehmern
> — Aufbau eines eigenen Leader-Netzwerks
> — Reflexion über die Rolle des Dienens: Leader dienen Mitarbeiterinnen, Unternehmen und dem Gemeinwohl

6

Ziele eines echten Leadership-Workshops

- Biografische Werte und Muster, deren Wurzeln und Auswirkungen auf die Führungsrolle kennen und ggf. verändern
- Selbstkompetenz entwickeln
- Reflexionsfähigkeit erlernen
- Beziehungskompetenzen ausbilden
- Führung menschlicher machen
- Mitarbeiterorientiert führen lernen: Wie und wo arbeiten Mitarbeiter gut?
- Stärkung der Führungskräfte, um ihren Arbeitsalltag zu erleichtern
- Kompetenzen erweitern und im geschützten Raum ausprobieren dürfen
- Wissen über Prozesse vermitteln

Führungskompetenzen, die im echten Leadership-Workshop vermittelt werden:

- Die Bedeutung von Führungsaufgaben anerkennen und vor die Fachaufgaben stellen
- Selbstreflexion, Selbstführung, „Ruhe im Geist"
- Psychologische und Milieukenntnisse
- Verlässlichkeit und Ehrlichkeit
- Folgebewusstsein (Folgen von Entscheidungen)
- Tatkraft
- Empathie, Mimik, Gestik
- Umgang mit Kritik
- Teamdynamik verstehen
- Gute Kommunikation und Kooperation
- Konfliktfähigkeit und Konfliktvermeidung
- Leistungsprinzip, Ziele, Strategien, Unternehmensführung
- Ergebnisorientiertes Handeln
- Delegation mit Verantwortungsübergabe
- Methoden- und Lösungskompetenzen
- Wissenstransfer und Akzeptanz, dass Mitarbeitende fachlich mehr wissen
- Gemeinsam mit Mitarbeiterinnen Ziele erreichen und ihnen helfen, erfolgreich zu sein bzw. sie zu fördern.

Eine *echte Leadership-Ausbildung* muss den gleichen Rang haben wie eine Fachausbildung. Sie besteht aus mehreren Modulen, die über 1–2 Jahre verteilt sind. Jedes Modul hat ein Thema und geht jeweils über drei Tage: Selbstführung mit biografischen Werten, Teamdynamik, Organisationen und ihre Wertekulturen, Kommunikation, Konfliktmanagement, Leadership und wertorientierte Führung, Alle Module beinhalten Beispiele aus der Praxis, auch die Teilnehmerinnen bringen Beispiele aus ihrem Führungsalltag mit. Sie führen zwischen den Modulen Lerntagebücher, um ihre Erfahrungen zu dokumentieren und zu reflektieren. Zielführend ist es, wenn die Module außerhalb des Unternehmens stattfinden können und an einem Abend während des Moduls eine hohe Führungskraft die Gruppe besucht und von ihren Erfahrungen berichtet. Zum Abschluss entwickelt jeder Teilnehmer seine eigene Haltung als Leader, dokumentiert mit seinen Werten und Kompetenzen.

Nach der Ausbildung ist es sinnvoll, wenn die Teilnehmerinnen sich weiterhin treffen, z. B. monatlich, intern in Präsenz und extern virtuell, um sich über ihre Erfahrungen auszutauschen und sich gegenseitig kollegial zu beraten. Einmal im Jahr kann ein Präsenztreffen stattfinden mit einem Thema, das aufgefrischt oder neu erarbeitet wird. ◄

Wer weise Menschen findet, ob als Freundin, Coach oder Mentorin, kann sich freuen. Sie betrachten Dinge aus verschiedenen Perspektiven, lassen andere Meinungen zu und können Fehler gut zugeben. Weise Menschen reflektieren stetig sich selbst und setzen sich mit ihren Emotionen auseinander. Sie sind empathisch, offen für Neues und können Dinge so akzeptieren wie sie sind. Selbst in Krisen nehmen sie Situationen hin, die sie nicht ändern können. Damit sind sie zusätzlich resilient. Weise Menschen sind dankbar für ihr Leben und gehen nicht kritisch mit sich um. Sie wissen, dass Fehler und Scheitern zum Leben gehören und können so ein Grübeln vermeiden.

> Der innere Kompass oder die innere Haltung als Leader kann durch Coaching, Mentoring, Selbstreflexion und/oder Leadership-Workshops entwickelt werden.

Wenn eine Führungskraft möglichst viele Werte der obigen Liste annehmen kann und sogar weise werden kann, ist sie in der Lage, ihre *Werte und ihre Haltung auf andere zu übertragen.* Ihr Handeln und ihre Kommunikation wirkt im System und als Vorbild, sodass weitere so handeln und kommunizieren werden. Wie ein Wasserfall kommen weitere Menschen dazu und nehmen die Werte an. Und diese Werte wirken wiederum auf Führungskompetenzen ein, die für jede organisatorische Transformation wichtig sind:

- Mitarbeiterorientierung
- Kundenorientierung
- Unternehmerisches Denken
- Teamfähigkeit
- Selbstführung
- Flexibilität
- Lösungskompetenz
- Interkulturelle Kompetenz
- Hohe Kommunikationsfähigkeit
- Remote führen
- Widersprüche aushalten.

> Weise Menschen sind Leader und Leader sind weise. Durch das Wissen um ihre Werte entwickeln sie die für die Transformation passenden Führungskompetenzen.

> ❯ **Wichtig**
>
> „Wenn ich Menschen nicht dazwischenfahre, passen sie auf sich selbst auf.
>
> Wenn ich Menschen nicht befehle, verhalten sie sich von selbst ‚richtig'.
>
> Wenn ich Menschen nicht predige, werden sie von selbst besser.
>
> Wenn ich mich Menschen nicht aufdränge, werden sie sie selbst."
>
> (C. Rogers und M. Rosenberg)

Zusammenfassung

Leader brauchen eine innere Haltung bzw. einen inneren Kompass. Bevor sie andere führen, ist es wichtig, sich selbst gut führen zu können. Verschiedene Führungsmodelle zeigen die heute notwendigen Werte und Kompetenzen, um Teams gut führen zu können. Polaritäten sollten vermieden werden, um gut zu führen. Dazu gehören vor allem Selbstreflexion, Beziehungsfähigkeit, Empathie, Kooperation und Koordination, Wertschätzung und Vertrauen. Die Reflexion und Passung der eigenen Werte mit den Unternehmenswerten können in Coaching- und Mentoringprozessen sowie in maßgeschneiderten Leadership-Workshops erarbeitet werden.

Literatur

Barrett, R. (2016). *Werteorientierte Unternehmensführung*. Springer.

Bruch, H., Krummaker, S., & Vogel, B. (2012). *Leadership – best practices und trends* (2. Aufl.). Springer Gabler.

Brüggemeier, B. (2017) *Wertschätzende Kommunikation im Business. Wer sich öffnet, kommt weiter* (4., überarb. Aufl.). Junfermann.

Eck, C. D. (2014). *Persönlichkeit und Führung. Zur Interaktion von zwei Orientierungssystemen.* Springer.

Freimuth, J. (2021). Zwischen Tür und Angel – Führungskräfte als Minimalisten. In: Wirtschaftspsychologie III. 2021, 23. Jg., ISSN 1615-7729, S. 39–54.

Graf, N., Rascher, S., & Schmudde, A. M. (2020). *Teamlead – Führung 4.0. So führen Sie Teams synergetisch zu Höchstleistungen – Mit Tipps & Checklisten für die Praxis.* Springer.

Gruhl, M. (2018). *Resilienz – die Strategie der Stehauf-Menschen. Krisen meistern mit innerer Widerstandskraft.* Herder.

Hinterhuber, H., & Krauthammer, E. (2001). *Leadership – mehr als Management. Was Führungskräfte nicht delegieren dürfen.* Gabler.

Johnson, B. (2014). Polarity management. In *Identifiying and managing insolvable problems* (2. Aufl.). HRD Press.

Kaduk, S., & Osmetz, D. (2022) Handlung oder Struktur? In: ManagerSeminare Heft 291, Juni 2022.

Kienbaum & Stepstone (2018). Die Kunst des Führens in der digitalen Revolution, Leadership Survey 2018. https://www.stepstone.de/Ueber-StepStone/

wp-content/uploads/2018/08/Kienbaum-StepStone_Die-Kunst-des-F%C3%BChrensin-der-digitalen-Revolution_Webversion.pdf. Zugegriffen am 29.10.2022.

Lindner, D. (2020). *Virtuelle Teams und Homeoffice*. Springer.

Lüneburg, A. (2019). *Auf dem Weg zur Führungskraft. Die innere Haltung entwickeln. Die innere Haltung entwickeln*. Springer.

Luinstra, S. (2021). *Lebendigkeit entfesseln. 8 Prinzipien für neues Arbeiten in Wirtschaft, Bildung und Gesellschaft*. Gabal.

Meier, M. (2021). *Resilienzentwicklung für Führungskräfte. Wie Sie Ihre Handlungsfähigketi durch Optimierung Ihrer Widerstandskraft gezielt stärken*. ManagerSeminare.

Oettingen, G. (2022). WOOP https://woopmylife.org/. Zugegriffen am 24.10.2022.

Pircher-Friedrich, A. M., & Friedrich, R. -K. (2015). CSR und Führungs- und Gestaltungsverantwortung. In: Schneider, A. & Schmidtpeter, R. (Hrsg.) *Corporate Social Responsibility. Verantwortungsvolle Unternehmensführung in Theorie und Praxis*. 2. Auflage, Springer Gabler.

Pohl, M. & Witt, J. (2010) *Innovative Teamarbeit zwischen Konflikt und Kooperation* (2., überarb. u. erw. Aufl.). Windmühle

Razavi, R. (2022). *Die Magie der Transformation. Wie wir Zukunft in Wirtschaft und Gesellschaft gemeinsam gestalten*. Haufe.

Rehwaldt, R. (2019). *Glück in Unternehmen. Positive Psychologie für Führung und Organisationsentwicklung*. Springer.

Seliger, R. (2023). *Das Dschungelbuch der Führung. Ein Navigationssystem für Führungskräfte*. 9.Aufl. Carl-Auer-Verlag. https://www.carl-auer.de/das-dschungelbuch-der-fuhrung.

Seligman, M. (2009). *Der Glücksfaktor. Warum Optimisten länger leben* (6. Aufl.). Lübbe.

Schorp, S. (2022). *Persönlichkeit macht Karriere. So stellen Sie die Weichen für Ihren eigenen persönlichen Weg*. Campus.

Schrör, T. (2016). *Führungskompetenz durch achtsame Selbstwahrnehmung und Selbstführung. Eine Anleitung für die Praxis*. Springer.

Schulz von Thun, F. (2000). *Miteinander reden 2. Stile, Werte und Persönlichkeitsentwicklung* Rowohlt.

Schüle, C. (2017). Wir haben die Zeit. Denkanstöße für ein gutes Leben. Körber-Stiftung.

Von Rosenstiel, L. (2012). Leadership und change. In H. Bruch, S. Krummaker, & B. Vogel (Hrsg.), *Leadership – best practices und trends* (2. Aufl.). Springer Gabler.

Zirkler, M., & Herzog, J. (2021). Inclusive Leadership: Die Gestaltung von Zusammengehörigkeit als zentrale Herausforderung in der digitalen Arbeitswelt, in: Wirtschaftspsychologie III.2021, 23. Jg., ISSN 1615-7729, S. 6–31.

Bedeutung von Werten für die Organisationsentwicklung

Lebendigkeit und Lernen + Kollaboration und Kooperation = reife Organisation

Inhaltsverzeichnis

© Der/die Autor(en), exklusiv lizenziert an Springer-Verlag GmbH, DE,
ein Teil von Springer Nature 2023
A. Lüneburg, *Wie digitale Transformation mit Werten gelingt*,
https://doi.org/10.1007/978-3-662-66727-9_7

7

Trailer

Soll bei Ihnen auch die digitale Transformation umgesetzt werden? Und alle wissen, dass dafür die Struktur verändert werden muss, es passiert jedoch nichts? Vielleicht finden Sie hier ein paar Argumente. Eine Transformation erfordert nicht nur eine Werteveränderung bei Führungskräften und Mitarbeitern, sondern vor allem beim Selbstbild und bei den Werten der Organisation. Lebendigkeit und Offenheit für Neues kann nur funktionieren, wenn es die Struktur und die Werte der Menschen in einer Organisation zulassen. Eine kollegial geführte Organisationsstruktur ist nicht für jedes Unternehmen geeignet, dennoch können die dort verankerten Werte genutzt werden.

Was sind eigentlich Organisationen? Bevor es um die Entwicklung geht, sollen die Begriffe Organisation und Organisationsentwicklung kurz definiert werden.

Definitionen von Organisation

Organisationen sind zum einen Zweckgemeinschaften, um bestimmte Ziele auf dem besten Weg mit einem möglichst sinnvollen Tun zu erreichen; zum anderen sind sie soziale Systeme, die ohne Beziehungen mit anderen Systemen nicht existieren können. Es besteht somit die Notwendigkeit zur Kommunikation und Beziehungspflege innen und außen. Organisationen bestehen in einem Spannungsfeld zwischen Dauer und Wechsel, zwischen Zukunft und Vergänglichkeit (Königswieser & Hillebrand, 2005, S. 30).

Aus systemischer Sicht sind Organisationen „lebendige Humansysteme, in denen es darum geht, die Aufgabenorientierung mit der Menschenorientierung zu verbinden" (Mohr, 2008, S. 30). Mohr erklärt die Entstehung einer Organisation damit, dass „ein Einzelner oder eine Gruppe von Personen sich entschließt, ein größeres Ziel zu erreichen, das ein Einzelner nicht schaffen kann" (Mohr, 2006, S. 16).

Organisationsentwicklung nach Glasl

Organisationen gehen wie Menschen durch vier Phasen der Entwicklung. Bei Menschen sind das die Kindheit, die Jugend, das Erwachsensein und die Reifung, bei Organisationen folgende Phasen:

- Pionierphase
- Differenzierungsphase
- Integrationsphase
- Assoziationsphase (Glasl & Lievegoed, 2004, S. 49).

Unternehmen können sich sowohl nach vorn als auch zurück entwickeln. Das ist kein Rückschritt, sondern häufig notwendig, um Veränderung zu ermöglichen, insbesondere bei einer Transformation. Einzelne Abteilungen können früher als andere in eine neue Organisationsphase eintreten, wenn sie in der Entwicklung weiter sind. Jeder Übergang in eine neue Phase hat Konsequenzen für Teams, Tätigkeiten sowie Führungskräfte und Mitarbeiterinnen.

In vielen Unternehmen wird derzeit die digitale Transformation gestartet oder durchgeführt. Die Mitarbeiter und Führungskräfte erfahren, dass bisherige hierarchische Strukturen abgebaut werden und die Mitarbeiterinnen mehr Verantwortung bekommen sollen. Das hat *starke Auswirkungen auf die Verteilung der Macht*: Wer entscheidet zukünftig? Wer hat Einfluss? Bleiben die alten Machtstrukturen in Wirklichkeit, im Schatten der offiziellen neuen flachen Hierarchien? Dürfen agile Teams in der Realität sich selbst führen oder wird doch noch die ehemalige Führungskraft gefragt bzw. möchte gefragt werden? Es geht um *Werte mit Polaritäten bzw. Unlösbarkeit wie Macht und Freiheit, Einfluss und Gelassenheit, Ordnung und Flexibilität*.

Hier ist es spannend, zu erkennen, wohin die *Lebensenergie einer Organisation* geht:

- Worauf richten die Menschen tatsächlich ihre Energie und Aufmerksamkeit?
- Wie wirken sich die Menschen und die Beziehungen aus?
- Wie schafft die Organisation die Verbindung zu den Antrieben (Werten) der Menschen?
- Wie geht man mit veränderten Szenarien um? (Mohr, 2006, S. 30).

> Organisationen sind Zweckgemeinschaften, die gemeinsam erreichen sollen, was ein einzelner nicht schafft.

Besteht also eine Übereinstimmung der formalen neuen Struktur mit der *tatsächlich gelebten Struktur*? Voraussetzung dafür sind *Regeln*, die für alle verbindlich sind: für Projekte, Meetings, Services etc. Zumindest für die Übergangszeit werden

Moderatorinnen gebraucht, die auf die Einhaltung der Regeln achten. Ebenso muss festgelegt werden, wer zukünftig welche Rolle übernimmt, also einen *abgegrenzten Verantwortungsbereich* mit der entsprechenden Entscheidungsbefugnis. Möglicherweise wird die bisherige Verteilung der Macht von oben nach unten, also von der Geschäftsleitung über die jeweiligen Ebenen, aufgehoben – das erfordert umfassende Vorbereitungen hinsichtlich der *Einstellungen, Muster und Werte* aller Mitarbeiter und vor allem der bisherigen Führungskräfte. Was werden sie tun, wenn sie keine Abteilung mehr führen? Wie kommen sie mit einer neuen Aufgabe als Spezialist klar? Teammitglieder sind möglicherweise überfordert, wenn ihre Werte Tradition, Pflichterfüllung und Beständigkeit sind und/oder sie jahrelang gewohnt waren, „an der kurzen Leine" geführt zu werden.

> ❯ **Voraussetzungen für eine erfolgreiche Strukturänderung der Organisation**
>
> Eine Organisation kann also nicht einfach ihre Struktur ändern („Ab morgen arbeiten wir agil"), sondern braucht vorab die bereits beschriebenen *Coachingprozesse für die Führungskräfte*, die wiederum ihre Teams vorbereiten und in Gesprächen herausfinden, welche Werte ihnen wichtig sind, welche Sorgen und Ängste sie haben etc.
>
> Dafür ist eine *Weiterbildung für die Führungskräfte* erforderlich, damit sie diese Gespräche mit der notwendigen Empathie, Klarheit und emotionalen Distanz führen können. Auch *Teamworkshops* sind sinnvoll.
>
> Empfehlenswert ist es, eine *Organisationsentwicklerin* im Unternehmen zu haben, die diesen Prozess gemeinsam mit der Personalentwicklung (▶ Kap. 8) intensiv begleitet, Führungskräfte beim Finden der neuen Rolle und in der Kommunikation mit ihren Teams unterstützt, Konflikte klärt, Kompetenzen passend verteilt und ungenutzte Potenziale passend einsetzt.

7.1 Lebendige und lernende Organisationen

Ein Beispiel für eine *reine Änderung* der Organisationsstruktur ohne tiefgründigen Wertewandel ist die *fluide Organisation*. Durch immer höhere Dynamik und die damit verbundene Flexibilität werden abseits der bisherigen Hierarchien offene Organisationsstrukturen gebraucht. Unternehmen, die wettbewerbsfähig bleiben wollen, müssen den Mitarbeiterinnen mehr Eigenverantwortung übergeben, Hierarchien reduzieren und auf eine größere Unabhängigkeit setzen. In *fluiden Organisationen* werden bestehende Positionen durch *verantwortliche Rollen* ersetzt. Die Mitarbeiter übernehmen damit Verantwortung für die Arbeitsbereiche, für die sie die notwendigen Kompetenzen haben. Als Netzwerkerinnen verknüpfen sie externe und interne Partner, sodass lange Entscheidungswege vermieden werden. Ebenso teilen sie ihr Wissen, damit alle unabhängig arbeiten können und gleichzeitig die Prozesse im Unternehmen stetig fließen (Franken, 2016, S. 151–155).

Am Beispiel dieser Organisationsform wird deutlich, dass neben ihrer technischen und organisatorischen Umsetzung *neue Werte* ins Spiel kommen müssen: Wer schon lange im Unternehmen ist und bisher auf die Entscheidungen seiner Führungskraft gewartet hat (und diese wiederum auf die ihres Vorgesetzten), dem wird es *schwerfallen, seine bisherige Rolle im System aufzugeben*, die neue anzunehmen, ab sofort eigenverantwortlich Entscheidungen zu fällen und Kundenwünsche ohne Nachfrage zu erfüllen. Jungen Menschen, die erst kurz im Unternehmen sind, fällt es leichter, wenn sie sich Freiraum wünschen und früh Verantwortung übernehmen wollen. Das kann jedoch zu *Konflikten* mit den Älteren führen, die sich über Jahre an die alte Struktur angepasst haben.

So stehen sich die Werte
Autonomie – Disziplin,
Flexibilität – Pflichterfüllung
Mut/Vertrauen – Sicherheit
sowie Gefühle wie Freude – Angst/Ärger gegenüber, die die Leitung – wenn sie ihre eigenen Werte und Befürchtungen geklärt hat und entsprechend vorbereitet ist – in persönlichen Mitarbeitergesprächen ansprechen muss, damit alle die neue Struktur gemeinsam umsetzen können und wollen.

Organisationen können viele *unterschiedliche Werte* haben. Manche sind sichtbar und werden tatsächlich gelebt, andere stehen zwar auf Websites und in Broschüren, spielen jedoch in der Organisation keine Rolle. Wichtig ist: *Alle Organisationen haben Werte*, die im Arbeitsalltag gelebt werden – auch wenn sie den Mitarbeiterinnen und Führungskräften manchmal wenig oder nicht bewusst sind. Das können beispielsweise Werte wie Macht und Tradition sein, die durch strenge Hierarchien und lange Entscheidungswege gekennzeichnet sind. Andere Werte sind selbstverständlich und höchstens spürbar, z. B. Sicherheit und Zugehörigkeit.

7

> ► **Beispiele für Werte in Organisationen**
> — Verbundenheit
> — Zugehörigkeit
> — Gutes oder schlechtes/ kein Krisenmanagement
> — Sicherheit *oder* Unsicherheit/Angst
> — Sinnhaftigkeit
> — Gemeinwohlorientierung
> — Mut (z. B. gute Fehlerkultur und Ausprobierendürfen)
> — Respekt und Toleranz (im Umgang miteinander; Diversität wirklich leben)
> — Vertrauen (z. B. früh Verantwortung übernehmen dürfen)
> — Kooperation
> — Leistung und Erfolg
> — Ehrlichkeit
> — Resilienz
> — Salutogenese (Gesundheitsorientierung)
> — Macht
> — Status
> — Vorsicht
> — Tradition
> — Pflichterfüllung
> — Rationalität ◄

Manche Organisationswerte können sich *widersprechen*, wenn Werte wie Ehrlichkeit und Transparenz gewollt sind, Führungskräfte jedoch ihre Teams gegeneinander antreten lassen, wer bessere Ergebnisse bringt. Das entspricht den unlösbaren Problemen, die durch Polarity Management umgewandelt werden können.

Alte und neue organisationale Werte können sich widersprechen und Konflikte auslösen, wenn sie nicht gut vorbereitet verändert werden.

Organisationale Werte werden von Menschen entwickelt und gelebt, sodass es bei einem Wechsel der Unternehmensleitung oder einer höheren Führungskraft zu Unruhe in der Unternehmenskultur kommen kann, wie das Beispiel zeigt.

> ► **Beispiel für einen Wechsel von Unternehmenswerten**
>
> In einem Industrieunternehmen gab es jahrelang einen „Spirit", einen Unternehmensgeist, der von Mitarbeitern und Führungskräften trotz aller Auseinandersetzungen und wirtschaftlicher Entwicklungen gelebt wurde. Dazu gehörten Werte wie Zusammengehörigkeit, Verbundenheit, Verantwortung, Zielorientierung, Engagement, Kooperation und Fairness. Alle Mitarbeiter waren stolz auf ihre Produkte und übertrugen die Werte auf neue Mitarbeiterinnen und Auszubildende. Die Geschäftsleitung prägte das Unternehmen durch Inspiration, Engagement, Vertrauen in die Mitarbeiter und Führungskräfte sowie Respekt für das Wissen aller Angestellten. Es war üblich, Mitarbeiterinnen in ihren Büros und Werkstätten aufzusuchen und sich dort über Aktuelles auszutauschen.

Durch die Wirtschaftskrise geriet das Unternehmen in Schwierigkeiten und die Eigentümerholding wechselte die Geschäftsleitung aus. Die neue Leitung hatte ein eher negatives Menschenbild und zeigte von Beginn an, dass sie Führungskräften und Teams nicht vertraute, stellte ihre Fachkompetenzen infrage und traf eigene Entscheidungen, ohne die Fachabteilungen einzubeziehen. Sitzungen fanden bis in den späten Abend statt, das Reporting wurde deutlich erhöht und die Kommunikation war eher abwertend und einseitig. Die neue Leitung brachte Werte wie Macht, Leistung, Erfolg, Status, Stärke und Disziplin mit. Sie war nicht in der Lage oder willens, ihr Verhalten zu reflektieren und zu sehen, welche Wirkung ihr Verhalten und ihre Kommunikation auf Mitarbeiterinnen, Führungskräfte und deren Arbeitsqualität hatte.

Aus Sicht der Holding waren die Werte und möglicherweise auch das Verhalten wichtig und richtig, um das Unternehmen zu retten, jedoch hatte sie sich vor der Entscheidung für die neue Leitung nicht mit den Mitarbeitern, ihren fachlichen und sozialen Kompetenzen sowie den die Angestellten stärkenden Unternehmenswerten beschäftigt. Das Verhalten der neuen Leitung führte zu einem Rückzug der Mitarbeiterinnen, zu einer Reduktion von Engagement, Verantwortungsbereitschaft und Ideenentwicklung, zu inneren und tatsächlichen Kündigungen sowie zu Konflikten zwischen Abteilungen, da versucht wurde, sie gegeneinander auszuspielen. Der schlimmste Verlust aus Sicht der Mitarbeiter war die Verbundenheit und das Zusammengehörigkeitsgefühl, aus dem sich der Spirit speiste.

Die Entwicklung des Unternehmens verschlechterte sich durch den Weggang einer stetig wachsenden Zahl von Wissensträgerinnen weiter, sodass die Unternehmensleitung nach einiger Zeit ebenfalls ausgetauscht wurde. Bis heute hat sich das Unternehmen wirtschaftlich und personell nicht erholt. ◄

Wie im Beispiel der ersten Unternehmensleitung zu sehen war, entsteht ein *Zugehörigkeitsgefühl* zum Unternehmen, wenn die persönlichen Werte von Mitarbeiterinnen mit denen des Unternehmens übereinstimmen. Dann entsteht *der* „Spirit", der Geist des Unternehmens, der die *Zufriedenheit steigert* und ebenso bei Kundinnen und Zulieferern oder anderen Partnern zu spüren ist. Die Begeisterung, für diese Organisation zu arbeiten und bei der Entwicklung oder Erstellung eines besonderen Produktes oder einer besonderen Dienstleistung mitwirken zu können, überträgt sich auf die Außenwelt, was wiederum den Organisationserfolg sichert und steigert. Ein Spirit kann auch im öffentlichen Dienst entstehen, wenn Leitungen einen bestimmten – gewollten – Geist vorleben und weitertragen.

Der „Spirit" einer Organisation wird durch passende persönliche und organisationale Werte getragen.

Um den Kern von Organisationen geht es in dem berühmt gewordenen Buch „Reinventing Organizations" von Laloux, das sogar zu einem Graphic Novel weiterentwickelt wurde, da es von vielen finanziellen Unterstützern in der Welt für zukunftsrelevant gehalten wird.

Die Modelle bzw. Paradigmen basieren auf der *sprunghaften Entwicklung der Menschheit*. Da diese Entwicklung in den Ländern unterschiedlich verläuft, haben Gesellschaften unterschiedliche Weltsichten zur gleichen Zeit.

Folgende Weltsichten bzw. Paradigmen beschreibt Laloux:

- Die *tribale impulsive Weltsicht* mit dem prägendem Wert Macht und den Instrumenten Angst und Unterordnung: ein Anführer, viele Krieger (z. B. Clans, Banden);
- Die *traditionelle konformistische Weltsicht* mit dem prägenden Wert Sicherheit, die nur durch den Zusammenhalt in der eigenen Gruppe mit ihren eigenen Regeln gewährleistet werden kann. Menschen akzeptieren ihre Rolle in der Gesellschaft und haben gelernt, die Welt schwarz-weiß zu betrachten bzw. in Gut und Böse einzuteilen (z. B. Religionsgemeinschaften, Fürstentümer);
- Die *moderne leistungsorientierte Weltsicht* mit den prägenden Werten Leistung, Wohlstand, Wettbewerb und Verlässlichkeit, die durch hohe Leistungsbereitschaft zu neuen Entwicklungen und Innovationen geführt hat. Menschen konnten erstmals ihren eigenen Status verändern (und wieder verlieren). Die negative Seite zeigt die Ausbeutung der Ressourcen, Gier und Überschuldung;
- Die *postmoderne pluralistische Weltsicht* mit den prägenden Werten Freiheit, Toleranz und Gerechtigkeit, die Beziehungen für wichtiger hält als Ergebnisse und u. a. zu demokratischen Staaten geführt hat. Die negative Seite zeigt, wie Toleranz und fehlende Regeln von Menschen mit anderer Weltsicht ausgenutzt werden können (Laloux, 2015, S. 15–35).

Für die *Bedeutung von Werten* für Organisationen ist das *postmoderne pluralistische Paradigma* relevant. Während das traditionelle Modell auf die „absolute Wahrheit", also die *Pole richtig oder falsch* (kein „und", „beides" oder „auch") setzt, hat das moderne leistungsorientierten Paradigma die Weltsicht des Maschinenbildes mit ähnlicher *unlösbarer Polarität: Etwas funktioniert oder funktioniert nicht.* Die postmoderne Weltsicht dagegen nimmt die Menschen, ihre Werte und Bedürfnisse in den Blick. In dieser Weltsicht haben u. a. die Demokratie, die Frauen- und Minderheitenrechte ihre Wurzeln.

Postmoderne Gesellschaften haben nach vielen Gesprächs-
runden erkannt, dass eine absolute Gleichheit nur in Aus-
nahmen realisierbar ist. Dennoch hat es der Pluralismus ermöglicht, dass sich seine Organisationen weiterentwickeln
konnten. Nacheinander entwickelten sich *neue Aspekte für
Organisationen:*

■ **Empowerment**
Es gibt noch eine Hierarchie, jedoch anders als bekannt: Die
Mitarbeiterinnen mit ihren Kompetenzen und Potenzialen stehen an der Spitze, in der Nähe der Kunden, während die
Führungskräfte sie von „unten" unterstützen, damit sie gute
Entscheidungen treffen können. Führungskräfte sind *Berater
ihrer Teams,* um sie zu inspirieren. In den meisten Organisationen wissen die Mitarbeiter am besten, was Kunden wünschen,
was dafür zu tun ist und können somit besser Entscheidungen
treffen als Führungskräfte, die weiterhin informiert bleiben.
Empowerment braucht andere Werte als klassische Hierarchien: Vor allem *Vertrauen, Autonomie, Engagement, Transparenz und Verlässlichkeit.*

■ **Wertorientierte Kultur und inspirierende Sinnausrichtung**
Im zweiten „Durchbruch" (Laloux) haben postmoderne Organisationen gemeinsame Werte entwickelt, die von allen gelebt werden. Durch die Werte lassen sich Entscheidungen
leichter fällen, sie inspirieren alle und bilden die *mentale Basis
für ihre Arbeit.* Echte Werte, die nicht von oben „aufgesetzt"
wurden, schaffen eine lebendige Unternehmenskultur, die
Mitarbeiterinnen und Führungskräfte *wertschätzt, ihnen ver-
traut* und ihnen *Mut macht, innovativ und offen* zu sein, um sich
selbst und ihre Organisation weiterzuentwickeln.

■ **Integration verschiedener Interessengruppen**
Postmoderne Organisationen sehen sich in der *Verantwortung
gegenüber allen Anspruchsgruppen,* nicht nur gegenüber Aktionären und Eigentümern. Sie übernehmen gesellschaftliche
Verantwortung und haben neben dem Wohl des Unternehmens
das Gemeinwohl im Blick. Diese Sozialverantwortung wird in
der „Corporate Social Responsibility" (CSR) dokumentiert,
wie Organisationen ihre wirtschaftlichen Interessen in einen
Ausgleich mit den Interessen der Gesellschaft und der Natur
bringen.

Auch leistungsorientierte Organisationen sind verpflichtet,
ihre CSR zu dokumentieren, haben sie jedoch nicht in ihrer
Unternehmenskultur verankert, da sie sich vor allem ihren In-
vestoren und Aktionären verpflichtet sehen. Postmoderne Organisationen steuern mit ihren ethischen Grundlagen ihr Handeln, indem sie z. B. den Ressourcenverbrauch wie Wasser und

Das Buch „Reinventing
Organizations" zeigt die
verschiedenen Weltsichten,
die Weiterentwicklung
verhindern, stabil halten
oder aktiv entwickeln.

den Kohlendioxidausstoß in der Produktion vermindern (Laloux, 2015, S. 30–35).

> ### Ein Tipp für Ihre Selbstreflexion
>
> Wenn Sie mehr zu den unterschiedlichen Weltsichten bzw. Paradigmen von Laloux gelesen und Interesse haben, können Sie sich mit den folgenden Fragen zu beschäftigen:
>
> - In welchem Paradigma fühlen Sie sich persönlich in Sicherheit bzw. „zu Hause"?
> - In welchem Paradigma befindet sich Ihre Herkunftsfamilie?
> - Wenn Sie in unterschiedlichen Paradigmen sind – was bedeutet das für Ihre Beziehungen?
> - Gibt es Aufträge Ihrer Herkunftsfamilie, etwas zu ändern?
> - Und zuletzt: In welchem Paradigma befindet sich Ihre jetzige Organisation?
> - Auch hier wieder: Wenn Sie in unterschiedlichen Paradigmen sind – was bedeutet das für Ihre Führungs- und Fachaufgaben?

Nach Laloux schließen sich *Ökonomie und Ethik* in postmodernen Unternehmen nicht aus; es ist ein *„Und", „Beides" oder „Auch"* möglich. Dennoch können Konflikte entstehen, u. a. zwischen Interessen, Werten und Zielen im Unternehmen, wie Glauner darstellt. Daher ist eine passende Wertekultur für eine Organisation unabdingbar, um ethisches Verhalten sicherzustellen.

» „Werte prägen den Kern, wie Unternehmen und Menschen sich selbst verstehen" (Glauner, 2015, S. 239).

Werden Werte geteilt, so verstärkt sich die *Identität mit dem Unternehmen und die Weltsicht*. Gibt es dagegen Wertekonflikte, so schwächen sie das System. Wenn die Wertekonflikte nicht beachtet werden, führen sie zu Behinderungen und Einschränkungen im System, während der gemeinsame Aufbau eines *Werterahmens zu Treibern für Wachstum, Wandel und Innovation* werden kann. Je klarer dieser Rahmen ist, desto stärker wirkt er sich auf die Fähigkeiten Zielorientierung, Offenheit und Selbstschöpfungskraft aus, *stärkt die Resilienz* des Unternehmens und *erhöht die Attraktivität* als Arbeitgeber, Partnerin, Lieferant und/oder Anbieterin von Produkten. Ist der Werterahmen dynamisch, kann er also im Kontakt mit der Umwelt verschiedene Perspektiven einnehmen, so macht er das Unternehmen *überlebensfähig* in der VU-KA-Welt. Folgt eine Organisation jedoch den alten Mustern und verhält sich starr und unflexibel, ist sie in *Gefahr*.

Soziale Systeme wie Unternehmen oder Familien entstehen und entwickeln sich durch den Zusammenschluss, also durch den Umgang miteinander. Das kann man bei Unternehmensneugründungen ebenso beobachten wie bei Paaren, die eine eigene Familie gründen. In beiden Fällen bringen alle betroffenen Menschen ihre Werte mit, die dann im Prozess verstärkt, geschwächt oder gar nicht mehr gelebt werden, da sich andere Werte durchgesetzt haben. Die gelebten Werte sorgen zum einen für die Bildung der Identität und zum anderen für eine Ebene der dynamischen Veränderungen, die alle Systeme erleben. Damit haben Werte folgende Aufgaben in einem organisationalen System:

- *Identitätsfunktion*: Wofür steht die Organisation? Wie sichert sie ihr Überleben? Wie arbeitet sie?
- *Erkenntnisfunktion*: Welches von der Organisation gefilterte Bild hat die Organisation von sich und ihrer Umwelt?
- *Operative Funktion*: Welche Werte hat die Organisation? Sie reduzieren die Komplexität der Umwelt und steigern so ihre Effizienz.
- *Kooperationsstil*: Die organisationalen Werte definieren die Rollen der Außenstehenden: Wer ist Freund, Feindin, Partner oder Verbündeter?
- *Dynamik der Systementwicklung*: Die Menschen in der Organisation bestimmen die Dynamik ihrer Organisation. *Den höchsten Einfluss haben die flexibelsten und gleichzeitig dominantesten Teile des Systems.* Menschen mit diesen Eigenschaften können somit am ehesten für Veränderungen sorgen.

(Glauner, 2015, S. 237–242)

❯ Psychologische und systemische Sichtweise auf die Wirkung von Werten in Systemen

Die *psychologische Rückkopplungsschleife von Werten* ist vorstellbar wie ein Dreieck: Werte prägen Menschen, Menschen bilden soziale Systeme, soziale Systeme schaffen Werte.

Aus *systemischer Sicht* wirken Werte in die andere Richtung: Menschen *transformieren durch ihre persönlichen Werte die sozialen Systeme*, in dem sie sich befinden (also ausschließlich ihr Unternehmen oder ihre Familie). Also: Menschen prägen Werte, Werte prägen soziale Systeme, soziale Systeme prägen Menschen.

7

Durch die unterschiedlichen Richtungen der beiden Rückkopplungsschleifen von Werten können Dilemmata entstehen:

— das Dilemma der Selbstbezüglichkeit: *Welche Werte sind leitende Werte?* Wer entscheidet das und wie?

— das Dilemma der *Dominanz einzelner Mitarbeiter*: Wer darf das Unternehmen und seine Werte prägen? Wer entscheidet das und wie?

— das Dilemma der systemischen Blindheit: Wie können neue Werte in einen langfristig tragfähigen Werterahmen gegossen und nachhaltig in der Organisation verankert werden?

Eine Lösung ist der operative Aufbau einer *offenen Unternehmenskultur*. Diese funktioniert nur, wenn die Organisation zusätzlich mit seinen Leistungen und Produkten einen *Nutzen* für die Gesellschaft stiftet. Damit entsteht ein Mehrwert, dessen Wirkung zusammmen mit einem *Sinnversprechen* wiederum ins Unternehmen getragen wird und so zu einer Änderung der individuelle Werte der Mitarbeiter führen kann.

Die gewünschte offene Unternehmenskultur muss sich also an den *Prinzipien der Nutzenstiftung und der Offenheit* ausrichten (Glauner, 2015, S. 243–245).

Neben ihren persönlichen Werten wie Offenheit und Neugier brauchen Führungskräfte Wissen über die Kompetenzen ihrer Mitarbeiterinnen und müssen *Potenziale erkennen*, sodass Personalentwicklungsmaßnahmen gestartet werden können. Eine wichtige Maßnahme ist die Erweiterung der *Selbstkompetenzen* (Selbstvertraue und Mut, zukünftig so zu arbeiten und ggf. Fehler zu machen) und der *sozialen Kompetenzen* (mehr Absprachen mit allen Partnern und Kundinnen). Die einzelnen Verantwortungsbereiche müssen gut geplant werden, da sie aufeinander angewiesen sind. Führungskräfte müssen lernen, ihre neue Rolle einzunehmen: Die *Beziehungsrolle* hat eine höhere Bedeutung, denn sie beinhaltet Inspiration, aktive Begleitung und das Loslassen der Mitarbeiterinnen durch die *Übergabe der Verantwortung*. Vor allem spielt die Bereitschaft, *alle Generationen Neues lernen* zu lassen, eine wichtige Rolle, denn Menschen sind bis ins hohe Alter wissbegierig und wollen lernen. Lernen, Ausprobieren und Interesse an Neuem gehört nach der Transaktionsanalyse zum Grundbedürfnis Stimulation. Manchen Menschen wurde jedoch diese Freude manchmal schon in der Schule, jedoch spätestens im Beruf abtrainiert.

■ **Lernende Organisation**

Im Grunde ist das Lernen eine Selbstverständlichkeit in einer Zeit, in der Wissen so schnell veraltet. Die lernende Organisation ist keine Organisationsform, sondern ein Teil der Unternehmenskultur. In lernenden Organisationen sind alle Mitarbeiter und Führungskräfte bereit, *stetig neues Wissen zu erwerben, sich weiterzubilden und weiterzuentwickeln*. Eine *positive Lern- und Fehlerkultur* ist also eine wichtige Basis im Unternehmen.

Um das Wissen im Unternehmen zu nutzen und zu behalten, wird auf *organisationales und individuelles Lernen* gesetzt, je nach Lernwunsch und -fähigkeit. Manche Menschen lernen lieber für sich allein, aus Büchern, online oder im Blended-Learning-Format; andere bevorzugen das Lernen in der Gruppe, vor allem in Präsenz.

Eine passende Wertekultur bzw. ein Werterahmen stärkt die Identität. Eine offene Unternehmenskultur und das Vermitteln neuer Kompetenzen ist Voraussetzung für einen langfristig tragfähigen Werterahmen.

┌─ **Blended Learning** ─────────────────

Unter Blended Learning wird das selbstgesteuerte Lernen mit Präsenz- und Online-Lernphasen, Praxisbeispielen sowie Reflexion und Wiederholung von Inhalten verstanden.

Lernphasen können unterschiedlich lange dauern und intern, extern oder unterschiedlich nah an der Tätigkeit erfolgen (z. B. „on the job", „near the job" oder „off the job"). Einzelne Lernangebote, z. B. Ein-Tages-Seminare, dienen dem Start weiterführender Lernprozesse, die dann in Online-Lernformaten durchgeführt werden. Mitarbeiterinnen sollen *zum Lernen inspiriert* werden und einzelne Angebote als Prozessunterstützung und Motivation für das weitere Lernen betrachten.

❯ **Erfolgreiches Lernen besteht aus drei Elementen:**
 — 70 % aus Learning „on the job", also bei der Arbeit selbst,
 — 20 % durch den Austausch mit Führungskräften, Kollegen oder Partnern außerhalb der Organisation und
 — 10 % wird über Workshops oder Trainings erlernt.

Daraus ist zu schließen, dass die Organisation *das eigene Lernen (die 70 %) unterstützen* sollte. Insbesondere die Führungskräfte nehmen hier eine wichtige Rolle ein (Klaffke, 2021, S. 231 und Weigert et al. in: Jochmann et al., 2017, S. 330).

Organisationen müssen Neues lernen – das geht nur, wenn die Fähigkeiten und Kompetenzen, die Menschen mitgebracht haben, weiterentwickelt sowie neue entwickelt werden. Das gilt für alle Generationen; auch über 50-Jährige können neue Inhalte aufnehmen und ihre Kompetenzen erweitern. Sie lernen möglicherweise anders als Jüngere, hier muss das *passende Format* angeboten werden. Jüngere Menschen haben zwar einen Studienabschluss, ihnen fehlt jedoch praktische Erfahrung und die Umsetzung ihres theoretischen Wissens in die Praxis. So sind Unternehmen hier genauso gefragt wie bei Auszubildenden, denen Wissen aus der Schule fehlt.

> **Werte für den Umgang mit unterschiedlichem Wissen**

Aufregung über „schlechte" (Hoch-)Schulbildung und zu wenig Wissen bei Auszubildenden und Studierenden ist nutzlos und führt zu gegenseitigen Ressentiments. Die Jungen fühlen sich angegriffen und „revanchieren" sich mit dem Vorurteil, dass „die Alten" nicht mehr lernfähig sind, wenn sie das neue EDV-Programm nicht schnell lernen und „ständig" fragen. Beide Verhaltensweisen, die auch Führungskräfte zeigen können, sind nicht zielführend, denn alle Altersgruppen werden in Zeiten des Fachkräftemangels gebraucht.

Eine Organisation muss also *Werte vermitteln*, die über die Führungskräfte und Teamworkshops in die Teams getragen werden und von *verbindlichen Regeln für das Verhalten und die Kommunikation* getragen werden. Zu diesen Werten gehören Respekt vor der Einzigartigkeit jedes Menschen, Zusammengehörigkeit, Geduld, Empathie, Anstand, Freude am Tun, Engagement, den anderen zu helfen, um ein gutes Gesamtergebnis für die Organisation zu erzielen sowie Klarheit („So machen wir das hier") und die Vermittlung von Sicherheit für die, die durch das abwertende Verhalten verunsichert wurden. Denn *Grund für die hohe Zahl von Ausbildungsabbrüchen und Wechsel* von Mitarbeiterinnen ist Unsicherheit, ein Mangel an Arbeitszufriedenheit und Freude am Arbeitsplatz sowie abwertendes Verhalten von Kollegen und Führungskräften.

Die Weitergabe und der Abgleich von Wissen sind wichtig, um *Wissen für das Unternehmen zu sichern* und alle auf den gleichen Stand zu bekommen und zu halten. Wird Wissen nicht weitergegeben, so entstehen *bei Kündigungen oder Ruhestandsbeginn große Lücken*, die zu Kunden- bzw. Auftragsverlusten führen und damit die Organisation stark schädigen können. Ein *professionelles Wissensmanagement* ist somit unabdingbar. Neben der technischen Umsetzung mit einer Datenbank sind *Werte zu beachten und anzupassen*: Wer gern Wissen für sich behält („Herrschaftswissen", kann aus Unsicherheit, geringem Selbstwert, Angst vor Arbeitsplatzverlust oder einem aktuellen Konflikt resultieren), wird ungern sein Wissen in die Datenbank einpflegen oder andere schulen. Wer gern lernt und häufiger Workshops besucht, jedoch auf ungehaltene Kollegen trifft, die den Eindruck haben, sie müssten ständig für ihn mitarbeiten, wird möglicherweise Weiterbildungen einstellen.

Soll die Unternehmenskultur zur *Lernkultur* werden, so müssen die entsprechenden Werte kommuniziert, während der Abwesenheit der Workshop-Teilnehmerinnen Ersatz im Team beschafft sowie in Vier-Augen-Gesprächen über Sorgen und Ängste gesprochen werden. Workshops und Weiterbildungen sollten in Präsenz und online angeboten und *auf die eigenen Organisationsprozesse und -aufgaben* ausgerichtet sein, um eine unmittelbare Anwendung zu ermöglichen. Wenn eine Organisation *zum individuellen Lernen Anreize* setzt, kann aus individuellem Wissen Organisationswissen werden.

> **► Beispiel für interne Wissensweitergabe**
>
> Eine Personalleiterin eines kleinen Unternehmens entwickelte kurze Schulungssequenzen für Auszubildende über fachliche, organisatorische, personale und persönliche Themen. Jede Schulung dauerte eine Stunde und fand alle vierzehn Tage morgens vor Arbeitsbeginn statt. Manche Themen hat sie selbst abgedeckt, andere haben Fachkollegen übernommen. Die Sequenzen fanden so einen Anklang, dass die älteren Mitarbeiterinnen darum baten, auch teilnehmen zu dürfen. Der Teilnahme wurde zugestimmt und sie führte zu einem engeren Zusammenhalt aller Teams und zu neuem bzw. aufgefrischtem Wissen über andere Fachbereiche. ◄

Fehlt eine gute Fehlerkultur durch eine psychologisch unsichere Organisationskultur, bleiben Innovation, Ideenentwicklung und unternehmenseigene Wissensweiterentwicklung auf der Strecke. Wer als hohe Führungskraft vermittelt, dass Fehler die Karriere in Gefahr bringen, sorgt für einen Mangel an neuen Entwicklungen oder für eine wenig zielführende Schuldsuche. Dürfen Mitarbeiter *Neues ausprobieren*, was zu Fehlern führen kann, sind sie intrinsisch motiviert, inspiriert und begeisterungsfähig.

❯ Psychologische Sicherheit – Voraussetzung für eine erfolgreiche Transformation

Zu einer guten Organisationskultur gehört psychologische Sicherheit für alle Mitarbeiterinnen und Führungskräfte. Angestellte schließen nicht nur einen juristischen, sondern auch einen psychologischen Arbeitsvertrag.

7

Ist die Arbeitsumgebung sicher, sodass Mitarbeiter und Führungskräfte den Mut haben, Fehler zu machen, Hinweise zu geben oder angstfrei Neues zu entwickeln, sind Menschen engagiert, begeistert und identifizieren sich mit ihrer Arbeit. Die Organisationen können das Wissen aller Mitarbeiterinnen nutzen. Nur bei hoher psychologischer Sicherheit und hohen Leistungsstandards entstehen Bestleistungen und der Wunsch, zugunsten der Zukunft des Unternehmens Neues zu lernen – und es werden weniger Fehler gemacht, wie Amy C. Edmondson in ihren Forschungen gezeigt hat.

Psychologische Sicherheit in Teams und in Organisationen ist die grundlegende Voraussetzung für die Entwicklung von Potenzialen und damit für eine verbesserte Wertschöpfung. Wenn Mitarbeiter Angst haben, auf Fehlentwicklungen oder Ergebnisse hinzuweisen, die ihre Führungskräfte nicht hören wollen, Angst vor dem Bloßstellen vor anderen oder vor Jobverlust haben, sagen sie nichts. Ebenso wollen sie gut gegenüber anderen dastehen. Wer sich nicht traut, Fragen zu stellen, Fehler zuzugeben oder aus Angst vor dem Scheitern Dinge auszuprobieren, wird nur auf Anweisung handeln und seine Ideen oder auch Warnungen zurückhalten.

In ihrem Buch „Die angstfreie Organisation" beschreibt Edmondson die wichtige Rolle von psychologischer Sicherheit und wie eine Kultur des Schweigens, der Angst vor der Wahrheit und des Abwertens von Mitarbeiterinnen und Führungskräften in Unternehmen wie Volkswagen, Wells Fargo oder Nokia nach einer gewissen Zeit zu einer regelrechten Implosion führte, die den Ruf, finanzielle Grundlagen und z. T. sogar die Zukunft der Organisationen zerstört hat.

Damit zeigt sich die hohe Bedeutung einer Unternehmensatmosphäre ohne Angst, damit die digitale und die kulturelle Transformation erfolgreich umgesetzt werden kann (Edmondson, 2020).

Eine gesunde Organisation ist eine lernende Organisation, d. h. Fehler dürfen gemacht werden, und sie werden zum Lernen genutzt. Lernen wird verstanden als „rollierender" Prozess in der Abfolge von Analyse - Handeln - Erfolgskontrolle - erneutes Handeln usw. (Comelli u. von Rosenstiel, 2009, S. 286).

Eine positive Lern- und Fehlerkultur ist die Basis für eine innovative Organisation. Passende Lernformate unterstützen den Wissensaufbau und motivieren Mitarbeiter, sich mit neuen Themen und Inhalten auseinanderzusetzen.

■ **Lebendige Organisation**

Auf dem Weg zu neuen Organisationsformen oder zu einer Transformation wird in manchen Unternehmen gewaltig umstrukturiert, z. B. Arbeitsplätze umorganisiert oder abgeschafft, Aufgaben neu verteilt oder Führungsebenen gestrichen. Die Ziele und Zusammenhänge werden jedoch nicht kommuniziert oder von Mitarbeitern nicht verstanden. Auf Rollenveränderungen und den Zusammenhang mit Werten wird nicht geachtet und Führungskräfte behalten ihren bisherigen Führungsstil und ihre Rolle bei. Die Mitarbeiterinnen werden somit verunsichert, fürchten um ihre Arbeitsplätze, reimen sich Dinge zusammen, die möglicherweise nicht zusammengehören, und gehen in den *Widerstand*. Damit ist das Ziel der Transformation gefährdet, wie am Krisenverlauf in ▶ Abschn. 6.1 zu sehen war (Schritte 1–3).

Bei *Bedrohungen durch Veränderungen in Denkhaltung und Verhaltensmustern* zeigen sich folgende Reaktionen von Menschen:

- Werden die persönlichen Auswirkungen auf Veränderungen als ebenso gering wie die Bedrohung betrachtet, ist die Reaktion *Desinteresse*.
- Ist die Veränderung zwar gering, die persönliche Bedrohung wird jedoch als hoch angesehen, entsteht *Angst, Furcht und das Gefühl von Machtlosigkeit*.
- Bei starker Veränderung, jedoch niedriger persönlicher Bedrohung kann ebenfalls *Desinteresse*, aber auch *Reaktanz* entstehen.
- Kommen eine hohe Bedrohung und ein hoher Grad von Veränderung zusammen, so kann aus *Angst, Furcht und Reaktanz ein großer Widerstand* werden.
- Eine neue Vision könnte zwar als große Veränderung, jedoch nur als niedrige Bedrohung betrachtet werden, wogegen die *digitale Transformation* einer Organisation ebenso wie eine Fusion als *große Veränderung und starke Bedrohung* betrachtet werden könnte und mit entsprechendem Widerstand zu rechnen ist.

Definition Reaktanz

Reaktanz ist ein Phänomen des Widerstands *gegen wahrgenommenen Beeinflussungsdruck*. Reaktanz tritt auf, wenn ein Individuum sich in seiner Meinungs- und Verhaltensfreiheit bedroht fühlt. Die Reaktanz wird umso intensiver, je größer der wahrgenommene Beeinflussungsdruck ist, je höher die erlebte Bedeutung der Erlebens- und Verhaltensweisen ist, die eingeschränkt werden, und je weiter diese Einschränkung reicht (▶ https://wirtschaftslexikon. gabler.de/definition/reaktanz-45104/version-268402).

7

Somit müssen Führungskräfte bei jedem einzelnen Mitarbeiter das *Maß der Betroffenheit* herausfinden und Gespräche führen, da es um persönliche Einstellungen und Erfahrungen geht. Jüngere Mitarbeiterinnen empfinden eine Transformation möglicherweise *als große Chance und Weiterentwicklung*, während ältere Mitarbeiter sie mehr oder weniger als *Gefahr* für sich und ihre Arbeit betrachten. Es sind also *Hindernisse* vorhanden wie eine fehlende Einsicht in die Notwendigkeit der Transformation, das Fehlen einer Vorbild-Person auf der Leitungsebene, wenig Erfahrung mit transformatorischen Prozessen, zu wenig Wissen zur Umsetzung des Prozesses, Machtkämpfe oder Unfähigkeit und Unwilligkeit zu Veränderungen von Teilen der Führungskräfte und Mitarbeiterinnen (Kreutzer & Land, 2017, S. 136–137).

Vor dem Start ist es daher wichtig zu verstehen, was genau unter *einer lebendigen Organisation zu verstehen ist und welche Voraussetzungen notwendig* sind, um sie erfolgreich umzusetzen. Die Unternehmensleitung und die Führungskräfte können kommunikativ und organisatorisch mit folgenden Schritten den *Transformationsprozess zur lebendigen Organisation* unterstützen:

» „Verständnis für dem Wandel schaffen und vorhandene Unsicherheiten über die zukünftige Entwicklung abbauen (,Understanding'),

» Möglichkeiten der Mitgestaltung bieten und aufzeigen, dass es sich lohnt, den Veränderungsprozess zu unterstützen (,Commitment'),

» Ressourcen und Fähigkeiten entwickeln, die das Arbeiten in den neuen Strukturen erleichtern (,Capability') und schließlich

» Strukturen schaffen, die neue Formen des Leistungsverhaltens nachhaltig unterstützen (,Sustainability')" (Klaffke, 2021, S. 283).

Planen, Ziele und Maßnahmen entwickeln sowie das Steuern gehört zu den Leitungsaufgaben. Hier ist besonders die Kommunikation bedeutsam, da für eine erfolgreiche Transformation eine *wertebasierte Erzählung* aufgebaut werden muss, die Verständnis für den Wandel schaffen soll („Storytelling"). Die Story muss insbesondere die *Veränderungsbereitschaft der Führungskräfte* stärken, denn sie sind die direkten Ansprechpartnerinnen und können wiederum ihre Teams für neue Werte gewinnen. Für eine „gute" Kommunikation ist daher ganz entscheidend, sich um *gute Beziehungen* zu bemühen und sich dabei immer wieder bewusst zu machen, dass jeder Mensch durch seine individuelle Geschichte und Sozialisation unterschiedlich empfindet, *eigene Wertvorstellungen* hat und (Gesprächs-)Situationen entsprechend individuell deutet.

Immer mehr Menschen *betrachten das Leben ganzheitlich*, setzen eigene Maßstäbe und folgen nicht den Vorgaben anderer (der Familie, der Gesellschaft). Das Leben ist aus ihrer Sicht eine Entdeckungsreise, die der *Entdeckung ihrer Stärken und Potenziale* dient. Sie begreifen komplexe Zusammenhänge, kennen ihre Persönlichkeitsfacetten, können sich selbst führen und sehen sich als Teil eines Netzwerks. Sie wollen der Menschheit von Nutzen sein und ihre Berufung leben (Laloux, 2015, S. 43–50).

Diese Menschen suchen nach *lebendigen Organisationen*, die eine „klare und noble Sinnausrichtung haben" (Laloux, 2015, S. 51). Sie wünschen sich Vertrauen, Transparenz, Klarheit, flexible Rollen und Eigenverantwortung.

Die evolutionären Organisationen, die bereits existieren, zeichnen sich durch drei Elemente aus:

- *Selbstführung*: Die Teams führen sich selbst, es gibt keine Hierarchie. Beraterinnen dürfen unterstützen, jedoch nicht entscheiden. Die Teams koordinieren ihre Aufgaben und übernehmen die Unterstützungsfunktionen wie Qualitätsmanagement oder Einkauf.
- *Ganzheit:* Mitarbeiter werden als Gesamtwesen mit allen Facetten gesehen, dürfen sie im Unternehmen zeigen und auf die berufliche „Maske" verzichten.
- *Evolutionärer Sinn:* Eine Organisation ist lebendig, wenn sie ihre Ziele und ihren Nutzen selbst festlegt und *immer wieder anpasst*. Vorgaben oder Kontrollen sind nicht notwendig, denn alle Mitarbeiterinnen wollen mit ihren Potenzialen zur Zielerreichung beitragen. Bewerbungsgespräche führen die Teams selbst, um sicher zu stellen, dass Bewerber mit den Zielen sowie dem Sinn des Unternehmens und des Teams *übereinstimmen*. Wenn neue Kollegen ihre Arbeit aufnehmen, werden sie in den ersten Wochen Teil aller Abteilungen. Alle kennen die *wichtige Rolle einer guten Kommunikation*, insbesondere mit neuen Kolleginnen, und tragen so zu einer offenen Unternehmenskultur bei. Neue Mitarbeiter bekommen einen *Mentor oder Paten* für die ersten Monate zur Seite gestellt.
- Alle Mitarbeiterinnen haben eine *persönliche Verantwortung für ihre eigene Weiterbildung*. Für alle gibt es regelmäßig Weiterbildungen zur Weiterentwicklung der Unternehmenskultur sowie kollegiale Weiterbildungen (in Anlehnung an Laloux, 2015, S. 54–55).

Der Weg in die lebendige Organisation funktioniert nur, wenn sich die Führungskräfte um das Maß der Betroffenheit ihrer Mitarbeiterinnen kümmern, um Widerstand zu vermeiden.

Während in *traditionellen oder leistungsorientierten Organisationen* Macht ein wichtiger oder sogar der wichtigste Wert ist, verbunden mit Leistung, Ehrgeiz und daraus resultierenden kämpferischen Verhaltens- und Kommunikationsweisen, beweisen *lebendige Organisationen,* dass Menschen ihre positiven Seiten nutzen, wenn Werte transformiert werden. Die lebendigen Organisationen zeigen ähnliche Merkmale wie die Transformation selbst, sodass sie zusammengeführt werden können. So entstehen Freude an der Arbeit, Engagement und gute Arbeitsqualität, die sich auf den wirtschaftlichen Erfolg einer Organisation auswirken.

> Lebendige Organisationen zeigen ähnliche Merkmale wie die Transformation selbst.

Luinstra beschreibt ihren Weg zur lebendigen Organisation „auf Augenhöhe" so:

Geteilte positive Werte und damit Sympathie für Kolleginnen und Vorgesetzte führen zu mehr *Sinnhaftigkeit* am Arbeitsplatz – und zu *lebendigen Organisationen.* Dazu gehört

- Freiraum, Mitarbeiter selbst gestalten zu lassen,
- Offenheit bei Sinnfragen,
- die Rolle der Mitarbeiter als Verhandlungspartner neu zu gestalten,
- die Selbstorganisationskraft einer Organisation anzuerkennen und zu nutzen,
- eigene Organisationsmodelle auszuprobieren, anstatt zu kopieren,
- die Organisationsentwicklung zweigleisig zu denken – beim Menschen und beim System (Luinstra, 2021, S. 68–187).

❓ Fragen zur Organisationsveränderung:
- Wie können Führungskräfte eine Organisation dabei unterstützen, Werte und Muster zu nutzen bzw. aufzulösen, wenn sie hierarchische Systeme verlassen und z. B. selbstführende Teams einführen wollen?
- Was passiert mit einer Führungskraft, die durch selbstführende Teams nicht mehr in ihrer Rolle gebraucht wird?
- Welche Werte hat sie wirklich? Wurden eigene biografische Werte nach jahrelanger Anpassung verschüttet oder haben sie bisher gepasst, jetzt jedoch nicht mehr?
- Wie (er)findet sie sich neu?

Führungskräfte können folgende Maßnahmen, Verhaltensweisen und sich selbst entwickeln, wenn ihre Organisation lebendiger werden soll:
- *Eine Vision entwickeln*: Wofür ist die Organisation da? Wem bieten wir mit unseren Kernkompetenzen großen Nutzen? Was zeichnet uns aus? Was können wir besser als andere? Welche Werte verbinden uns intern und mit unseren Partnern und Kunden? Was ist der Sinn unseres Tuns?

- *Selbstkompetenz erhöhen*: Wer bin ich, wenn ich keine Führungskraft mehr bin? Was fehlt mir dann? Was bekomme ich dazu? Welche Werte waren mir bisher und welche sind mir in Zukunft wichtig? Welchen Nutzen habe ich persönlich von der Veränderung?
- *Begeisterung wecken*: Was ist das Großartige an der „neuen" Organisation? Welchen Nutzen bietet sie meinen Mitarbeitern bzw. Kolleginnen? Wofür ist die Transformation gut?
- *Kollaboratives Arbeiten*: Es geht nicht nur um das Handeln einzelner, sondern um die Zusammenarbeit mit ähnlich Denkenden, auch informell, bevor weitere gewonnen werden. Bin ich dazu bereit? Oder ist mir kollaboratives Arbeiten so fremd, dass ich Unterstützung brauche?
- *Netzwerke finden*: Welche bekannten anderen Organisationen arbeiten am Ziel der lebendigen Organisation bzw. der Transformation? Ein Austausch, ob persönlich oder online, kann mein Tun unterstützen – möchte ich das oder habe ich Bedenken? Wie kann ich sie benennen und mich dauerhaft von ihnen trennen?
- *Perspektiven erweitern*: Wer kann mich unterstützen, um weitere Perspektiven für die neue Organisation einzunehmen? Mit wem kann ich so kooperieren, dass ich alle Facetten meiner Persönlichkeit zeigen kann, ohne abgewertet zu werden? Voraussetzung ist die Kenntnis und das Vorhandensein persönlicher Werte wie Respekt, Ehrlichkeit, Klarheit und Empathie bei allen Kooperationspartnern, die das Verhalten und die Kommunikation steuern.
- *Bedürfnisse kennen*: Was braucht meine Kooperationspartnerin oder mein Kollege jetzt, um gut arbeiten zu können? Was brauche ich selbst? Hier können die vier Schritte der wertschätzenden Kommunikation genutzt werden.
- *Geduld haben*: Veränderungen dauern – vor allem echte Transformationen. Menschen fällt es schwer, sich zu verändern. So kann an einem Narrativ gearbeitet werden: Welchen Nutzen stiftet unsere Organisation (in Zukunft) und damit jede Mitarbeiterin für die Gesellschaft? Welches Sinnversprechen geben wir?
- *Wirtschaftlich erfolgreich sein*: Die Transformation muss zu (weiterhin) guten wirtschaftlichen Ergebnissen der Organisation führen. Daher müssen Umsätze und Gewinne während des Prozesses im Auge behalten werden mit der intrinsischen Motivation, dass sich der Aufwand lohnt, da eine Verbesserung aus Erfahrung anderer Organisationen zu erwarten ist.

7

— *Ins Tun kommen*: Konzepte und Projektskizzen reichen nicht – Führungskräfte und vor allem die Unternehmensleitung müssen anfangen und weitermachen – was brauchen sie dafür? (In Anlehnung an Luinstra, 2021, S. 68–187 und Lüneburg, 2019, S. 58–61).

Ohne persönliche Entwicklung ist die Transformation von Organisationen nicht umsetzbar. Ein *Rollencoaching* kann helfen, also die Arbeit an und mit Rollen in Organisationen. Eck (1993) setzt sich mit *Rollenpolaritäten* und Fähigkeiten auseinander, die zu einer Rollenübernahme notwendig sind. Ebenso sieht er den biografischen Hintergrund als relevant an, um zu klären, warum jemand gegenüber bestimmten Rollen immer wieder ein bestimmtes typisches Verhalten zeigt. Eck betont die *Wichtigkeit der Rollenklarheit, -identifikation und -gestaltung.* Damit geht es wieder um polare Werte wie

— Macht und Einfluss („endlich kann ich in einer Führungsrolle das ausleben, was ich als Sohn/Tochter nicht durfte") oder

— Fürsorge und Empathie („ich möchte meine Mitarbeiter beschützen und ihnen helfen").

Abhängig von den Werten einer Organisation werden Rollen klar und eindeutig festgelegt oder bleiben vage und erzeugen Widersprüche. Jede Führungskraft bringt nach Eck ihre eigenen biografischen Erfahrungen und ihre Persönlichkeit in die Rolle ein und gestaltet sie, z. B. in ihrem Verhalten und in ihrer Kommunikation:

— „Wir sind besser als Abteilung X und kämpfen bis zum Sieg" oder

— „Wir halten fest zusammen und sind solidarisch".

Interessant ist dann, wenn die *Rolle anders ausgefüllt wird als von der Organisation (neu) vorgegeben:*

— „Wir handeln kollaborativ",

— „Nach 18 Uhr wird nicht mehr gearbeitet" oder

— „Unser Ziel erreichen wir gemeinsam" als Unternehmenswerte gegenüber einer wettbewerbsorientierten, stark leistungsorientierten Führungskraft (oder umgekehrt).

Hier kann es zu *Widerständen, Konflikten und Kündigungen* kommen, wenn keine Klarheit geschaffen wird. Und das insbesondere, wenn sich die Organisation wandeln möchte (Eck, 1993, S. 209–240).

Mit den Erkenntnissen von Eck (bereits 1993!) wird deutlich, wie wichtig *klare Rollenverteilung und die Klärung des biografischen Hintergrunds* sind: Beides stellt die Grundlage guter Organisationskultur und damit Führung dar.

Wer Organisationen als *starr und unbeweglich* erlebt hat oder noch erlebt, weiß, dass Ideen nicht oft gefragt waren und Menschen mit neuen Vorschlägen für Prozesse oder Zusammenarbeitsformen als *Störenfriede oder Querdenker* empfunden wurden. Wenn möglich, trennten sich Organisationen von den Störenfrieden (oder diese gingen von selbst), da sie keinen „Mehr-Wert" im Querdenken erkennen konnten: „Alles ist gut, wie es ist, denn das haben wir ja schon immer so gemacht." Also gab (und gibt) es in Teams neben einem „Macher" (meist die Führungskraft, die wusste, wo es lang ging) und vielleicht einer „Beobachterin" eine große Anzahl von „Followern", jedoch keine „Herausfordererin" bzw. diese wurde entweder entfernt, ging selbst oder passte sich an, wurde also eine weitere „Followerin". Dass die Herausforderer eine Korrektur ermöglichen können, um Fehlentscheidungen zu vermeiden, wurde nicht gesehen, sondern nur die negative Seite der Widerspenstigkeit und der Kritik (frei nach Kantors Teamrollen).

> Führungskräfte können den Weg zur lebendigen Organisation durch Klärung ihrer Rollen und ihrer eigenen biografischen Werte beitragen. Herausforderer in Teams sollten nicht mehr als Störenfriede, sondern in der Korrekturrolle betrachtet werden.

> ► **Beispiel für einen lebendigen Ausbildungsbetrieb in den 1980er-Jahren**
>
> Ein Hotel war schon in den 1980er-Jahren eine sehr lebendige Organisation, das seine Mitarbeiterinnen sehr gefordert und ebenso gefördert hat. Anerkennung und Wertschätzung waren Teil der Unternehmenswerte. Auszubildende und Mitarbeiter wurden in einer offenen Lernkultur gefördert. Indem sie Zugang zu internen und externen Weiterbildungen bekamen, wurde die Freude am Lernen entwickelt. Jungen Mitarbeiterinnen wurde früh Verantwortung für eigene Bereiche übergeben und Auszubildende im 3. Lehrjahr haben eigenständige Urlaubsvertretungen für verschiedene Bereiche übernommen. Zusätzlich fanden Austauschprogramme mit anderen Hotels, auch in anderen Ländern, statt. Vor den Prüfungen wurde gemeinsam gelernt und praktisch geübt, sodass gute Voraussetzungen für hervorragende Abschlüsse geschaffen wurden. Ebenso wurde für Jobs nach der Ausbildung oder für wechselbereite Mitarbeiterinnen in anderen Hotels gesorgt. ◄

Wer sich gemeinsam mit den Mitarbeitern auf den Weg zur lebendigen Organisation macht, entwickelt sich insbesondere für die jüngeren Generationen und für Menschen mit den Werten Autonomie und Selbstbestimmung zu einem attraktiven Arbeitgeber. Manche Unternehmen gehen sogar noch einen Schritt weiter: zur kollegial geführten Organisation.

7.2   Kollegial geführte Organisationen

» „Kollegiale Führung ist die auf viele Kollegen und Kolleginnen dynamisch und dezentral verteilte Führungsarbeit anstelle von zentralisierter Führung durch einige exklusive Führungskräfte" (Bernd Oestereich & Claudia Schröder, 2017, S. VII).

Aus Sicht von Oestereich und Schröder ist „Führung zu wichtig, um sie nur Führungskräften zu überlassen" (Oestereich & Schröder, 2017, S. VI). *Kollegiale Führung* bedeutet nicht der Verzicht auf Regeln, stundenlange Diskussionen, völlige Freiheit, Disziplinlosigkeit oder Unverbindlichkeit, sondern die *Veränderung der Strukturen und Prozesse*, um den Mitarbeitern spontane Kooperation, Eigenverantwortung, eigene Entscheidungen und Fehler zu erlauben.

Oestereich und Schröder empfehlen anstelle von mühsamen langen Dienstwegen, die in klassischen Hierarchien eingehalten werden müssen, eine *kollegiale Kreisorganisation*. Nur dann ist aus ihrer Sicht agiles und damit spontanes Arbeiten möglich und wird der komplexen Außenwelt gerecht.

Menschen müssen Dinge bzw. Inhalte unterscheiden können, um sie wahrzunehmen. Daher ist auch aus ihrer Sicht das *Schaffen von Sinn* wichtig sowie darauf aufbauende *sinnstiftende Geschichten*, sonst entsteht Widerstand. Gibt es neue Kontexte, so kann sich das Verhalten ändern. Das braucht Zeit und Geduld, denn es müssen neue „Landkarten" erlernt werden. Durch das Seerosenmodell wurde deutlich, dass die *tiefverwurzelten Muster und Prägungen* vielen Menschen nicht bewusst sind und erst bearbeitet werden können, wenn sie bekannt sind (und die Bereitschaft dafür da ist). Dazu ist professionelle Begleitung unabdingbar. Ein System wie eine Organisation oder eine Familie basiert auf bestimmten Prinzipien, um es stabil zu halten. Nur *mit Stabilität ist kollegiale Führung* möglich, daher ist es bei Veränderungen erforderlich, neu zu starten. Bereits festgelegte Prinzipien sollten anerkannt werden, anstatt sie nicht zu erwähnen („Verzicht auf Leugnung").

Zu den *vier relevanten Prinzipien für die Stabilität von Systemen* gehören (in dieser Reihenfolge):

- *Zugehörigkeit:* Wer gehört dazu, wer nicht? Die Grenzziehung sichert die Systemexistenz.
- *Zeitfolge*: Kommen neue Mitglieder dazu, so wächst das System. Hier geht es um den gegenseitigen Respekt und Anerkennung von älteren und jüngeren Generationen.
- *Verantwortung und Einsatz*: Auch in einer Gemeinschaft müssen Einzelleistungen gewürdigt werden, damit Men-

schen sich weiterhin engagieren. Das stärkt die Resilienz des Systems.

- *Fähigkeiten und Leistung*: Ebenso müssen die individuellen Fähigkeiten wertgeschätzt und Potenziale gefördert werden, um das gesamte System zu stärken (Oestereich & Schröder, 2017, S. 20–44).

Unter den vier Prinzipien wird das verstanden, was in diesem Buch als *Werte* bezeichnet wird: Zugehörigkeit, Respekt, Anerkennung, Leistung und Wertschätzung. Damit spielen auch bei *kollegial geführten Organisationen Werte eine große Rolle*. Oestereich und Schröder empfehlen die *sinnstiftende Erarbeitung von echten Werten*, indem jeder von Mitarbeitern genannte Wert in seiner ganz persönlichen Bedeutung beschrieben wird oder indem wie im Polarity Management mit Polen gearbeitet wird – jedoch nicht bipolar, sondern mit einem *Dreieck und damit drei Polen* (Oestereich & Schröder, 2017, S. 234–237).

> **Tipp**
>
> *Vorreiter als kollegial geführte Organisation und Berater* für die, die es werden wollen, ist die Agentur „Dark Horse" in Berlin: ▶ https://www.thedarkhorse.de/
>
> Ihr Statement: „Menschen sind der zentrale Bestandteil des Innovationssystems. Sie müssen darin gefördert werden, ihre Sichtweisen zu verändern und methodisch voranzuschreiten. *Ohne die Transformation der Glaubenssätze der Menschen ist keine Transformation der Organisation denkbar*. Keine andere Triebkraft des Systems kann langfristig ohne diese Transformation erfolgreich sein. Alle anderen Bausteine des Innovationssystems helfen den Menschen, ihre eigene Transformation in der Organisation zu manifestieren" (▶ https://www.thedarkhorse.de/leistungen).

Selbstorganisation kann angeordnet werden – sollte es aber nicht. Denn nicht nur diejenigen, die gern geführt werden und nicht viel Freiraum, sondern psychologische Sicherheit brauchen, werden *ohne klare Regeln und Rollenverteilung verunsichert und zweifeln* an sich und anderen. Gerade in der VUKA-Welt ist Sicherheit ein immer wichtiger werdender Wert für alle Generationen. Wenn ein Unternehmen also Talente und erfahrene Mitarbeiterinnen gewinnen und halten will, spielt *psychologische Sicherheit* auch in agilen und selbstführenden Teams eine wichtige Rolle.

Kollegial geführte Organisationen beruhen auf vier Prinzipien und können nur erfolgreich arbeiten, wenn die Glaubenssätze der Menschen transformiert wurden.

Sich sicher fühlende Teams brauchen
- Klarheit über die gegenseitigen Erwartungen über den Umgang mit Fehlern, Ungewissheit und Abhängigkeit voneinander;
- Strukturen für Kommunikation, damit sich alle beteiligen (müssen), z. B. durch wöchentliche Blitzlichtrunden (kurze Informationen und Meinungsaustausch);
- gute Fehlerkultur sowie zugehörige Prozesse, um voneinander zu lernen;
- gelebte Beziehungen, wo Privates ausgetauscht werden darf.

7

Auch für selbstführende Teams ist psychologische Sicherheit wichtig. Daher darf Selbstorganisation nicht angeordnet, sondern muss gut für das Team und für die bisherige Führungskraft vorbereitet werden.

Selbstführende Teams können gut arbeiten, wenn ihre (Noch-) Führungskraft es dabei begleitet,
- *eigene Maßstäbe festzulegen*: Was ist für uns Erfolg? Woran machen wir das fest? Welche Rolle spielen Kunden und andere Partner? Welche Rolle spielt dann noch unsere Teamleitung? Das Team kontrolliert sich zukünftig selbst, die Leitung hält sich zurück.
- *Regeln für Entscheidungen zu entwickeln und zu folgen*: Entscheiderinnen sind jetzt die Teammitglieder, die sich zuvor mit den besten Experten in der Organisation und mit den Umsetzerinnen beraten haben. Die Führungskraft muss ihre Rolle als ehemalige Expertin neu definieren und darf sich nicht mehr einmischen.
- *Neue Rollenverteilung vorzunehmen*: Damit sich die Führungskraft nicht mehr in Entscheidungen einmischt, muss das Team die Verantwortungsrollen verteilt haben: Wer hat zukünftig für was die Verantwortung? Die neue Rolle der Führungskraft ist die des *Servant Leaders, des Dienstleisters* für das Team. Damit wird das Team entlastet und die Führungskraft hat zukünftig die Verantwortung als Team-, Personal- und Strukturentwicklerin.
- *Sicherheit zu geben*: Nur mit der Führungskraft entsteht im Team das Gefühl der Sicherheit, damit alle sich engagieren, ihre Meinung frei äußern, Fragen stellen und Fehler zugeben können. Dafür muss die Leitung da sein und weiterhin ihre Beziehungsrolle ausfüllen, um zu einer guten Teamkultur beizutragen (Edmondson 2020, S. 89–162).

In ◘ Abb. 7.1 hat ein Team im Rahmen eines Teamworkshops seinen Weg zum selbstführenden Team gebaut.

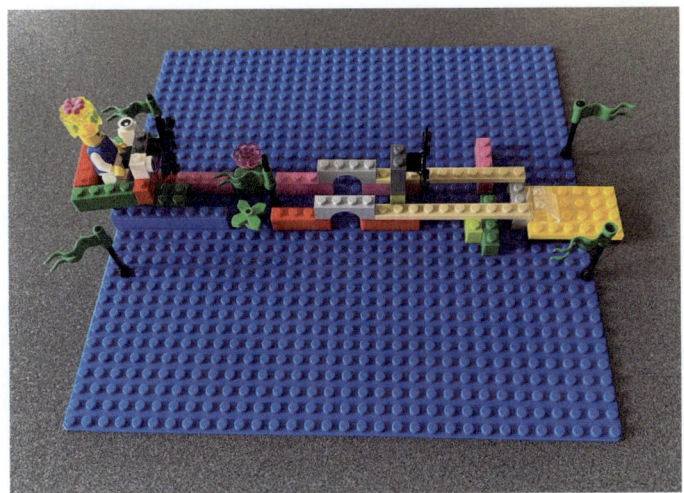

◘ Abb. 7.1   Aufbau einer kollegialen Teamkultur

7.3   Reife Organisationen

Reife Organisation sind den letzten Schritt gegangen: Anstelle von Veränderungen einzelner Prozesse, Leitlinien oder Teilstrukturen wird die *gesamte Organisation* so entwickelt, dass sie einen *hohen Reifegrad* erreicht. Wenn nur an der Oberfläche gearbeitet wird, ist eine echte Transformation nicht möglich. Wie im Seerosenmodell müssen die Wurzeln, also die *Muster und Glaubenssätze* von Unternehmen und von den dort tätigen Menschen, bearbeitet werden.

Die *Glaubenssätze bestimmen wie bei Menschen das Handeln und Kommunizieren*. Wenn Menschen in der Kindheit z. B. den Glaubenssatz „Sei perfekt" oder „Traue niemandem" unbewusst aufgenommen haben, so sind sie zum einen nie zufrieden mit ihrer Leistung oder werden nicht fertig; zum anderen können sie anderen Menschen nicht vertrauen.

Mitarbeiter und Führungskräfte richten ihr Handeln und ihre Kommunikation an den organisationalen Glaubenssätzen aus und stellen sie (meistens) nicht infrage. Kommen jedoch neue Mitarbeiterinnen ins Unternehmen, werden sie plötzlich deutlich und insbesondere von „Herausforderern" oder „Querdenkern" hinterfragt.

▶ **Beispiele für organisationale Glaubenssätze**

- Das haben wir schon immer so gemacht, das hat sich bewährt.
- Mitarbeiter tun nichts im Homeoffice, sondern genießen ihre Freizeit.
- Mitarbeiter leisten nur etwas, wenn sie dafür Geld bekommen.
- Der Kunde ist immer König.
- Wir haben kein Geld für die Entwicklung neuer Produkte oder Prozesse.
- Mitarbeiter wollen keine Verantwortung übernehmen.
- Hier arbeiten nur Idioten (außer mir).
- Wenn hier jeder ordentlich arbeiten würde, würde der Laden laufen.
- Ideen und Vorschläge sind hier nicht gefragt.
- Hier arbeiten immer nur die gleichen Leute, während die anderen nichts tun.
- Dinge müssen in Ruhe durchdacht werden und nicht überstürzt entschieden werden.
- usw.

(in Anlehnung an Greßer u. Freisler, 2020, S. 77–83) ◀

Diese Liste könnte unendlich fortgesetzt werden, denn jede Organisation hat ihre eigenen Muster. Wenn eine Organisation reifen soll, muss sie wie bei Menschen aus den Glaubenssätzen Erlaubnissätze entwickeln: *Wert-volle Sätze, Sätze voller Werte.* Denn wer bei solchen Glaubenssätzen bleibt, wird besonders unter dem Fachkräftemangel leiden und von einer Transformation nur träumen. Wer würde denn nicht lieber folgende Sätze in seiner Organisation hören?

▶ **Wert-volle Sätze in der Organisation**

- Hier macht die Arbeit Spaß.
- Ich darf Dinge ausprobieren, Fehler sind okay.
- Ich darf mir unter mehreren Arbeitszeitmodellen das zu meiner Lebenssituation passende Modell auswählen.
- Meine Chefin lässt mich eigenverantwortlich arbeiten.
- Ich habe tolle Kollegen, die fair mit mir umgehen, obwohl ich noch nicht viel Erfahrung habe.
- Wir sind alle sehr engagiert, um unsere Firma gut durch die Krise zu bringen, auch ohne Gehaltserhöhung.
- Die jungen Kolleginnen helfen mir mit der neuen Software, das ermutigt mich, Neues zu lernen.
- Ich komme jeden Morgen gern hierher.
- usw. ◀

Auch diese Liste – mit all den Werten, die dahinterstecken – könnte unendlich weitergeführt werden. Dazu gehört noch die Fähigkeit von Führungskräften, ihre Rolle als Leader auszufüllen, die als reflektierte und unterstützende Persönlichkeiten unterschiedliche Perspektiven einnehmen können. Als Basis ihres Handelns haben sie ein positives humanistisches Menschenbild mit entsprechenden Werten. Wenn es eine ausreichende Zahl reifer Leader in einer Organisation gibt, *wirken sie auf die Reifung der Organisation als Ganzes*, unterstützt von ihren Kompetenzen als agile Leader und von dem System der Weltsichten von Laloux. Leader wissen, dass sie mit ihrer Persönlichkeit auf das ganze System wirken, weil sie kraft ihrer Reife mit den Herausforderungen der VUKA-Welt zurechtkommen und *Widersprüche aushalten*. Leader nutzen ihre Macht im positiven Sinne, um etwas *Sinnvolles zu schaffen* und um eine Transformation wirklich umzusetzen. Sie werden also geprägt von Werten wie Vertrauen, Transparenz, Empathie, Zusammengehörigkeit, Sinnhaftigkeit und Weisheit.

Wird *Macht jedoch für eigene Vorteile* genutzt, so wird eine Weiterentwicklung verhindert, da *Wissen nicht allgemein zugänglich*, sondern die eigene Person *unersetzlich* sein soll. Dann treten Werte wie Misstrauen, Unsicherheit, Ehrgeiz, Einfluss und Status hervor.

Kurz gesagt:

> ❯ Eine Transformation in eine reife Organisation mit neuen Werten ist nur umsetzbar, wenn die *Mehrzahl der Führungskräfte*, vor allem der (oder die) an der Spitze, einen *hohen Reifegrad als Persönlichkeit (Leader!)* mit klar reflektierten und gelebten Werten erreicht hat.

Abschließend soll noch einmal auf die *wichtige Rolle der Sinnhaftigkeit* bzw. des Sinnerlebens in der Organisation hingewiesen werden:

Rose bezeichnet *Sinn als „psychologisches Einkommen"* (Rose, 2020, S. 6), denn wenn Mitarbeiterinnen keinen Sinn in ihrer Arbeit sehen, empfinden sie keine Freude an der Arbeit, leisten weniger und nutzen ihre Potenziale nicht aus. Ein hohes materielles Einkommen wird ohne sinnvolle Arbeitsinhalte als „Schmerzensgeld" bezeichnet. *Sinnerleben am Arbeitsplatz* hat nicht nur *positive Auswirkungen* auf die Person selbst, sondern auch auf die Organisation. Rose hat eine „Sinn-Matrix" (Rose, 2020, S. 14) entwickelt, die zwischen einem sinnstiftenden Faktor des Tuns oder Seins auf der einen Seite und zwischen den Auswirkungen des Faktors auf sich selbst oder auf andere unterscheidet.

Reife Organisationen müssen ihre organisationalen Glaubenssätze transformieren. Vor allem Führungskräfte brauchen dafür einen hohen Reifegrad als Persönlichkeit.

7

Für die reife Organisation ist die *Wirkung des sinnstiftenden Faktors* auf andere relevant:

— Mitarbeiter empfinden ihre Arbeit als sinnvoll, wenn sie *für andere etwas bewirken* und das auch erleben können. So ist die Unterstützung eines Auszubildenden bei seinen Matheaufgaben für die Berufsschule ein sinnstiftendes internes Tun für einen Techniker, während er nicht erleben kann, welchen Effekt seine reparierte Maschine auf einen Kunden hat. Wenn jedoch die Außendienstlerin von der positiven Resonanz berichtet, wird dem Techniker die Wirkung seines Tuns deutlich. Wenn er im Unternehmen etwas für Kolleginnen tun kann, nimmt er ebenfalls eine *sinnvolle Rolle* ein. Verhalten sich alle Mitarbeiter in dieser Weise, so zeigt sich hier der Zweck des Unternehmens: *Wofür sind wir da?*

— Zum sinnstiftenden Faktor im Sein gehört die *Zugehörigkeit zum Unternehmen*: Die persönliche gute Bindung an andere, die Identifikation mit dem Unternehmen und damit eine möglichst große Übereinstimmung der persönlichen mit den Unternehmenswerten. Sind Menschen stolz auf ihr Team, ihr Unternehmen, ihre Produkte und Leistungen, dürfen sie ihre Stärken einsetzen und Potenziale entwickeln, so zahlt all das auf das Sinnerleben ein. Dazu kommt die Freiheit, sich selbst steuern und sogar ihren Aufgabenbereich an ihre Kompetenzen anpassen zu dürfen (Rose, 2020, S. 5–20).

Sinnvolle Arbeit soll jedoch nicht mit *Arbeit als Lebenssinn* verwechselt werden. Eine Organisation kann das Arbeitsumfeld und die Inhalte sinnvoll gestalten durch die Kriterien (und Werte!) Bedeutsamkeit, Kohärenz, Zugehörigkeit und Orientierung am Unternehmenszweck (das Wofür). Ist eines dieser *Kriterien nicht oder nicht mehr erfüllt*, kommt es bei Mitarbeiterinnen zur *Wahrnehmung der Sinnlosigkeit*.

— Durch *Bedeutsamkeit* hat eine Tätigkeit positive Auswirkungen auf andere. Gerade Reinigungs- oder Kantinenkräfte brauchen das Gefühl der Bedeutsamkeit, um ihre Aufgaben gern und gut zu machen. Werden sie in ihrer Organisation gesehen und ihr Tun anerkannt, so stärkt es ihre Bedeutsamkeit und sie bleiben dem Unternehmen erhalten.

— Durch *Kohärenz* entsteht eine Passung zwischen der Tätigkeit von Menschen und ihren Werten, Fähigkeiten, Persönlichkeitseigenschaften und ihrer Lebensplanung. Das ist besonders wichtig für die Personalplanung und die Suche nach passenden Mitarbeiterinnen.

— Durch *Zugehörigkeit* sehen sich Mitarbeiter und Führungskräfte als Mensch wahrgenommen und wertgeschätzt. Die Organisation gibt ihnen den Freiraum für Mitgestaltung und Verantwortung.

- Wer sich am *Wofür oder dem Organisationszweck (häufig Purpose genannt) orientiert*, also die Ziele und Werte der Organisation mittragen kann, erlebt *seine Arbeit als sinnvoll*. Es müssen jedoch echte gelebte Werte sein und keine Marketingideen, die in ein künstliches Leitbild gegossen werden (nach Schnell, 2018, S. 11–21).

Der Beruf oder die Tätigkeit selbst kann *sinnvoll sein*, jedoch nur in wenigen Fällen so *Sinn stiften*, wie es andere Lebensquellen können:

> **Sinnquellen des Lebens, auch Lebensdeutungen genannt**
>
> Die Sinnforschung von Schnell hat 26 Quellen in fünf Dimensionen für ein sinnvolles Leben erforscht. Dazu gehören
> - Selbsttranszendenz – vertikal, z. B. Spiritualität,
> - Selbsttranszendenz – horizontal, z. B. Gesundheit, soziales Engagement oder Naturverbundenheit,
> - Selbstverwirklichung, z. B. Freiheit, Individualismus, Wissen, Entwicklung oder Macht (Kampf und Dominanz),
> - Ordnung, z. B. Tradition, Bodenständigkeit oder Moral (Orientierung an klaren Werten)
> - Wir- und Wohlgefühl, z. B. Liebe, Fürsorge, Harmonie oder Gemeinschaft.
> - Die ersten drei Dimensionen haben nach Berechnungen von Schnell den größten Einfluss auf Sinnerfüllung und können Anregungen für Sinnstiftung bieten (Quelle: Schnell, 2022, ▶ https://www.sinnforschung.org/mein-lebenssinn/dimensionen-von-lebenssinn).

Berufliche Sinnerfüllung nach den obigen Kriterien sollte Ziel von reifen Organisationen sein. Hierzu trägt vor allem die oberste Leitung bei, die gemeinsam mit ihren Führungskräften ihre eigene Sinnerfüllung reflektieren und auf die Transformation ihrer Organisation übertragen muss, wenn sie reifen will. Verantwortungsvolle, wertorientierte Führung, die auf alle anderen Führungskräfte übertragen wird und damit auf das ganze Unternehmen wirkt, ist Voraussetzung für eine echte Transformation, denn sinnerfüllte Mitarbeiter sind intrinsisch motiviert, engagieren sich und sind bereit, Verantwortung zu übernehmen.

Eine reife Organisation trägt zur beruflichen Sinnerfüllung bei. Zur Sinnstiftung sind andere Sinnquellen des Lebens wichtig.

7

Zusammenfassung

Organisationen müssen ihre Strukturen anpassen, um in der VUKA-Welt zu bestehen und die digitale Transformation umzusetzen. Neben der Veränderung der Strukturen ist die Veränderung von Werten und Einstellungen der Mitarbeiterinnen notwendig. Da sich Menschen nur selbst verändern können, zeigen verschiedene Organisationsformen wie lebendige, kollegial geführte und reife Organisationen Wege zur Entwicklung neuer Organisationswerte und -kulturen. In Form von Storytelling kann Mitarbeitern der Nutzen der Organisation für die Gesellschaft dargestellt werden, sodass Werte wie Zugehörigkeit, Freude oder Vertrauen von außen auf sie übertragen werden können. Daneben ist Sinnerleben bei und durch die Arbeit wichtig, um die Mitarbeiterzufriedenheit zu erhöhen. Reife Organisationen bieten ihren Mitarbeiterinnen Zusammenarbeit auf Augenhöhe an und legen ebenso Wert auf Beziehungs- und Kooperationsfähigkeit wie auf fachliche Kompetenzen.

Literatur

Comelli, G., & von Rosenstiel, L. (2009). *Führung durch Motivation. Mitarbeiter für Unternehmensziele gewinnen* (4. Aufl.). Vahlen.

Dark Horse GmbH.: https://www.thedarkhorse.de/leistungen. Zugegriffen am 26.10.2022.

Edmondson, A. C. (2020). *Die angstfreie Organisation: Wie Sie psychologische Sicherheit am Arbeitsplatz für mehr Entwicklung, Lernen und Innovation schaffen.* Vahlen. https://www.vahlen.de/edmondson-angstfreie-organisation/product/27786528.

Eck, C. D. (1993). Rollencoaching als Supervision – Arbeit an und mit Rollen in Organisationen. In G. Fatzer (Hrsg.), *Organisationsentwicklung für die Zukunft.* EHP Andreas Kohlhage.

Fatzer, G. (1993). *Organisationsentwicklung für die Zukunft.* EHP Andreas Kohlhage.

Franken, S. (2016) Führen in der Arbeitswelt der Zukunft. Instrumente, Technken und Best-Practice-Beispiele, Springer.

Glasl, F. & Lievegoed, B. (2004) *Dynamische Unternehmensentwicklung. Grundlagen für nachhaltiges Change Management.* (3., Überarb. u. erw. Aufl.). Haupt.

Glauner, F. (2015). Dilemmata der Unternehmensethik – Von der Unternehmensethik zur Unternehmenskultur. In A. Schneider & R. Schmidtpeter (Hrsg.), *Corporate Social Responsibility. Verantwortungsvolle Unternehmensführung in Theorie und Praxis* (2. Aufl.). Springer Gabler.

Greßer, K. & Freisler, R. (2020) Ready for Transformation. Neue Arbeitswelt, digital und agil. Wie Sie als Führungskraft, UnternehmerIn und Change-Agent die Transformationsreise erfolgreich begleiten und die Organisation in eine gute Zukunft führen. managerSeminare.

Jochmann, W., Böckenholt, I., & Diestel, S. (Hrsg.). (2017). *HR-Exzellenz. Innovative Ansätze in Leadership und Transformation.* Springer.

Kantor, D. (2022) Teamrollen, https://www.researchgate.net/figure/David-Kantors-four-player-model-Source-Isaacs-William-N-Dialogic-Leadership-The_fig5_232959379. Zugegriffen am 25.10.2022.

Klaffke, M. (Hrsg.). (2021). *Generationenmanagement. Konzepte, Instrumente, Good-Practice-Ansätze* (2. Aufl.). Springer.

Kreutzer, R., & Land, K.-H. (2017). Ausgestaltung der digitalen Transformation. In W. Jochmann, I. Böckenholt, & S. Diestel (Hrsg.), *HR-Exzellenz. Innovative Ansätze in Leadership und Transformation*. Springer.

Königswieser, R. & Hillebrand, M. (2005) *Einführung in die systemische Organisationsberatung* (2., überarb. Aufl.). Auer.

Laloux, F. (2015). *Reinventing Organizations. Ein Leitfaden zur Gestaltung sinnstiftender Formen der Zusammenarbeit*. Vahlen.

Lüneburg, A. (2019). *Auf dem Weg zur Führungskraft. Die innere Haltung entwickeln*. Springer.

Luinstra, S. (2021) *Lebendigkeit entfesseln. 8 Prinzipien für neues Arbeiten in Wirtschaft, Bildung und Gesellschaft*. Gabal.

Mohr, G. (2006) *Systemische Organisationsanalyse. Dynamiken und Grundlagen der Organisationsentwicklung*. EHP, Andreas Kohlhage.

Mohr, G. (2008) *Coaching und Selbstcoaching mit Transaktionsanalyse. Professionelle Beratung zu beruflicher und persönlicher Entwicklung*. EHP, Andreas Kohlhage.

Oestereich, B., & Schröder, C. (2017). *Das kollegial geführte Unternehmen. Ideen und Praktiken für die agile Organisation von morgen*. Vahlen.

Rose, N. (2020). *Führen mit Sinn. Wie Sie die Führungskraft werden, die Sie sich früher immer gewünscht haben* (1. Aufl.). Haufe.

Schnell, T. (2018). Von Lebenssinn und Sinn in der Arbeit. Warum es sich bei beruflicher Sinnerfüllung nicht um ein nettes Extra handelt. In B. Badura, A. Ducki, H. Schröder, J. Klose, & M. Meyer (Hrsg.), *Fehlzeiten-Report 2018*. Springer.

Schnell, T. https://www.sinnforschung.org/mein-lebenssinn/26-lebensbedeutungen. Zugegriffen am 25.10.2022.

Wirtschaftslexikon Gabler.: https://wirtschaftslexikon.gabler.de/definition/reaktanz-45104. Zugegriffen am 26.10.2022.

Bedeutung von Werten für das Personalmanagement

Passung von Werten + wertebasiertes Employer Branding, Recruiting, Retention, On- und Offboarding = hohe Arbeitgeberattraktivität

Inhaltsverzeichnis

© Der/die Autor(en), exklusiv lizenziert an Springer-Verlag GmbH, DE,
ein Teil von Springer Nature 2023
A. Lüneburg, *Wie digitale Transformation mit Werten gelingt*,
https://doi.org/10.1007/978-3-662-66727-9_8

Trailer

Wie schätzen Sie die Passung zwischen Ihren persönlichen und den organisationalen Werten Ihrer Organisation ein? Stehen bei Ihnen Kompetenzen wie Teamfähigkeit und Selbstständigkeit hoch im Kurs, ohne dass jemand weiß, was genau damit gemeint ist? Beides sind wichtige soziale Kompetenzen, können jedoch nur auf der Basis echter Werte entstehen und wenn die Erlaubnis besteht, wirklich eigenverantwortlich und selbstständig arbeiten zu dürfen. Unlösbare Probleme entstehen, wenn Werte wie Autonomie propagiert werden, jedoch Macht und Gehorsam die Realität abbilden. Über Coaching, Mentoring, Trainings und Workshops werden die Probleme lösbar, wenn Führungskräfte Klarheit über die eigenen biografischen Werte und ihre Wurzeln erhalten. Dann können sie mögliche Fallstricke durch alte Muster auf dem Weg zu Veränderungen beseitigen. Das HR-Management ist für das Employer Branding verantwortlich, das auf echten gelebten Werten basieren muss. Tut es das nicht, erleben Bewerberinnen und zukünftige Mitarbeiter eine Differenz zwischen den öffentlich dargestellten Werten und der Realität in der Organisation, vor allem beim Verhalten und in der Kommunikation der Mitarbeiter und Führungskräfte untereinander und mit neuen Kolleginnen.

8

Wer es geschafft hat, *Klarheit in seiner Organisation und in seinem Team* über Werte, Einstellungen und Muster zu gewinnen und diese für die Entwicklung zu einer reifen Organisation und zu reifen Teams zu nutzen, ist schon sehr weit gekommen. Die Mitarbeiterinnen dürfen und müssen sich weiterentwickeln; Führungskräfte bis zur Spitze hinauf reflektieren regelmäßig ihr Handeln, ihre Kommunikation und ihre Werte mit Unterstützung von regelmäßigem Coaching oder durch Zeiten für die Selbstreflexion. Gemeinsame Rückzugstage der verschiedenen Führungsebenen einmal jährlich sind zielführend, um immer wieder die eigene Organisations- und Führungsqualität zu hinterfragen und anzupassen.

Im nächsten Schritt wird die *Unterstützung des HR-Managements* (neu auch People&Culture genannt) gebraucht, um neue Mitarbeiterinnen für das Unternehmen zu gewinnen und die vorhandenen an die Organisation zu binden. Entlang des Mitarbeiter-Lebens-Rads (*Employee Life Cycle*) wird die gemeinsame Zeit eines Mitarbeiters und einer Organisation hier kurz beschrieben, bevor die wertorientierten Inhalte im weiteren Verlauf des Kapitels vertieft werden.

Attraction: Menschen fühlen sich von Organisationen angezogen, deren Werte und Eigenschaften ihren eigenen entsprechen (Person-Organisation-Fit). Das zeigt die große Bedeutung einer attraktiven Arbeitgebermarke (Employer Brand), die die Organisationswerte öffentlich bekannt macht.

Wenn Werte zusammenpassen, ist die Arbeitszufriedenheit höher, Menschen fühlen sich weniger belastet (kein negativer Stress) und kündigen seltener als bei Nicht-Passung.

Recruitment: Menschen mit bestimmten Fähigkeiten, Fertigkeiten und Interessen werden für bestimmte Aufgaben gesucht, die zu einer offenen oder neuen Stelle in der Organisation *passen* sollen (*Person-Job-Fit*). Individuelle Persönlichkeitsmerkmale und Eigenschaften, z. B. Zuverlässigkeit oder Höflichkeit, spielen neben fachlichen und methodischen Kompetenzen eine Rolle bei der Suche und Besetzung der Stelle. Während des Recruitmentprozesses erfolgt die „Selection", also die Entscheidung für einen Bewerber, der als passend wahrgenommen wird. Auch der Bewerber entscheidet sich bewusst für die Organisation (oder eine andere).

Onboarding: Menschen bleiben eher in Organisationen, wenn sie angemessen begleitet und eingearbeitet werden. Wertorientierte Organisationen planen die ersten Wochen und suchen passende Mentorinnen, Buddies oder Paten als Ansprechpartner für die ersten Monate aus. Zusätzlich haben erste Unternehmen jetzt das *Pre-Onboarding* eingeführt, insbesondere für zukünftige Auszubildende, damit sie sich gleich nach der Vertragsunterzeichnung zur Organisation zugehörig fühlen, sich als Teil von ihr wahrnehmen und nicht kurz vor Beginn der Ausbildung kündigen.

Development: Die Personalentwicklung plant strategisch und operativ Weiterbildungen zur Schulung notwendiger neuer Kompetenzen der Mitarbeiterinnen und begleitet die Auszubildenden. Auch die Führungskräfteweiterbildung gehört dazu.

Retention: Organisationen brauchen ihre Mitarbeiter immer mehr als Wissensträger und für den persönlichen Kundenkontakt. Sie haben also ein großes Interesse, ihre Mitarbeiterinnen und Führungskräfte an die Organisation zu binden, während gleichzeitig andere Organisationen Angebote machen.

Exitmanagement oder Offboarding: Hier erfolgt die Entscheidung zum Verlassen der Organisation: entweder durch den Mitarbeiter oder durch die Organisation. Der Fachbegriff heißt „Attrition" und meint, dass ein Mensch, der nicht in eine Organisation passt, sich eher entscheidet zu gehen – oder die Organisation entscheidet das für ihn und *kündigt ihm*.

Alumni: Die Kontaktpflege zu ehemaligen Mitarbeitern kann eine erfolgreiche Umsetzung des Diversity Management unterstützen. Wenn man von der Annahme ausgeht, dass Menschen in Organisationen stetig homogener werden, weil die als nicht passend wahrgenommenen Personen das Unternehmen verlassen, kann diese Homogenität ein echtes Diversity Management verhindern. Wer jedoch Kontakt hält und zur Unterstützung des Transformationsprozesses oder

Der Employee Life Cycle muss auf die organisationalen Werte abgestimmt werden. Dafür ist das HR-Management verantwortlich.

nach erfolgter Transformation jetzt passende Mitarbeiterinnen zurückholt, kann seine Organisation stärken.

8.1 Employer Branding

Jedes Unternehmen ist eine Arbeitgebermarke, eine Employer Brand – nur möglicherweise nicht die, die wünschenswert ist. Das ist auf Arbeitgeberbewertungsplattformen wie Kununu zu erkennen, die Bewertungen durch aktuelle und frühere Mitarbeiter zeigt. Diejenigen, die schlecht bewertet werden, sollten ihre Situation analysieren und bei großer Ist- und Solldifferenz einen echten Transformationsprozess starten. Erst dann macht die Planung einer Employer-Branding-Kampagne Sinn.

Wertorientierte Organisationen, die den Weg schon hinter sich haben und die besten und fähigsten Mitarbeiterinnen gewinnen wollen, müssen aktiv werden. Neben dem nach außen gerichteten Employer Branding gehört es zur Organisations- und Personalentwicklung, das Internal Branding und das Leadership Branding aufzubauen.

Employer Branding

Employer Branding hat die Aufgabe, relevante Teilaspekte der eigenen Markenidentität zu nutzen, um sich gegenüber potenziellen Arbeitnehmerinnen als attraktiver Arbeitgeber darzustellen und zur Marke passende Mitarbeiter zu identifizieren.

Internal Branding

Internal Branding beschreibt alle Maßnahmen, die darauf abzielen, die Mitarbeiter in den Prozess der Markenbildung einzubeziehen, sie über die eigene Marke zu informieren, für die Marke zu begeistern und letztendlich ihr Verhalten im Sinne der Marke zu beeinflussen (Behavior Branding).

Leadership Branding

Leadership Branding ist ein markenstrategisch fundierter Organisationsentwicklungsprozess, der das Ziel verfolgt, ein gemeinsames und unternehmensspezifisches Führungsverständnis zu entwickeln, das zum Unternehmenserfolg beiträgt und die Unternehmensmarke stärkt (Quelle aller Definitionen: Schmidt & Kilian, 2012, S. 30–32).

Es geht also beim Employer Branding um das *Gewinnen von neuen passenden Mitarbeiterinnen* durch ein positives Image und um das Können, Wollen und Dürfen der vorhandenen Mitarbeiterinnen und Führungskräfte. Somit bilden die *gelebten Werte und Muster einer Organisation die wichtigste Basis für eine erfolgreiche Arbeitgebermarke.*

Eine Employer Brand hat verschiedene *Funktionen*. Sie soll an einer Tätigkeit im Unternehmen Interessierten, Bewerberinnen und bestehenden Mitarbeitern Orientierung bieten, Vertrauen und Prestige ausstrahlen, Menschen von Zweifeln entlasten und die Qualität des Unternehmens und seiner Mitarbeiterinnen zeigen (Forster et al., 2012, in: Tomczak et al., 2012, S. 280).

Die Employer Brand soll die *Organisationswerte transportieren*, die die Öffentlichkeit und damit potenzielle Bewerber aufmerksam machen sollen. Meist wird durch das HR-Management in Abstimmung mit dem Marketingmanagement eine Personalmarketingstrategie entwickelt. Die Organisationswerte spielen im Auswahlverfahren eine wichtige Rolle, um Bewerberinnen ein *authentisches Bild* des Unternehmens, seiner Prozesse und des Führungs- und Teamverhaltens zu zeigen. Interessanterweise kann die Entscheidung für einen Arbeitgeber mit dem Selbstwertgefühl von Menschen verknüpft sein, denn *eine Organisation kann das eigene Prestige steigen lassen oder den Wunsch nach sinnhaftem Tun erfüllen.* Menschen möchten in ihren eigenen Werten und Einstellungen bestätigt werden. Stellt ein Unternehmen eine neue Employer Brand in der Öffentlichkeit vor, die nicht der Realität entspricht, wird es nicht die passenden Bewerber erreichen (Schmidt & Kilian, 2012, S. 31).

Ein erfolgreiches Employer Branding braucht echte Organisationswerte, die innerhalb der Organisation entwickelt wurden, flankiert von den Leitfragen nach dem Sinn und Zweck: *Wofür sind wir da? Wozu machen wir das, was wir tun? Womit machen wir die Welt besser?*

Die wichtigsten *Treiber für Mitarbeiterleistung und Mitarbeiterbindung* und damit relevante Entscheidungsmerkmale von Bewerberinnen für einen Arbeitgeber sind

- zeitnahe und präzise Informationen,
- Konzentration auf Stärken in Mitarbeitergesprächen,
- die Passung zwischen Qualifikationen und Anforderungen,
- das Äußern von Erwartungen,
- Coachings bzw. Unterstützung im Arbeitsalltag,
- die Betonung der Unternehmenswerte und die passende Erklärung dazu,
- Feedbacks zur Tätigkeit,
- eine leistungsorientierte Unternehmenskultur,
- die Einbindung von Mitarbeitern in Communities sowie
- die Entwicklung und Umsetzung von Entwicklungsplänen.

8

Employer Branding ist eine professionelle Strategie, Mitarbeiter von der eigenen Attraktivität als Arbeitgeber zu überzeugen. Dazu tragen echte Werte bei, die mit denen des Bewerbers übereinstimmen sollten.

Zusammen stärken die Treiber die Bindung von Mitarbeitern an das Unternehmen und erreichen das Interesse potenzieller Bewerber (Schuhmacher & Geschwill, 2014, S. 36).

Nach von Walter et al. sind *reine Kommunikationsmaßnahmen* zur Gewinnung und Bindung von Mitarbeiterinnen ein ausschließlich ökonomischer Ansatz, die nicht ausreichen, um Mitarbeiterinnen für ein Unternehmen zu interessieren und langfristig zu binden. Besteht *Arbeitsunzufriedenheit und geringes Commitment* mit dem Arbeitgeber, *steigt die Fluktuation*. Wird jedoch ein (echter!) Ansatz wie Corporate Social Responsibility (CSR) integriert, indem das Employer Branding Verantwortung für bestimmte Aktivitäten, auch im Recruitingprozess, übernimmt, so kommuniziert das Unternehmen glaubwürdig und transparent z. B. über Karrieremöglichkeiten. CSR-basierte Employer Brands treten mit den Bewerbern in einen *Dialog über die Unternehmenskultur und Werte*, damit diese ihre eigenen Bedürfnisse und Werte mit den Erwartungen und Werten des Unternehmens abgleichen und so beide Seiten Enttäuschungen vermeiden können (Von Walter et al., 2011, S. 329–343).

> **Definition Corporate Social Responsibility**
>
> Unter Corporate Social Responsibility (CSR) versteht das Bundesministerium für Arbeit und Soziales (BMAS) „die gesellschaftliche Verantwortung von Unternehmen im Sinne eines nachhaltigen Wirtschaftens (…). CSR ist die Verantwortung von Unternehmen für ihre Auswirkungen auf die Gesellschaft. Dies umfasst soziale, ökologische und ökonomische Aspekte (…). Konkret geht es beispielsweise um faire Geschäftspraktiken, mitarbeiterorientierte Personalpolitik, den sparsamen Einsatz von natürlichen Ressourcen, den Schutz von Klima und Umwelt sowie ernst gemeintes Engagement vor Ort und Verantwortung auch in der Lieferkette." (Quelle: Bundesministerium für Arbeit und Soziales (BMAS) ▶ https://www.csr-in-deutschland.de/DE/CSR-Allgemein/CSR-Grundlagen/csr-grundlagen.html).

Bewerberinnen wünschen sich eine bestimmte *Haltung ihrer zukünftigen Führungskräfte*. Da es die (leider häufig wahren) Worte gibt „Menschen kommen wegen eines Unternehmens und gehen wegen ihres Chefs", wird die *hohe Bedeutung guter Führung* für eine positive Employer Brand deutlich. Wird beispielsweise *Diversity als neue Strategie* in der Organisation verankert, so müssen Führungskräfte lernen, unterschiedliche

Persönlichkeiten, Geschlechter und Kulturkreise zu respektieren und ihre möglichen Vorurteile abzulegen, da sonst die Zusammenarbeit nicht funktionieren wird.

Employer Branding bedeutet stetige *Kommunikation nach innen und außen.* Der wichtigste Punkt ist das *Vorleben der Werte durch alle Führungskräfte und vor allem der Geschäftsleitung*, um zu zeigen, dass die tatsächlichen Werte, Arbeits- und Karrieremöglichkeiten sowie Verhalten und Kommunikation der Darstellung in der Employer Brand entspricht. Durch Kooperationen mit Bildungs- und Forschungseinrichtungen, Stipendien, das Angebot zur Begleitung von Bachelor- und Masterarbeiten oder für duale Studiengänge kann eine Organisation sich als Arbeitgeber bekannter machen, ebenso durch bürgerschaftliches und politisches Engagement (Lindner-Lohmann et al., 2016, S. 46; Schuhmacher & Geschwill, 2014, S. 37).

Die *Qualität des Employer Branding* hängt von den vorhandenen Mitarbeitern und Führungskräften ab. Das in der Strategie formulierte Soll-Image auf dem Arbeitsmarkt muss immer wieder mit der tatsächlichen Positionierung abgeglichen werden. So entsteht die *Employer Brand Value Proposition,* die die Stärke und den Wert der Arbeitgebermarke zeigt (Lindner-Lohmann et al., 2016, S. 44–47).

Bewirbt sich beispielsweise eine Interessentin auf eine ausgeschriebene Stelle und bekommt innerhalb von drei Wochen weder eine Eingangsbestätigung noch eine Einladung zum Vor-ab-Call, dann wird sie die im Employer Branding dargestellte Freundlichkeit, Wertschätzung und Schnelligkeit kritisch hinterfragen und das Unternehmen nicht mehr in die engere Wahl ziehen. Hat jedoch ein Unternehmen ein echtes Werteprofil, so wird ein solches Verhalten bzw. ein Mangel an Kommunikation nicht vorkommen, wie das Beispiel zeigt.

> ▶ **Beispielhafte Employer-Branding-Maßnahmen und Merkmale**

- Neben der Organisationswebsite gibt es eine *Karriere-Website* mit allen Möglichkeiten.
- Auf der Hauptseite stehen leicht zu findende Hinweise auf Karrieremöglichkeiten bzw. Jobs, Ausbildungsplätze und Praktika, die beschreiben, was zu tun ist, was erwartet wird und was geboten wird.
- Bewerbungen auf angebotene Stellen und Initiativbewerbungen können *leicht und schnell hochgeladen* werden, auf ein Anschreiben wird verzichtet zugunsten eines kurzen Statements: Warum möchte ich dort arbeiten? Was finde ich interessant und was bringe ich dafür mit?
- Sämtliche – möglichst separate – *Karriere-Social-Media-Kanäle* werden regelmäßig bespielt: Mit Nachrichten, Bildern, Filmen

8

zur Organisation, ihren Zielen, Werten, Aufgaben, freien Stellen, Weiterbildungsmöglichkeiten, Arbeitszeitmodellen, Aktivitäten neben der Arbeit, z. B. gemeinsam Feste feiern u. ä.

— Separate Karriere-Kanäle können auch von bestehenden Mitarbeitern genutzt werden.

— *Filme, Bilder und Texte zeigen die Menschen an ihrem Arbeitsplatz mit ihren Fähigkeiten und ihrer Persönlichkeit*: Was machen sie dort, wie machen sie ihre Arbeit, wie unterhalten sie sich, wie gehen sie miteinander um? Die Unternehmenskultur muss ebenso deutlich werden wie die Werte und die Erwartungen an Kompetenzen, damit sich die „Richtigen" angesprochen fühlen (wenn Feste nur aus dem Zwang heraus gefeiert werden, weil es „heute dazugehört", aber kein Mitarbeiter Spaß hat, sollte man es lieber lassen).

— *Blogs und Filme* bieten eine gute Möglichkeit, Führungskräfte und Spezialistinnen mit ihrem *Karriereweg* vorzustellen: Wie sind sie dahin gekommen, wo sie heute sind? Was haben sie dafür getan? Eine dritte wichtige Gruppe sind die *potenziellen Auszubildenden* bzw. dual Studierende: Was ist interessant an den angebotenen Berufen? Was macht man da? Mit wem arbeitet man zusammen? Welche Karriereaussichten habe ich? Für die Erstellung und Weiterentwicklung können Auszubildende und junge Mitarbeiterinnen komplett die Regie übernehmen.

— Themen wie *Diversität oder Inklusion* können gut platziert werden, wenn sie wirklich gelebt werden.

— Ein guter *Slogan* unterstützt alle Aktivitäten und erleichtert die Auffindbarkeit und die Abgrenzung von anderen Arbeitgebern. ◄

Nach all diesen Ideen zum Wecken von Aufmerksamkeit ist der tatsächliche Umgang mit Bewerbern und ihren Unterlagen, die Begrüßung, das Verhalten und die Kommunikation relevant. Halten die Mitarbeiterinnen das im *Employer Branding gegebene Versprechen*? Vom HR-Management über den Pförtner am Eingang, den Kolleginnen auf dem Flur auf dem Weg zum Vorstellungsgespräch und die Führungskräfte, die das Gespräch führen, müssen alle die Employer Brand leben. Stimmen die Bilder aus den Kanälen mit der Wirklichkeit überein? Wie freundlich gehen Menschen mit Besucherinnen, Praktikanten, neuen Kollegen um?

In Studien aus den Jahren 2021 und 2022 wurde deutlich, dass *flexible Arbeitszeiten, sinnhafte Tätigkeiten, hohe Work-Life-Balance, eine angenehme Unternehmenskultur und gute Führungsqualität* Menschen in der Arbeitswelt wichtig ist. Die Realität bleibt aus der Wahrnehmung der Arbeitnehmer deutlich darunter, vor allem bei der Unternehmenskultur und der Führung.

Es wird deutlich, wie wichtig eine gute interne Vorbereitung ist, bevor eine Employer Brand entwickelt wird. In der Marketingsprache ist es die Entwicklung und das Testen eines Produkts, bevor die analoge und digitale Werbung, die Presse- und Öffentlichkeitsarbeit und der Vertrieb gestartet wird. *Ein wertorientiertes Unternehmen* entwickelt also Schritt für Schritt sein „Organisationsprodukt":

- Gemeinsame Entwicklung aller Werte in der Organisation, bei großen Organisationen über eine Steuerungsgruppe, die alle regelmäßig informiert und inspiriert, auch LKW-Fahrer, Reinigungskräfte und die Buchhaltung;
- Coachings zu den persönlichen biografischen Werten, insbesondere für die Führungskräfte und das HR-Management;
- Workshops während und nach dem Werteprozess, damit alle die neuen Werte verstehen und mittragen;
- Erstellung von Arbeitszeit- und Arbeitsortmodellen;
- Entwicklung von Arbeitsformen wie agiles Arbeiten - wenn es passt -;
- Erstellung von Kommunikations- und Verhaltensstandards (Internal und Behavior Branding);
- Erstellung von Führungsstandards (Leadership Branding);
- Erstellung von HR-Standards (Tätigkeit und Entwicklungsmöglichkeiten für alle);
- Vorstellungsgespräche werden in der Fachabteilung geführt, nachdem 1–2 Mitarbeiter pro Team für Personalgespräche ausgebildet wurden;
- Begleitung im Arbeitsalltag, um die Theorie in die Praxis umzusetzen;
- Testbesucher und -anrufer;
- Rückkopplungsgespräche;
- Freude an den Werten und an einer guten Unternehmenskultur wecken;
- … und immer wieder von vorn …

> Ein wertorientiertes Unternehmen baut seine Employer Brand auf passenden authentischen Standards und leicht zugänglichen Kommunikationskanälen auf.

8.2 Passung (Fit)

Das Wissen über die eigenen Werte ist für Unternehmen wichtig, denn sie wirken zum einen stetig auf eine gute Unternehmenskultur ein und zum anderen sorgen sie für eine gute Arbeitsleistung und möglichst geringe Fluktuation bei den Mitarbeitern. Je besser die *wertebasierte Passung* ist, desto geringer ist der Wunsch einer Mitarbeiterin, das Unternehmen zu verlassen, und desto geringer ist der tatsächliche Wechsel zu einem anderen Unternehmen.

8

Die Sinnforschung (Schnell (2018)) zeigt, dass eine *Passung* zwischen der beruflichen Tätigkeit von Menschen und ihren Werten, Fähigkeiten, Persönlichkeitseigenschaften und ihrer Lebensplanung wichtig ist, damit Menschen ihre *Arbeit als sinnvoll* erleben. Dieses Wissen ist besonders wichtig für die Personalplanung und die Gewinnung von passenden Mitarbeiterinnen und Führungskräften.

Da sich Menschen von Organisationen angezogen fühlen, die ihren eigenen Werten und Eigenschaften entsprechen, muss die Organisation die *Öffentlichkeit über ihre Werte und ihr Wofür informieren*, um die passenden Menschen für sich zu interessieren. Dann bewerben sich im besten Fall nur diejenigen mit übereinstimmenden Werten. Die Verantwortlichen in Organisationen suchen – wenn die Werteorientierung erfolgt ist – nach *wertebasierter Übereinstimmung*. Manche Kandidatinnen nehmen ein Angebot an, weil sie an der Tätigkeit oder an einem hohen Gehalt und der entsprechenden Sicherheit interessiert sind. Sie werden dann aufgrund ihrer Kompetenzen ausgewählt, ohne dass die Entscheider deren Werte ermitteln und auf eine Übereinstimmung achten. Das führt in den meisten Fällen zu baldiger Trennung, sodass das Unternehmen mit großem zeitlichem und finanziellem Aufwand neu suchen muss (neben allen anderen Nachteilen wie der Wirkung auf das Team etc.).

Gerade *junge Menschen* wissen nicht genau, welche Werte ihnen wichtig sind und was sie brauchen, um gut arbeiten zu können. In der Schule lernen sie viel Fachwissen, um möglichst schnell vermittelbar zu sein – wie auch später in der Ausbildung oder im Studium. Sie erfahren jedoch nicht, *wie sich eine Persönlichkeit bildet und welche Rolle Werte im Leben und im Beruf spielen*. So kennen sie sich selbst und ihre Persönlichkeit nur wenig. Das führt zu Unsicherheit, was sie werden wollen, was ihnen wichtig ist und in welche Organisationen sie gut passen. Manche hören auf die Eltern, die jedoch häufig von ihren eigenen Eigenschaften und Fähigkeiten ausgehen, da sie sich nicht vorstellen können, dass ihre Kinder anders sind als sie selbst.

Ältere Mitarbeiter haben selten gelernt, sich mit sich selbst zu beschäftigen. Sie haben das Weltbild mit den Glaubenssätzen der Eltern übernommen, z. B. „Mit über 50 kriegt man keinen neuen Job mehr. Bleib lieber, wo du bist" oder „Wer älter ist als 55, kann nichts Neues mehr lernen". Während noch vor kurzem ältere Menschen in Altersteilzeit oder vorzeitige Rente geschickt wurden, versuchen Organisationen nun, die *älteren Mitarbeiterinnen und Führungskräfte zu halten*, da es zu wenig Nachwuchs gibt und viel Wissen verloren gehen würde. Die Betroffenen möchten teilweise bleiben, wenn sie anders arbeiten können.

Dabei müssen die Organisationen ihre älteren Mitarbeiter begleiten, damit diese ihre *Werte und Bedürfnisse für die letzte Berufsphase erarbeiten:*

- Was ist mir jetzt wichtig?
- Was brauche ich, um weiterhin gut arbeiten zu können?
- Möchte ich jetzt etwas anderes machen, das mich mehr motiviert?
- Was möchte ich abgeben?
- Was möchte ich neu lernen? Oder nicht?
- Welche Rolle will ich zukünftig einnehmen, will ich z. B. Führungsverantwortung abgeben oder teilen?
- Möchte/darf ich mich in der Arbeitszeit sozial engagieren?
- Behalte ich mein Gehalt in voller Höhe, wenn ich mich verändere?
- Was brauche ich, um mich sicher zu fühlen, dass ich trotz neuer Rolle und meinem Alter weiterhin in der Organisation respektiert und mit meinen Erfahrungen und Kompetenzen positiv gesehen werde?
- Was tut meine Organisation dafür?

Umgekehrt muss die Organisation *gemeinsam mit den älteren Mitarbeiterinnen Ziele festlegen, Erwartungen austauschen* und über die Reduktion von Arbeitszeiten, neue Arbeitszeitmodelle, Gehalt, Gesundheit etc. sprechen. Sie muss dafür sorgen, dass *Generationenklischees beseitigt werden* – in beide Richtungen. Weder dürfen sich die Jungen abwertend über mangelnde Kompetenzen der Älteren äußern noch die Älteren über mangelndes Wissen der Jungen.

Mithilfe des *Person-Environment-Fit-Modells* können Organisationen und ihr HR-Management alle Generationen unterstützen. Im Idealfall sind die *Ressourcen eines Menschen und die Anforderungen einer Arbeitsaufgabe im Gleichgewicht* und die *Merkmale der Arbeitsaufgabe* entsprechen den *Bedürfnissen des Mitarbeiters.* Dann entsteht eine Übereinstimmung („Fit") zwischen einem Mitarbeiter und seiner Arbeitsumgebung (Spieß & von Rosenstiel, 2010, S. 41). *Negativer Stress* entsteht, wenn die Anforderungen die Fähigkeiten einer Mitarbeiterin überschreiten bzw. ihre Bedürfnisse nicht dem Angebot entsprechen.

> Passung (Fit) von Werten, Bedürfnissen, Anforderungen und Fähigkeiten zwischen Organisation und Mitarbeitern aller Generationen ist unabdingbar für gute Zusammenarbeit.

▶ Beispiel

Wenn ein älterer Mitarbeiter im Unternehmen gehalten werden soll, jedoch den Wunsch hat, seine *Führungsverantwortung zu teilen* und weniger zu arbeiten, müssen das HR-Management und die zuständige Führungskraft gemeinsam die *Persönlichkeit des Mitarbeiters, seine Bedürfnisse und Werte* erkennen, falls dem Mitarbeiter ein solches Gespräch gegenüber dem eigenen Chef schwerfällt. Ebenso müssen sie infrage kommende *Mitarbeiterinnen für die geteilte Führungsaufgabe finden, deren Werte und Bedürfnisse passen*, damit die Teilung der Verantwortung gut funktioniert. Die beiden Mitarbeiter müssen sich zum einen fachlich ergänzen, zum anderen *einen zu 70–80 % homogenen Werterahmen* haben. Sie müssen gemeinsam nicht nur Ziele und Erwartungen der Organisation erfüllen, sondern auch die Aufgaben und Verantwortung sinnvoll, also nach fachlichen und sozialen Kompetenzen, aufteilen. Da sie sich grundsätzlich sympathisch sein sollten, ist es empfehlenswert, die ältere Führungskraft in das Bewerbungsverfahren einzubeziehen oder sogar zu fragen, wen sie sich als Co-Leader vorstellen kann, ob es jemand aus dem Team, der Organisation oder von extern sein soll.

Zuvor muss sich jedoch die Organisation über ihr *Ziel* im Klaren sein, da die neue Führungskraft meistens zu 100 % führen soll, wenn die ältere in den Ruhestand geht. Alternativ kann die geteilte Führungsaufgabe bleiben und später eine weitere zweite Führungskraft gesucht oder das Team selbstführend werden. Vor allem, wenn es um Transformation geht, stellt sich die Frage nach der besten Führungskraft/Führungskräften für den Prozess.

Hinsichtlich der Mitarbeiterinnen muss *Klarheit* herrschen, *wer wann was entscheidet und wie mit herausfordernden Situationen* umgegangen wird. Die wichtigste Rolle spielen die beiden Persönlichkeiten: Die ältere Führungskraft muss *loslassen* können, darf nur noch die vereinbarten Themen entscheiden und bearbeiten; ebenso hat die jüngere ein gemeinsam festgelegtes Aufgabenfeld. Sie wiederum darf sich nicht so verhalten, als sei der ältere Kollege schon im Ruhestand. Beide müssen sehr *wertschätzend* miteinander umgehen und *übereinander ebenso wertschätzend kommunizieren*. Für eine erfolgreiche Umsetzung ist es unabdingbar, dass beide *gut vorbereitet* und mindestens ein halbes Jahr lang von einer internen oder externen Expertin begleitet werden. ◄

8.3   Recruiting und Onboarding

Die Personalgewinnung bzw. das Recruiting hat sich in den letzten Jahren sehr verändert: Weniger Bewerber durch den demografischen Wandel, hohe Anforderungen an manchen Stellen, veränderte Bedürfnisse von Mitarbeiterinnen und Führungskräften, verändertes Kommunikationsverhalten über soziale Medien und Bedeutungsverringerung der klassischen Zeitungen. Wertorientierte Organisationen werden weniger Probleme als andere haben, geeignete Bewerber auf sich aufmerksam zu machen, die bestmögliche Passung sicherzustellen und für sich zu gewinnen.

Tipp für Bewerbergespräche

Die meisten Menschen kennen ihre Fähigkeiten und Talente und können darüber gut Auskunft geben. Das *Wissen über ihre persönlichen Werte und Eigenschaften* ist bei vielen schwerer zu ermitteln, vor allem in einem Vorstellungsgespräch. Zu ungewohnt sind solche Fragen im Erstkontakt. Mit einer bestimmten *Fragetechnik oder durch Storytelling* können Entscheiderinnen und HR-Verantwortliche Antworten erhalten, auch zu ersten Vorstellungen zur Lebensplanung.

Die *Fragen nach Werten und Lebensentwurf* sind wichtig, um die Passung zu überprüfen. Hier ist eine *Weiterbildung zum Führen guter (Video-)Vorstellungsgespräche und zum systemischen Fragen* sinnvoll. Eine Alternative sind *wertebasierte Persönlichkeitsanalysen*, die auch ein Geschenk für den Bewerber sein können, wenn er nicht ausgewählt wird.

Das bekannteste Modell zur Beschreibung der gesamten Persönlichkeit ist das *Fünf-Faktoren-Modell oder die „Big Five"*. Im Gegensatz zu Typen-Tests (Menschen sind keine „Typen", sondern einzigartige Persönlichkeiten) stehen die fünf Dimensionen der Big Five miteinander in Relation. Neben den Charaktereigenschaften mit jeweils sechs Facetten werden Werte und Lebensmotive (Was treibt einen Menschen an im Leben und im Beruf?) sowie berufliche, soziale, persönliche und sogar stellenspezifische Kompetenzen deutlich.

Schon im *Anforderungsprofil* sollten daher neben fachlichen, methodischen, persönlichen und sozialen Kompetenzen *die gewünschten Werte* erscheinen. In der detaillierten *Stellenbeschreibung* kann beschrieben werden, welche Persönlichkeit mit welchen Werten gewünscht wird. Gerade für wertorientierte Organisationen macht es Sinn, von Beginn an auf die Passung persönlicher und organisationaler Werte hinzuweisen. So wird Bewerberinnen deutlich, dass nicht nur auf fachliche Kompetenzen geachtet wird.

Im Recruitingverfahren zeigt eine Organisation, ob sie es mit Werten wie Schnelligkeit, Ordnung oder Zuverlässigkeit ernst meint. Dazu gehören die digitale Information über den *Bewerbungsprozess mit Zeitplan* und eine zeitnahe *Auswertung der Bewerbungsunterlagen*, die sich stets im Prozessrahmen bewegt.

Wirtschaftspsychologen empfehlen häufig eine standardisierte *Personalauswahl* über Algorithmen bzw. mit künstlicher Intelligenz, um „Bauchgefühl"-Entscheidungen zu vermeiden, da inzwischen viele Studien zeigen, dass Menschen selten „neutral" und „sachlich" urteilen. So werden Tests eingesetzt, dessen Ergebnisse dann die erste Auswahl treffen. Anderer-

8

Gutes Recruiting fragt neben fachlichen Kompetenzen nach Werten und der Sozialisation des Bewerbers. Bewerbungen werden schnell bearbeitet und Mitarbeiterinnen wurden für Vorstellungsgespräche ausgebildet.

seits – spätestens im zweiten Schritt des Prozesses – möchten viele Entscheiderinnen *Bewerber persönlich erleben*, um sie zu beurteilen. Um also eine rein zufällige Auswahl zu vermeiden, wird *mehr Wissen über Bewerber* benötigt, z. B. über ihre Belastbarkeit, Genauigkeit oder Schnelligkeit.

Wer Bewerber mehr von ihrem *persönlichen und familiären Background (seine Sozialisation)* erzählen lässt und fragt, wie jemand zu seiner heutigen Position oder Beruf gekommen ist, erfährt viel über seine Persönlichkeit, Glaubenssätze und Werte der Herkunftsfamilie. So ist durch die Sozialisation zu erkennen, wie Bewerberinnen mit *Herausforderungen oder Krisen umgehen* können. *Biografische Muster und Werte sind aus Ereignissen aus der Kindheit entstanden*, die positiv oder negativ oder irgendwo dazwischen gelegen haben. Wer seine Herkunft akzeptiert und das Beste daraus zieht, hat einen guten *Werterahmen für seine Arbeit* und sein Leben entwickelt und sich nicht in einer Opferrolle versteckt. Wer früh Verantwortung übernehmen musste, z. B. durch Tod eines Elternteils, übernimmt im Beruf häufig schnell Verantwortung. Wer sich aus einem Arbeiterhaushalt gegen Widerstände „nach oben" kämpfen musste, hat Willensstärke und Freude am Lernen gezeigt. Und wer immer wieder betont, wieviel besser es doch seine Kommilitonen im Studium hatten, weil sie nicht jobben mussten, ist in der Opferrolle geblieben. Arbeitet er jedoch an sich, indem er seine Glaubenssätze und Muster herausfindet, sie in Erlaubnissätze und Werte wie *Mut, Zuversicht, Stärke, Wissbegierde und Erfolg* umwandelt, ist er ein interessanter Bewerber (in Anlehnung an Schorp, 2022, S. 51–61).

Wer *junge Talente* gewinnen will, muss Kenntnisse über ihre Bedürfnisse und Werte besitzen, denn Mitarbeiterinnen schließen nicht nur einen juristischen, sondern auch einen *psychologischen Arbeitsvertrag*. Werden die Bedürfnisse erfüllt, so steigt die Leistungsbereitschaft, Innovationskraft, Kreativität, Vorstellungskraft und das visionäre Denken und Handeln – alles, was für die Umsetzung der Transformation in der Organisation gebraucht wird.

Unternehmen beschäftigen sich derzeit aufgrund des Fachkräfte- und Auszubildendenmangels intensiv mit der Integration und den Bedürfnissen der jungen Generationen (siehe ▶ Abschn. 4.6). Recruiterinnen werden insbesondere für einen Teil der *Generation Z* neue Wege suchen müssen, um Auszubildende zu finden. Sie müssen ihre Qualifikationsanforderungen überdenken und sich bei der Rekrutierung mehr auf grundlegende Einstellungen potenzieller Mitarbeiter fokussieren. „Um alle Lehrstellen mit Auszubildenden besetzen zu können, werden Unternehmen angesichts der absehbaren

Knappheit an Nachwuchskräften auch Jugendlichen mit schlechteren Noten oder mit Migrationshintergrund *mehr Chancen beim Berufseinstieg* geben, junge Erwachsene ohne Berufsabschluss beispielsweise in Form einer *assistierten Ausbildung* qualifizieren und obendrein gezielt Nachwuchs im Ausland rekrutieren müssen" (Klaffke 2021, S. 124).

Manche Organisationen werden sich auf die Bedürfnisse und (noch mangelnden) Fähigkeiten einstellen, andere nicht. Auch das hat mit Werten zu tun: Wenn eine Organisation durch *Werte wie Hilfsbereitschaft, Sinnhaftigkeit, Toleranz, Verantwortung, Anstand und Empathie* geprägt ist, wird es Empfehlungen wie von Klaffke genannt annehmen und jungen Menschen *Chancen bieten.* Andere Unternehmen sprechen eher von Faulheit, mangelndem Engagement oder mangelnder Intelligenz. Sachlich-rational betrachtet kann manches zutreffen – wenn jedoch ein junger Mensch in der Pubertät keine familiäre oder schulische Unterstützung hatte, bleibt er zunächst auf der Strecke, bis er eine Organisation findet, die ihn als Auszubildenden so nimmt wie er ist und ihm neben Fachkompetenzen neue Werte vermittelt, die sein Selbstwertgefühl erhöhen.

Zu einem guten Start in eine neue Organisation gehört ein professionelles *Onboarding.*

Darunter wird die betriebliche Eingliederung von neuen Mitarbeiterinnen in den ersten Monaten verstanden. Ein neuer Mitarbeiter möchte sich möglichst *schnell sicher* fühlen und wissen, was von ihm erwartet wird. Dafür braucht er Informationen und ein Feedback auf seine ersten Aktivitäten sowie *Beziehungen* zu Kolleginnen und Führungskräften. Wenn die Organisation ihm – am besten schon im Vorstellungsgespräch – einen realistischen Blick auf die Anforderungen und Erwartungen gegeben hat und ihm jetzt einen *Paten* zur Orientierung und Einarbeitung zu Seite stellt – mindestens für drei Monate –, gewinnt er an Sicherheit.

Gutes Onboarding sorgt für

- *Rollenklarheit*: Was ist meine Rolle im Team? Welche haben die anderen, auch meine Teamleitung?
- *Selbstwirksamkeit*: Ich bekomme und habe alle Mittel, um hier gut arbeiten zu können,
- *Akzeptanz durch die Mitglieder der Organisation*: Niemand ignoriert mich, äußert sich abfällig oder macht entsprechende Gesten, behält sein Wissen für sich oder weiß alles besser,
- *Wissen/Zurechtfinden in der Organisationskultur*: Ich kenne die sichtbaren und die unsichtbaren Entscheidungswege, Regeln und Hierarchien und weiß, wen ich wann und zu welchem Thema fragen kann.

Junge Menschen brauchen eine besondere Begleitung ins Berufsleben. Dazu gehören die gelebten Werte Hilfsbereitschaft, Diversität und Toleranz.

Somit ist Onboarding *Voraussetzung für ein erfolgreiches Ankommen, hohe Arbeitszufriedenheit, Commitment, gute Arbeitsleistungen* und sorgt für den Verbleib einer Mitarbeiterin in der Organisation.

Um ein gutes Onboarding zu ermöglichen, kann nicht „irgendjemand" morgens losgeschickt werden, um „den Neuen" zu empfangen und „mal eben das Haus zu zeigen". Oder ihn sogar eine Stunde in der Personalabteilung sitzen lassen, bis jemand Zeit hat.

Der *Onboardingprozess* muss unmittelbar am ersten Tag nach der Begrüßung begonnen werden, damit neue Kolleginnen nahtlos in die Organisationsabläufe eingegliedert werden. Für eine wertschätzende, freundliche und respektierende Begleitung in den ersten Monaten ist eine *wertorientierte Kommunikation* mit passender Körpersprache erforderlich. Darüber hinaus muss vorab alles so organisiert sein, dass die Patin Zeit hat, sich um den neuen Kollegen zu kümmern, sodass er nicht den Eindruck hat, er „stört" und „fällt lästig".

Bestehende Mitarbeiter dürfen sich *nicht feindlich verhalten oder abwertend kommunizieren.* Dieses Verhalten ist zu beobachten, wenn Menschen *sich bedroht fühlen,* z. B. von einem jüngeren Kollegen, da er mehr wissen oder eher befördert werden *könnte,* da er studiert hat. Das Bedrohungsgefühl resultiert aus einem niedrigen Selbstwertgefühl des Mitarbeiters und kann vermieden werden, wenn er auf neue Kolleginnen gut vorbereitet wird und weiß, warum jemand kommt, was die Neuen tun sollen und dass er selbst weiterhin wertgeschätzt wird. Dann erlebt er die Werte *Transparenz, Vertrauen, Wertschätzung und Zuversicht.* Kann jemand darüber hinaus mit seiner Führungskraft oder jemand anders über seine *Ängste* vertrauensvoll sprechen und wird seine Leistung anerkannt, wird er kein feindliches Verhalten zeigen oder Wissen für sich behalten.

Ebenso sollten vorab *alle Informationen zusammengestellt* sein, die eine neue Kollegin allgemein für die Organisation und speziell für ihren Bereich braucht. Hier bietet sich ein *Handbuch* an, das im Intranet oder als Ausdruck zur Verfügung steht. Vor Arbeitsbeginn muss klar sein, wann der neue Kollege wo zur Einarbeitung oder zum Kennenlernen sein soll und wer sich dort um ihn kümmert. Dass der Arbeitsplatz komplett eingerichtet ist und vom Vorgänger gesäubert wurde, ist selbstverständlich.

Insgesamt empfiehlt sich eine durch das Personalmanagement gesteuerte Planung und eine auf den organisationalen *Werten basierende Ausbildung* für Paten. So ist die Qualität des Onboardings gleichbleibend hoch, wenn die Paten als *Rollenvorbilder und Organisationsbotschafterinnen* gut ausgebildet sind. Sie sollten etwa im gleichen Alter oder in ähnlicher Funktion wie der neue Kollege sein, damit er ohne Hemmungen direkte Fragen stellen kann.

Bei *Berufsanfängern mit Bachelorabschluss* muss in der Fachabteilung vorab geklärt sein, welche *Erwartungen* Führungskräfte und langjährige Mitarbeiterinnen an sie haben. Sie müssen möglicherweise ihr *Anspruchshaltung ändern*, denn ein Diplomabschluss vor 20 oder 30 Jahren ermöglichte eine *andere Kompetenztiefe* hinsichtlich Selbstorganisationsfähigkeiten, persönlicher Entwicklung und Fachwissen als die heutigen stark verschulten Bachelorabschlüsse. Dazu kommt, dass Studierende heute früher Abitur machen, entsprechend früher ihr Studium beginnen und abschließen und somit eine vergleichbare *Lebensreife* fehlen könnte. Organisationen müssen sich auf längere Einarbeitungszeiten und Schulungen hinsichtlich methodischer und sozialer Kompetenzen einstellen (vgl. Klaffke, 2021, S. 123). Wer als Führungskraft seine Anspruchshaltung anpassen kann und bereit ist, junge Berufsanfängerinnen gemeinsam mit seinem Team zu begleiten, zeigt Werte wie *Respekt, Toleranz, Wertschätzung, Fairness und Empathie*.

> Onboardingprozesse müssen professionell vorbereitet werden, da sie eine entscheidende Rolle für die Bindung eines neuen Mitarbeiters an die Organisation spielen.

Bei Auszubildenden und Berufsanfängern mit Ausbildung wird inzwischen empfohlen, ein *Pre-Onboarding* zu installieren. Gleich nach Abschluss des Ausbildungs- oder Arbeitsvertrages werden die jungen Menschen in Social-Media-Gruppen ihres zukünftigen Fachbereichs aufgenommen, in die Organisation zum Schnuppern oder zum Mitfeiern eingeladen. Treffen mit Mit-Auszubildenden oder -Anfängerinnen vor dem offiziellen Beginn *stärken die Bindung zum neuen Arbeitgeber* und verhindern, dass junge Menschen mit und ohne Kündigung zum vereinbarten Beginn nicht erscheinen. Die Strategie kann an den Bildungsgrad angepasst werden, z. B. kann bei bildungsfernen Jugendlichen der Stolz auf eine Ausbildung in einem bekannten Unternehmen geweckt und gestärkt werden. Wenn Studenten in bekannten Organisationen als Werkstudenten tätig sind, erhöht sich ebenfalls ihr Status und sie können leichter für eine spätere Tätigkeit gewonnen werden. Bei diesem organisationalen Verhalten werden Werte wie *Verbundenheit, Zusammengehörigkeit, Empathie, Engagement und Familie* (die Organisation als Zweitfamilie) deutlich.

> Onboardingprozesse für junge Mitarbeiterinnen und Auszubildende erfordern eine besondere Rücksicht auf ihr Vorwissen. Durch Pre-Onboarding wird die Zugehörigkeit zur Organisation schon vor Arbeitsbeginn gestärkt.

8.4 Mitarbeiterbindung (Retention)

Die beste und günstigste Möglichkeit, sein Team und das Wissen in der Organisation zu behalten sowie eine hohe Arbeitsqualität sicherzustellen, ist die *Bindung von Mitarbeitern (engl. „retention")*. Damit ist nicht die zwanghafte Bindung gemeint, die Mitarbeiterinnen in strukturschwachen Regionen aus Mangel an Alternativen eingehen, sondern *eine auf Werten basierte Bindung an eine Organisation, die den Großteil der Bedürfnisse erfüllt und in der sich Menschen wohlfühlen.*

Damit Mitarbeiter also gern in ihrer Organisation bleiben, sind folgende *Werte und Merkmale* wichtig:

- *Eingebunden sein* in die Arbeitsaufgabe durch gute Beziehungen zu Kolleginnen und Teams innerhalb der Organisation (*Job Embeddedness*);
- Wahrnehmung der *eigenen Passung* mit der Tätigkeit und der Organisation;
- ein *gutes Onboarding* durch Wertschätzung von individuellen Merkmalen von neuen Mitarbeitern ohne Gegnerschaft durch vorhandene Mitarbeiterinnen und damit *Anpassung an die Unternehmenskultur;*
- *interessante Aufgaben*, Spaß bei der Arbeit und Abwechslung;
- Fachliche und persönliche *Entwicklungsmöglichkeiten* durch Mentoring, Coaching oder Training;
- *finanzielle Anreize*, auch für Auszubildende, z. B. vermögenswirksame Leistungen, und ein angemessenes Gehalt;
- Angebote für die *Vereinbarkeit von Beruf und Privatleben*, um beide Teile des Lebens zu bereichern, also Arbeitsanforderungen, Arbeitsressourcen und persönliche Ressourcen miteinander in Einklang zu bringen, bessere Leistungen zu erbringen und negative Effekte der Arbeit zu vermeiden;
- attraktive *Arbeitszeitmodelle* für alle;
- *wertschätzender und respektvoller Umgang* unter allen Mitarbeiterinnen sowie zwischen Mitarbeitern und Führungskräften;
- z. B. kostenlose Reinigung von Arbeitskleidung oder kostenlose Essensangebote in der Kantine oder extern;
- *freie Wahl des Arbeitsortes*: remote oder in Präsenz arbeiten nach Wunsch.

Insbesondere der letzte Punkt führt seit 2022 zu großen Diskussionen. Je nach Aussagen von Unternehmensleitungen sind die entsprechenden Wertepole erkennbar:

> ❯ **Wichtig**
> **„Zurück ins Büro an allen Arbeitstagen für alle"**
>   contra
>   **„Arbeitet, wie und wann es gut passt, solange Ihr die Ergebnisse bringt"**
>   zukünftig der Wertebasis
> - Grenzen ODER Autonomie,
> - Misstrauen ODER Vertrauen,

- Prinzipien ODER Flexibilität,
- Strenge ODER Gelassenheit.

Das *Polarity Management* hat gezeigt, dass ODER-Probleme unlösbar sind. Um gut zu arbeiten, braucht es ein UND oder ein BEIDES.

Wenn Menschen, die zumindest zwei Tage in der Woche remote arbeiten möchten, wieder so arbeiten müssen wie vor der Pandemie, *schwächt es die Bindung an die Organisation* und die *Gefahr von Kündigungen* guter Mitarbeiterinnen wächst. Natürlich gibt es auch Mitarbeiter, die gern wieder im Büro arbeiten wollen (getragen von Werten wie *Verbundenheit, Zugehörigkeit, Familie, Gemeinschaft*). Die anderen haben Werte wie *Autonomie, Kreativität oder Flexibilität*, die unlösbar sind:

> **Wichtig**
> **100 % Präsenz im Büro ist kein Wert mehr.**
> Im Gegensatz zur Zeit vor der Pandemie ist *die Präsenz im Büro kein Wert mehr*, sondern Menschen kommen ins Büro, *um sich auszutauschen, zusammen Neues zu entwickeln und kreativ* zu sein. Es zeigen sich erneut *unlösbare Wertepole*, wenn eine Organisation auf Präsenzpflicht besteht:
> - Macht ODER Wertschätzung
> - Gehorsam ODER Neues entwickeln
> - Disziplin ODER Kreativität
> - Pflichterfüllung ODER Austausch und Weiterentwicklung.

Wertorientierte Organisationen sehen *alle Werte als wert-voll* an, da sie zum Unternehmensziel beitragen. Sie müssen jedoch *richtig eingesetzt* werden, sodass die Bedürfnisse aller Mitarbeiter erfüllt werden *und* die Ziele der Organisation erreicht werden. UND bzw. BEIDES ermöglicht die Erfüllung von Bedürfnissen und Zielen und sorgt dafür, dass Mitarbeiterinnen gut arbeiten können.

Zur Verknüpfung von BEIDEM gehört das *Onboarding* und die *Einarbeitung neuer Mitarbeiter, die in Präsenz* erfolgen muss, damit neue Mitarbeiterinnen vom Zusehen und Mitmachen lernen. Hier können sich die Teammitglieder abwechseln. Empfehlenswert für alle Teams ist *ein gemeinsamer Tag in der Woche*, um sich auszutauschen, Neues zu planen und den Spirit des Teams zu pflegen.

Wenn eine Organisation auf ihren Polen besteht, wird sie *Konflikte provozieren*. Befragungen zeigen das *Misstrauen von Führungskräften*, da sie im Gegensatz zu Mitarbeiterinnen die Produktivität beim Remote-Arbeiten deutlich anders einschätzen, obwohl die Produktivität in Deutschland 2020 gegenüber dem Vorjahr trotz Pandemie um 2,85 % gestiegen ist (Quelle: Statistisches Bundesamt, 2022: ▶ https://de. statista.com/statistik/daten/studie/974210/umfrage/ produktivitaet-je-erwerbstaetigen-in-deutschland/).

Es geht also nicht um eine sachliche Einschätzung, sondern um *Befehl und Gehorsam,* um *Macht anstelle von Wertschätzung* und um *Pflichterfüllung anstelle von Weiterentwicklung.* Wenn Studien zeigen, dass die wichtigsten Gründe, weswegen Mitarbeiterinnen kündigen, *mangelnde Wertschätzung für die geleistete Arbeit und fehlende berufliche Weiterentwicklung* sind, wird deutlich, wie wichtig das *Polarity Management von Werten* ist. Nur so können sich Organisationen zu wertorientierten Unternehmen weiterentwickeln, um die digitale Transformation erfolgreich umzusetzen.

Bindung von jungen Mitarbeitern und Auszubildenden

Die Bindung von Mitarbeitern setzt gelebte Werte wie Wertschätzung, Vertrauen und Flexibilität der Arbeit sowie Leistungen wie Weiterbildung und finanzielle Anreize voraus.

Wenn es um Auszubildende und junge Arbeitskräfte geht, müssen Organisationen mit Sitz in ländlichen Regionen *Anreize schaffen*, da viele junge Menschen lieber in Städten wohnen. Dazu können eigene Treffpunkte für junge Mitarbeiterinnen, Fitnessstudios und Angebote für Wochenend- und Abendprogramme gehören, wie das Beispiel zeigt:

> ▶ **Beispiel NordseeKollektiv**
>
> Mehrere Hotels haben sich in dem ländlichen und sehr abgelegenen Nordseeheilbad St. Peter Ording zusammengetan, um nicht nur neue Mitarbeiter zu gewinnen, sondern sie länger an den Ort zu binden: Ein Wechsel in ein anderes Haus ist bei einer freien Stelle problemlos möglich. Im Angebot sind u. a. Personalhäuser, ein Fitnessstudio, eine Personalkneipe und viele Veranstaltungen nach Feierabend oder an freien Tagen. Weitere Ideen werden derzeit entwickelt. Ziel der Gesellschafter ist es, eine Wohlfühlatmosphäre in allen Hotels zu entwickeln, die individuellen Bedürfnisse der Mitarbeiterinnen möglichst zu erfüllen und es Interessenten so einfach wie möglich zu machen, nach St. Peter Ording zu kommen und dort zu arbeiten. Eine große Herausforderung für die Geschäftsführung des NordseeKollektiv ist nach wie vor die Schaffung von angemessenen Wohnangeboten – das verbindet sie mit den Herausforderungen des Personalmanagements in großen Städten (▶ https://www. nordsee-kollektiv.de/das-kollektiv/). ◀

Die Verbundenheit mit dem Arbeitgeber (Job Embeddedness) zeigt sich in vier unterschiedlichen Arten der Verbundenheit:
- Rationale Verbundenheit
- Normative Verbundenheit
- Behaviorale Verbundenheit
- Emotionale Verbundenheit

Die *rationale Verbundenheit* ist eine praktische Abwägung von Kosten und Nutzen: Ist das Entgelt gut, so bleiben diese Mitarbeiter – sonst gehen sie. *Behaviorale Verbundenheit* bedeutet, dass Menschen aus Gewohnheit bleiben, während die *normative Verbundenheit* auf Verpflichtung zu bleiben basiert. Die *emotionale Verbundenheit* ist die stärkste, denn hier fühlen sich Menschen wirklich verbunden.

Neben den genannten Arten der Verbundenheit kommt die *Person oder Sache*, auf die sich die Verbundenheit bezieht: auf die Aufgabe, auf die direkte Führungskraft, auf das Team oder auf die Organisation als Ganzes. Die Art der Verbundenheit hängt von der Persönlichkeit eines Mitarbeiters, also seinen *Charaktereigenschaften, Werten und Einstellungen* ab.

Ziel eines wertorientierten Unternehmens ist die *emotionale Verbundenheit zur gesamten Organisation*, zu der Identifikation, gemeinsame Werte und Stolz auf gemeinsame erstellte Produkte und Leistungen zählt. Bezieht sich die Verbundenheit nur auf die Aufgabe, besteht die Gefahr des Wechsels und der Mitnahme von Wissen, wenn sie anderswo angeboten wird. Besteht nur eine Verbundenheit mit der Führungskraft, so bleibt eine Mitarbeiterin nur so lange wie die Führungskraft und geht möglicherweise sogar mit. Auch das ist ein Nachteil für die Organisation. Wer sich eher mit seinem Team verbunden fühlt, bleibt wahrscheinlich im Unternehmen. Das Team bestärkt sich im positiven Sinn gegenseitig; im negativen Sinn verstecken sich alle gemeinsam in der Opferrolle und positionieren sich gegen die Teamleitung oder das gesamte Unternehmen. Dieses Verhalten hat ebenfalls Nachteile für die Organisation, da ein solches Team unter seinen Möglichkeiten bleibt, nur noch Dienst nach Vorschrift macht und grundsätzlich unzufrieden ist.

Arbeitszufriedenheit ist bei emotionaler Verbundenheit eine Voraussetzung für Mitarbeiterbindung. Zu den für Arbeitszufriedenheit relevanten Bereichen gehören
- Arbeitsinhalt und -anforderungen,
- Handlungsspielraum,
- Beteiligung der Mitarbeiterinnen,
- soziale Beziehungen,
- Führungsverhalten von Vorgesetzten,
- Lohn- und Sozialleistungen,
- Kommunikation und Informationspolitik,
- persönliche Einstellungen und die intrinsische Motivation von Mitarbeitern und Führungskräften.

Intrinsische (innere) Motivation beruht auf der Erfüllung der eigenen Bedürfnisse (jemand darf z. B. etwas Neues entwickeln, was sein Bedürfnis nach Autonomie und Wissbegierde erfüllt). Somit ist ein aus sich heraus motivierter Mitarbeiter zufrieden bzw. eine zufriedene Mitarbeiterin ist motiviert.

Bei einer *Passung von Fähigkeiten, Erfahrungen, Werten, Interessen* von Mitarbeitern einerseits mit den *Aufgaben, Tätigkeiten und den Erwartungen* der Führungskraft an Arbeitsqualität, Zeitvorgaben etc. andererseits ist die Arbeitszufriedenheit höher, die empfundene Belastung und der Wunsch, das Unternehmen oder die Abteilung zu verlassen, geringer. Versteht also die Führungskraft, was eine Mitarbeiterin braucht, um gut arbeiten zu können, und passt die Aufgaben entsprechend an, steigt die Zufriedenheit. Bei schlechter Passung entsteht negativer Stress durch höhere Belastung, geringere Arbeitszufriedenheit und der Wunsch nach einem Stellenwechsel.

> **Wichtig**
>
> **Das Job-Characteristics-Modell von Hackman und Oldham zeigt die fünf intrinsischen Motivationsfaktoren von Arbeit:**
> - Die Arbeitsaufgaben sollen *vielfältig* sein.
> - Sie sollen vielseitige Fähigkeiten erfordern und ganzheitlich sein, damit sie *interessant* sind.
> - Mitarbeiter möchten für die Aufgaben *verantwortlich* sein und diese sollen *sinnvoll* für sie und andere sein.
> - Wichtig ist Autonomie, also ein Handlungsspielraum für die Erledigung der Aufgaben.
>
> Nach der Erledigung wünschen sich Mitarbeitende ein *Feedback,* um die Qualität ihrer Arbeitsergebnisse einschätzen zu können. (Quelle: ▶ https://wpgs.de/fachtexte/motivation/job-characteristics-model-psychologische-arbeitsgestaltung/)

Den genannten Motivationsfaktoren entsprechen Werte wie *Anerkennung, Sinnhaftigkeit, Verantwortung, Autonomie, Vertrauen, Respekt, Wertschätzung und Selbstbestimmung.* Auf dieser Basis entstehen eine *hohe Arbeitsmotivation und eine große Befriedigung* bei der Erledigung von Aufgaben. Die Organisation bekommt eine *Arbeitsleistung in hoher Qualität und Mitarbeiterinnen mit wenig Fehlzeiten und dem Wunsch zu bleiben.* Ergänzend sei noch erwähnt, dass Mitarbeiter ein unterschiedlich starkes Bedürfnis nach persönlicher Entfaltung haben und die Wirkung der fünf Motivationsfaktoren daher davon abhängig ist (vgl. Spieß & von Rosenstiel, 2010, S. 87).

Für die emotionale Mitarbeiterbindung ist die Berücksichtigung der *unterschiedlichen Wünsche von älteren und jüngeren Generationen* wichtig. In ◻ Tab. 8.1 werden Bedürfnisse gezeigt, die erfüllt sein sollten, um so positiv auf die Unter-

8

◼ **Tab. 8.1** Bedürfnisse unterschiedlicher Generationen. In Anlehnung an Oertel, in Klaffke, 2021, S. 74, und S. 117

Wünsche junger Mitarbeiter (Generationen Y und Z)	Wünsche älterer Mitarbeiter (Generation X)
Spaß und Erfüllung	Gehalt muss reizen zum Bleiben
Begeisterung für die berufliche Tätigkeit, Abwechslung, Neues entdecken können	Handlungsfreiräume müssen angeboten werden
Karriere und Entwicklungschancen	Führungskräfte müssen sie vor Belastungen schützen und ggf. Grenzen setzen, da sie anspruchsvoll und leistungsorientiert sind (Gesundheitsmanagement wichtig)
Passung der Tätigkeit mit eigenen Neigungen und Fähigkeiten	Führungskräfte sollten Zeitdruck durch gute Organisation vermeiden
Flexible und kurzfristige Handhabung der Arbeitszeit, um eigene Bedürfnisse zu erfüllen	Karriereplanung für alle durch die Personalwirtschaft gewünscht, da Konkurrenz um frei werdende Positionen mit Jüngeren (Y)
Z möchte früh Verantwortung übernehmen	Sicherheitsempfinden, Wertschätzung und Arbeitszufriedenheit
Angemessenes Gehalt und Zusatzleistungen, z. B. für Kinderbetreuung	Lebensarbeitszeitkonten und betriebliche Altersvorsorge wichtig

nehmenskultur, das Engagement und auf die Mitarbeiterbindung einzuwirken.

Insbesondere für *junge, bildungsferne Mitarbeiter* ist die emotionale Verbundenheit wichtig, damit sie in der Organisation bleiben. Neben dem Team ist die *direkte Führungskraft die wichtigste Person*. Die Arbeit muss für diese Zielgruppe wie eine Erlebnisreise aufgebaut werden. Dazu gehören Schulungen in Mathematik oder Englisch, die aber als *Erlebnis* und nicht als Defizitbeseitigung angeboten und in kleinen Abschnitten gelehrt werden müssen.

Führungskräfte spielen für junge Mitarbeiter eine wichtigere Rolle als für ältere, die einen höheren Grad an Selbstwirksamkeit und Eigenengagement aufgrund ihrer Berufs- und Lebenserfahrung besitzen. Das bedeutet für die Organisation, dass sie *für die Begleitung und Betreuung der jungen Mitarbeiterinnen mehr Zeit für Führungsaufgaben* bereitstellen und die Führungskräfte durch Coaching oder Training auf diese besonderen Bedürfnisse vorbereiten muss.

Die emotionale Verbundenheit zur Organisation und die Arbeitszufriedenheit sind die am stärksten wirkenden Elemente der Mitarbeiterbindung. Hier sind die unterschiedlichen Wünsche der Generationen zu beachten.

Wer durch seine Werte insbesondere die jungen Mitarbeiter und Auszubildenden unterstützen möchte, für den ist die *Investition in junge Menschen* kein Muss, sondern eine Chance für die Zukunft, die durch *Personalentwicklung (Development)* geplant und umgesetzt werden kann.

Die *Personalentwicklung* hat je nach Perspektive unterschiedliche Ziele.

- ▪ *Ziele aus der Unternehmensperspektive:*
  - ▬ Sicherung des notwendigen Fach- und Führungskräftebestandes,
  - ▬ Erkennen und Vorbereiten von Nachwuchsführungskräften und Spezialisten,
  - ▬ Anpassung der Kompetenzen an neue Markterfordernisse,
  - ▬ größere Unabhängigkeit von externen Arbeitsmärkten,
  - ▬ Verbesserung und Aufrechterhaltung der fachlichen und persönlichen Qualifikation,
  - ▬ Verbesserung der Mitarbeiterzufriedenheit und Motivation,
  - ▬ Sicherung der Wettbewerbsfähigkeit,
  - ▬ Aufdecken von Fehlbesetzungen und Defiziten,
  - ▬ Vermittlung von Schlüsselqualifikationen,
  - ▬ Erhöhung der Veränderungsbereitschaft und -kompetenz,
  - ▬ geringere Personalbeschaffungskosten durch geringere Fluktuation,
  - ▬ Erhöhung der innerbetrieblichen Kooperation und Kommunikation,
  - ▬ Sicherung des Mitarbeiterbestandes,
  - ▬ Bindung von Mitarbeiterinnen,
  - ▬ Verbesserung der Employer Brand,
  - ▬ Erreichung der Unternehmensziele,
  - ▬ Verbesserung des Wertschöpfungsprozesses der Organisation.

- ▪ *Ziele aus der Mitarbeiterperspektive*
  - ▬ Verbesserung und Aufrechterhaltung der fachlichen und persönlichen Qualifikation,
  - ▬ Aktivierung bisher ungenutzter Potenziale und Fähigkeiten,
  - ▬ Vorantreiben der persönlichen Entwicklung,
  - ▬ verbesserte persönliche Karrieremöglichkeiten,
  - ▬ Einkommenssicherung und -verbesserung,
  - ▬ Verbesserung der Chancen am Arbeitsmarkt,
  - ▬ Steigerung der individuellen Mobilität auf dem internen und externen Arbeitsmarkt,
  - ▬ Verbesserung der Selbstverwirklichungschancen und Entfaltung der Persönlichkeit,

— Erhöhung des persönlichen Prestiges,

— Ermöglichung einer neuen Aufgabenzuweisung auf Basis von Interessen und Fähigkeiten,

— Verbesserung der Arbeitskraft (Employability).

Die *Ziele beider Anspruchsgruppen sollten möglichst übereinstimmen*, damit sich die Investition in Personalentwicklungsmaßnahmen für die Organisation lohnt. Wird ein Mitarbeiter zu einer Führungskräfteweiterbildung geschickt, möchte jedoch nicht führen, so fehlt die intrinsische Motivation und der Lernerfolg wird gering sein. Wichtig sind Gespräche vorab hinsichtlich der *Erwartungen und Wünsche der Mitarbeiterinnen ebenso wie die der Organisation* (in Anlehnung an Lindner-Lohmann et al., 2016, S. 163–164).

■ **Talentmanagement**
Es geht in wertorientierten Unternehmen nicht nur um die Gewinnung von Talenten für Schlüsselpositionen, sondern auch um deren Bindung und Entwicklung. Die Entdeckung und die Entwicklung insbesondere von *High Potentials* (überdurchschnittlich begabte und qualifizierte Nachwuchskräfte) ist für den Fortbestand der Organisation, sein Wissensmanagement und für die Bedarfsdeckung an Fach- und Führungskräften unabdingbar. Zum professionellen Talentmanagement gehören u. a. *Charakter-, Werte- und Potenzialbeurteilungen* durch Persönlichkeitsanalysen sowie stetige *Fördergespräche* mit einem dafür abgestellten Talentmanager. Auf die jeweiligen Talente und auf die Ausrichtung des wertorientierten Unternehmens werden Karriere- und Leadership-Programme abgestimmt und in die gesamte Personalstrategie integriert. Gute Talentprogramme stärken die Employer Brand und erleichtern das Recruiting, da Interessentinnen auf die Organisation aufmerksam werden (in Anlehnung an Lindner-Lohmann et al., 2016, S. 197–204).

Um junge Talente an die Organisation zu binden, brauchen sie neben einer eigenen Intranetplattform *Mentorinnen.* So lernen sie die Organisation von innen gut kennen, können sich immer wieder zu vielen Situationen im Arbeits- und Führungsalltag mit ihrem Mentor austauschen und sogar mit dem Topmanagement in Kontakt kommen. Umgekehrt können die Mentoren das „Wofür", den Purpose, mit den zugehörigen Werten der Organisation vermitteln und vorleben. So stellen sie sicher, dass die *Talente die Unternehmenskultur* unterstützen. Voraussetzung ist ein Coaching bzw. eine Weiterbildung für Mentorinnen, um die eigenen biografischen Werte, ihre Wurzeln und Muster, die Fallstricke für Veränderungen sein könnten, zu erkennen und ihre Rolle als Mentor zu reflektieren. Denn gerade Talente sind für zukünftige Transformationen wichtig, denn sie bringen viel Kreativität und frisches Wissen mit.

- ▪ *Führungskräfteentwicklung*

Neben den Talenten müssen insbesondere bei Transformationen die Kompetenzen von Führungskräften weiterentwickelt werden. Dazu gehören z. B. soziale Kompetenzen wie *wertorientierte Kommunikation und Konfliktmanagement* ebenso wie *persönliche Werte*, die in Kompetenzen umgewandelt werden, z. B. die Offenheit für neue Erfahrungen und Veränderungsbereitschaft.

Für eine *wertorientierte Führungskultur* ist es notwendig, dass Führungskräfte ihre Haltung und *Rolle als Führungskraft* neu erarbeiten und lernen, sich und ihr Verhalten stetig zu reflektieren. Wenn es um die Bearbeitung der *biografischen Werte und um ihre Passung* geht, empfiehlt sich ein geschützter Raum anstelle eines Trainings. Daher bieten viele Organisationen ihren Führungskräften ein *professionelles Coaching* mit einem in mehrjähriger Ausbildung zertifizierten Coach an, der die Führungskraft für eine bestimmte Zeit begleitet. Nach Vorbereitung durch die Personalentwicklung hinsichtlich der Werteorientierung der Organisation wird das eigene Verhalten reflektiert, die persönliche Weiterentwicklung unterstützt und konkrete Fälle aus dem Führungsalltag besprochen (Lüneburg, 2019, S. 115–121).

Die Personalentwicklung (Development) sorgt für Wissensaufbau und -weiterentwicklung aller Mitarbeiter. Sie kümmert sich insbesondere um junge Talente und um die Führungskräfteentwicklung.

Coaching

Coaching ist ein zeitgemäßes Mittel der Innovation von Management und Organisation. Es trägt zum Wandel von Organisations- und Unternehmenskultur bei, indem es auf Effizienz und Humanität zielt.

Coaching ist ziel- und bedarfsorientiert. Es dient der Steigerung von Prozess- und Ergebnisqualität. (…)

Coaching sieht Arbeitsbeziehungen im Einflussfeld organisatorischer Strukturen (System), persönlicher Eigenarten (Biografie), der Auseinandersetzung mit Sinnfragen (Leitbilder) und im Blick auf größere soziale Zusammenhänge (gesellschaftliche Verantwortung). (…)

Coaching trainiert Erfolgsstrategien, stabilisiert vorhandene Fähigkeiten und intendiert die gezielte Förderung der aktiven Persönlichkeit. Es setzt das Potential (sic!) von Menschen zur Maximierung ihrer Leistungen frei. (…)

Coaching ist (sic!) Maßnahme der Personalentwicklung, die sich perfekt auf den einzelnen zuschneiden lässt (Lüneburg, 2019, S. 121, in Anlehnung an Pohl & Wunder, 2001, S. 34–35).

8.5 Offboarding und Ehemaligen-Kontaktpflege

Heute stehen immer mehr Organisationen vor der Situation, dass Mitarbeiterinnen von sich aus kündigen. Während manche Führungskräfte diese Mitarbeiter als *Persona non grata* für die restlichen Arbeitswochen betrachten und sie fortan ignorieren, haben andere Organisationen verstanden, dass sie Mitarbeiter, die z. B. anderswo Erfahrungen machen wollen, *professionell verabschieden* sollten.

Das *Offboarding bzw. Exitmanagement* sorgt für eine positive und persönliche Verabschiedung, für den Verbleib des ehemaligen Mitarbeiters in gemeinsamen Netzwerken und regelmäßige freundschaftliche Kontaktpflege. Damit wird erneut die *Employer Brand* gestärkt, transparent agiert und die Organisation wird auf Arbeitgeber-Bewertungsportalen positiv bewertet. Den größten Vorteil bietet das Exitmanagement jedoch im Falle einer *möglichen Rückkehr der Ex-Mitarbeiterin*: Sie kann zurückgewonnen werden und mit neuen Kompetenzen sowie erweitertem Wissen eine neue Position einnehmen. Andere Mitarbeiter oder Interessenten nehmen die Entwicklung wahr und nutzen ebenfalls Chancen, wenn sie sich ihnen bieten (Klaffke, 2021, S. 99).

Zu einer *guten Verabschiedung*, auch bei Mitarbeitern, von denen sich die wertorientierte Organisation gern trennt, gehören seitens der *Führungskraft*:

- den Austritt mit Zeitpunkt im Team kommunizieren;
- die vorübergehende Vertretung zusammen mit dem Team planen;
- den Wissenstransfer sichern;
- die Verabschiedung planen;
- ein abschließendes Mitarbeitergespräch führen (Was war im Team gut, was hat gefehlt?);
- den Kontakt weiter pflegen.

Seitens des *Personalmanagements bedeutet ein gutes Offboarding:*

- die Kündigungsbestätigung zeitnah erstellen, da sie für Bewerbungen oder die Akzeptanz von Arbeitsverträgen benötigt wird;
- das Arbeitszeugnis zum tatsächlichen Austrittsdatum erstellen, nicht Monate später;
- ein Exitinterview mit etwas Abstand zur Kündigung führen (Mitarbeiter fühlen sich gehört und wertgeschätzt, die Organisation kann (Personal-)Fehler aufdecken und Änderungen vornehmen);
- frühzeitig die Nachbesetzung organisieren;

8

━ ggf. eine Outplacement-Beratung anbieten, um neben fachlicher Hilfe auch emotionale Hilfe für einen entlassenen Mitarbeiter zu ermöglichen. So können seine Qualifikationen und Entwicklungspotenziale erarbeitet, die Stellensuche geplant und durchgeführt werden, damit der Mitarbeiter sein Leben weiterhin eigenständig gestalten kann.

> **Zusammenfassung**
>
> Werte sind für erfolgreiches Personalmanagement unabdingbar. Wer die passenden Mitarbeiterinnen und Führungskräfte gewinnen will, muss für die Passung der persönlichen und der organisationalen Werte sorgen. Das Employer Branding muss auf echten gelebten Werten basieren, damit Bewerberinnen und zukünftige Mitarbeiter keine Differenz zwischen den öffentlich dargestellten Werten und der Realität in der Organisation erleben, vor allem beim Verhalten und in der Kommunikation der Mitarbeiter und Führungskräfte untereinander und mit neuen Kolleginnen. Unlösbare Probleme entstehen, wenn Werte wie Autonomie propagiert werden, jedoch Macht und Gehorsam die Realität abbilden.
>
> Kompetenzen wie Teamfähigkeit und Selbstständigkeit können nur auf der Basis von echten Werten entstehen. Das Personalmanagement trägt die Werte in die Prozesse des Recruiting, des Onboarding, der Mitarbeiterbindung, der Personalentwicklung und des wertschätzenden Offboardings durch Coaching, Mentoring, Trainings und Workshops zu Mitarbeitern und Führungskräften.

Literatur

Bundesministerium für Arbeit und Soziales. https://www.csr-in-deutschland.de/DE/CSR-Allgemein/CSR-Grundlagen/csr-grundlagen.html. Zugegriffen am 31.10.2022.

Forster, A., Erz, A. & Jenewein, W. (2012) Employer Branding. In Tomczak, T., Esch, F., Kernstock, J.R. & Herrmann, A. (Hrsg.) *Behavioural branding. Wie Mitarbeiterverhalten die Marke stärkt* (3., akt. Aufl.). Gabler.

Klaffke, M. (Hrsg.). (2021). *Generationenmanagement. Konzepte, Instrumente, Good-Practice-Ansätze* (22. Aufl.). Springer.

Lindner-Lohmann, D., Lohmann, F., & Schirmer, U. (2016). *Personalmanagement* (3., akt. Aufl.). Springer.

Lüneburg, A. (2019). *Auf dem Weg zur Führungskraft. Die innere Haltung entwickeln.* Springer.

Nordsee Kollektiv. https://www.nordsee-kollektiv.de/. Zugegriffen am 31.10.2022.

Oertel, J. (2021). Babyboomer und Generation X. Charakteristika der etablierten Beschäftigtengenerationen. In M. Klaffke (Hrsg.), *Generationenmanagement. Konzepte, Instrumente, Good-Practice-Ansätze* (22. Aufl.). Springer.

Pohl, M./ Wunder, M. (2001) *Coaching und Führung. Orientierungshilfen und Praxisfälle.* Sauer-Verlag.

Schmidt H.J. & Kilian, K. (2012) Internal Branding, Employer branding & Co.: Der Mitarbeiter im Markenfokus. In: Transfer Werbeforschung & Praxis, https://www.researchgate.net/publication/262574317_Internal_Branding_Employer_Branding_Co_Der_Mitarbeiter_im_Markenfokus. Zugegriffen am 26.10.2022.

Schnell, T. (2018). Von Lebenssinn und Sinn in der Arbeit. Warum es sich bei beruflicher Sinnerfüllung nicht um ein nettes Extra handelt. In B. Badura, A. Ducki, H. Schröder, J. Klose, & M. Meyer (Hrsg.), *Fehlzeiten-Report 2018.* Springer.

Schorp, S. (2022). *Persönlichkeit macht Karriere. So stellen Sie die Weichen für Ihren eigenen beruflichen Weg.* Campus.

Schuhmacher, F., & Geschwill, R. (2014). *Employer Branding. Human Resources Management für die Unternehmensführung* (2. Aufl.). Springer.

Spieß, E., & von Rosenstiel, L. (2010). *Organisationspsychologie.* Oldenbourg.

Statistisches Bundesamt Statista.: https://de.statista.com/statistik/daten/studie/974210/umfrage/produktivitaet-je-erwerbstaetigen-in-deutschland/. Zugegriffen am 31.10.2022.

Tomczak, T., Esch, F., Kernstock, J.R. & Herrmann, A. (Hrsg.). (2012) *Behavioural Branding. Wie Mitarbeiterverhalten die Marke stärkt* (3., akt. Aufl.). Gabler.

Von Walter, B., Tomszak, T., & Wentzel, D. (2011). Wege zu einem effektiven und verantwortungsvollen Employer Branding. In J. Raupp, S. Jarolimek, & F. Schultz (Hrsg.), *Handbuch CSR. Kommunikationswissenschaftliche Grundlagen, disziplinäre Zugänge und methodische Herausforderungen. Mit Glossar.* Springer.

Wirtschaftspsychologische Gesellschaft. https://wpgs.de/fachtexte/motivation/job-characteristics-model-psychologische-arbeitsgestaltung/. Zugegriffen am 31.10.2022.

Ausblick in die Zukunft

Die Bedeutung von Werten in der Transformation

Inhaltsverzeichnis

A. Lüneburg, *Wie digitale Transformation mit Werten gelingt*,
https://doi.org/10.1007/978-3-662-66727-9_9

9

Nun sind Sie am Ende des Buches angelangt. Haben Sie Lust bekommen, sich mit Ihren eigenen und den Werten Ihrer Organisation näher zu beschäftigen? Und andere Führungskräfte zu überzeugen, sich auf den Weg zu machen, um Ihre digitale Transformation endlich erfolgreich umzusetzen oder weiterzuentwickeln? Es ist ein weiter Weg, der viel Zeit und Kraft kostet. Er ist es jedoch wert: Wenn Führungskräfte Leader sind und Klarheit über sich selbst gewonnen haben, werden sich die Mitarbeiter verändern. Durch mehr Vertrauen, Toleranz und Respekt verändert sich dann die Organisationskultur, die Identifikation der Mitarbeiterinnen mit der Organisation steigt und damit die Zukunftsfähigkeit.

Kurz zusammengefasst: Werte sind Leuchttürme der Transformation.

Was bleibt als Ergebnis aus diesem Buch?

Werte bewegen Menschen, sie lenken ihre Energie und sind *Nährstoffe für intrinsische Motivation.* Sie sind ein Gerüst, wie Menschen fühlen, denken, handeln und kommunizieren. Das Gerüst besteht aus alten Mustern der Herkunftsfamilien, die von Generation zu Generation weitergegeben werden. Werte und Muster sind wie *Wurzeln, die aus dem Boden ragen und über die man immer wieder stolpert,* wenn sie nicht reflektiert werden.

Wer sich als *wert-los* empfindet, mit Familiengeheimnissen, über die nicht gesprochen werden darf, versucht durch Leistung seinen Wert zu erhöhen, um von anderen anerkannt zu werden. Erwachsene, die als Kinder keine *emotionale Fürsorge und keine Sicherheit* bei der Entwicklung ihrer Persönlichkeit erfahren haben, gehen ohne Orientierung ins Leben. Sie bleiben unreife Persönlichkeiten, wenn sie sich als Erwachsene nicht weiterentwickeln.

Die Wirkung von Werten aus Kriegskinderfamilien auf Führungskräfte und Organisationen ist stärker als gedacht, denn Menschen nutzen für ihr Verhalten am Arbeitsplatz (mit und ohne Führung) die Muster, die sie aus ihrer Herkunftsfamilie kennen. Wie gehen sie beispielsweise mit Mitarbeiterinnen und Kollegen um? Mit welchen Gedanken und Vorstellungen gehen sie in ein Mitarbeitergespräch? Zeigen sie ein durch Anpassung erlerntes Verhalten („Wenn du Karriere machen willst, darfst du nicht widersprechen")? Kennen sie ihre eigenen biografischen Werte und Glaubenssätze und die der Familienmitglieder? Wo entstehen Wertekonflikte? In der Familie haben Menschen gelernt, wie sie mit Fehlern oder Misserfolgen umgehen (dürfen): Ist Scheitern erlaubt oder zählen nur Gewinner? Wurde Kindern ein kreatives Bewältigen von negativen Erlebnissen beigebracht? Wer das Scheitern als

Teil von Stärke und Erfolg kennengelernt hat, kann es später in seine Führungskompetenzen übertragen.

Veraltete Denkmuster, die auf biografischen Werten von Entscheiderinnen in der Organisation beruhen, gehören zu den Bremsern neuer digitaler und organisationaler Konzepte. Die Denkmuster werden durch das Polarity Management deutlich: Gegensätze wie agiles Arbeiten mit den Werten *Kollaboration, Kooperation und Zusammengehörigkeit* sorgen in traditionellen Organisationen mit Werten wie *Ordnung, Disziplin, Macht und Kontrolle* für ein unlösbares Problem. Die beiden Pole sind nicht vereinbar, sodass in der beschriebenen Organisation echtes agiles Arbeiten nicht möglich sein wird.

Ein aktuelles Thema ist die Diskussion zwischen den Polen „100 % Präsenz in den Büros" und dem „Freiraum für virtuelles oder hybrides Arbeiten". Büros haben für Menschen jetzt eine neue Funktion als Ort des Austauschs, der Neuentwicklung und der gemeinsamen Kreativität und nicht mehr die bisherige Funktion der Anwesenheit. Bleiben die beiden Pole unvereinbar, schwächt die Unlösbarkeit des Problems die emotionale Bindung an die Organisation, löst Konflikte aus und lässt die Gefahr von Kündigungen guter Mitarbeiterinnen wachsen.

Wer als Entscheider jedoch den Standpunkt „oder" verlässt und stattdessen die Positionen „und", „auch" oder „beides" einnimmt, ist effektiver und erfolgreicher. So können Führung und Organisation zwischen den jeweiligen Polen fließen, ebenso wie zwischen den unterschiedlichen Welten der Mitarbeiterinnen und Führungskräfte. Führungskräfte brauchen viel positive psychische Energie, um die Balance zwischen den Teampolen Zusammengehörigkeit und Einzigartigkeit der einzelnen Mitglieder sowie zwischen Wandel und Kontinuität zu halten. Dafür müssen sie fähig sein, Widersprüche auszuhalten und immer wieder zwischen den beiden Polen der Spur der „liegenden Acht" folgen.

Wer seine biografischen Werte kennt oder erlernte destruktive Werte durch Vorbilder, Coaching oder Selbstreflexion wie Wurzeln aus dem Boden gezogen hat, kann die neuen Werte bewusst nutzen. Er findet Sinn in seiner Tätigkeit und entwickelt als Führungskraft eine Haltung hin zu lebendiger, passgenauer Führung, zu Leadership. Menschen, die ihre Glaubenssätze erkannt und angenommen haben, können sie in Erlaubnissätze umwandeln, gewinnen Mut und Zuversicht und können sich erlauben, das zu tun, was sie selbst wollen. Als Führungskräfte nehmen sie eine Beziehungsrolle ein und sind interessiert an ihren Mitarbeitern.

Positive Beziehungserfahrungen können die Gehirne der Menschen verändern, indem neue neuronale und synaptische Beziehungsmuster verankert werden (Hüther, 2011, S. 17). Das ist Voraussetzung für eine echte Transformation, denn sie ist Arbeit am System und an neuen Mustern in der Organisation. Sie braucht echte Leader für die Gestaltung neuer Strukturen, Unterstützung bei Einstellungsveränderungen der Mitarbeiterinnen und für neue Wege der Zusammenarbeit und der Kommunikation. Leader haben Kompetenzen wie Selbstreflexion, Beziehungs-, Dialog- und Konfliktfähigkeit, Geduld, Kooperation und Koordination. Sie werden von Werten wie Offenheit, Toleranz, Vertrauen und Respekt getragen und haben ihre Rolle durch Rollencoaching reflektiert.

Auch die organisationalen Werte müssen sich verändern, wenn eine Organisation mehr als Change erreichen will. Aus Gehorsam und Pflichterfüllung muss Flexibilität und Autonomie werden, zusätzlich zu Sicherheit muss Mut und Vertrauen entstehen. Wenn neue Werte propagiert, jedoch nicht umgesetzt werden, entstehen Widersprüche, die nur durch das Ersetzen von „oder" durch „und" zwischen zwei Polen aufgelöst werden können. Organisationen brauchen für eine Transformation zusätzlich neue Mitarbeiterinnen mit passenden Kompetenzen und Werten. Sie treiben den Prozess maßgeblich voran und können als Vorbild dienen, wenn ihre Rolle mit ihrer Verantwortlichkeit klar ist.

Eine wertorientierte Organisationskultur bildet mit ihren Werten eine mentale Basis für ihre Aufgaben, für ihren Sinn und Zweck: Wofür sind wir da? Wozu machen wir das, was wir tun? Womit machen wir die Welt besser? Für das Sinnerleben am Arbeitsplatz ist eine Passung zwischen der beruflichen Tätigkeit von Menschen und ihren Werten, Fähigkeiten, Persönlichkeitseigenschaften und ihrer Lebensplanung wichtig. Ein gemeinsamer, klarer Werterahmen sorgt für Wachstum, Wandel, Innovation, Zielorientierung, Offenheit, Resilienz und eine hohe Attraktivität als Arbeitgeber. Ein dynamischer Werterahmen macht eine Organisation überlebensfähig; während sie auf der Basis alter Muster und Werte starr und unflexibel bleibt und sich selbst gefährdet.

Eine Organisation kann sich nur ändern, wenn sich die Menschen, die dort arbeiten, ändern. Jedes System, ob Familie oder Organisation, braucht Stabilität, die durch Werte, klare Regeln, Rollen und Sinnhaftigkeit entsteht. Diese Stabilität muss im laufenden Transformationsprozess durch professionelle Begleitung der Mitarbeiterinnen und Führungskräfte sichergestellt sein. Wer an seine Wurzeln gehen soll, erlebt Höhen und Tiefen und geht in den Widerstand, bevor er den Sinn der Veränderung erkennen kann, wie die Entwicklungskurve der Transformation gezeigt hat. Dennoch ist die Investition in die Veränderung von biografischen Werten und Mustern unabdingbar, wie das Zitat von Dark Horse noch einmal zeigt:

> » Menschen sind der zentrale Bestandteil des Innovationssystems. Sie müssen darin gefördert werden ihre Sichtweisen zu verändern und methodisch voranzuschreiten. Ohne die Transformation der Glaubenssätze der Menschen ist keine Transformation der Organisation denkbar. Keine andere Triebkraft des Systems kann langfristig ohne diese Transformation erfolgreich sein. (► https://www.thedarkhorse.de/leistungen)

Zum Abschluss werden in ▣ Abb. 9.1 ausgewählte Leadership-Werte neben zwei Pole von biografischen Mustern und Werten in Familien gestellt, um extreme Positionen zu zeigen, die den Weg zur Transformation erleichtern oder erschweren können – und den großen Einfluss biografischer Werte auf Organisationen deutlich machen. Ein Hinweis vorab: Die meisten Familien befinden sich zwischen beiden biografischen Wertepolen, denn auch Familien entwickeln sich weiter.

Leadership steht für Entwicklung:

Das Symbol am unteren Ende zeigt **den Leitstern**, wenn ein Mensch von einem Leader geführt, gefördert und gefordert wird. Dann kann die eigene Persönlichkeit weiterentwickelt

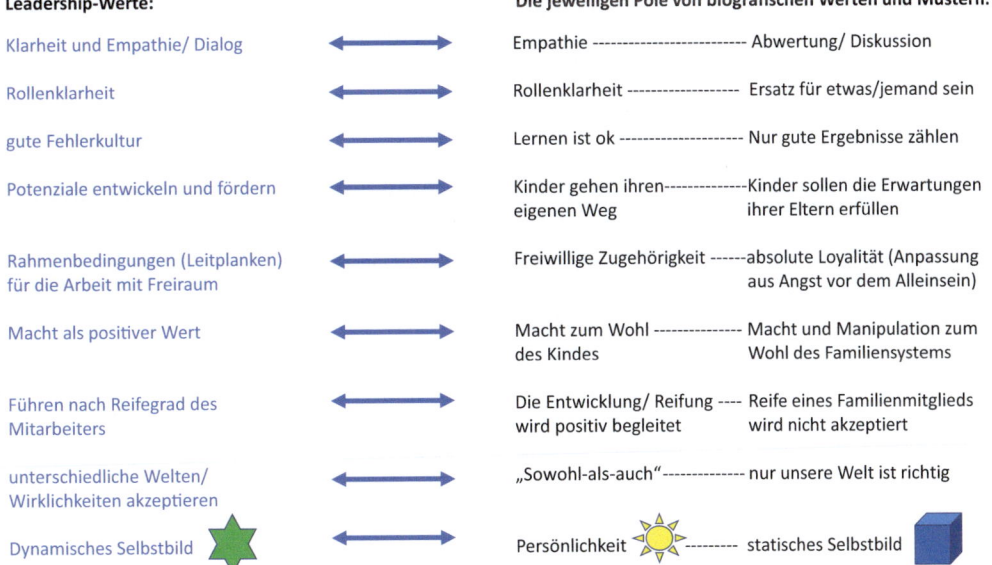

▣ **Abb. 9.1** Leadership-Werte gegenüber beiden Polen von biografischen Werten

werden, Freiräume werden angeboten, Klarheit und Empathie sowie der Reifegrad des Mitarbeiters bildet die Grundlage des Führens. Ein Leader akzeptiert die Welt der Mitarbeiterin und zeigt seine eigene Welt. Misserfolge und Fehler dürfen sein und werden als Lernchance gesehen.

Der linke Pol steht für eine Familie mit dem dynamischen Selbstbild autarker Persönlichkeit:

Die **Sonne** steht für eine **Persönlichkeit,** die wie die äußerst bewegliche Sonnenblume wachsen durfte: Mit ihrem starken Stamm hält sie Stürme aus, sie muss sich zwar extrem biegen, bleibt jedoch heil und bricht nicht – sie ist resilient. Ein Kind aus einer Familie, die alle Mitglieder als autarke Persönlichkeiten betrachtet, hat emotionale Fürsorge durch Empathie, durch die Haltung des „sowohl – als auch" und durch die positive Begleitung seiner Entwicklung erhalten. Seine Rolle als Kind war klar, es durfte seinen Weg gehen und Lernen als etwas Positives betrachten. Die Eltern haben ihm Freiraum gegeben und ihre Macht zum seinem Wohl genutzt. So konnte es eine starke Persönlichkeit werden, die leicht Leadership-Werte übernehmen kann und vor allem will.

Der rechte Pol steht für eine Familie mit einem statischen Selbstbild:

Das **Symbol der Mauer** zeigt nicht nur das starre Selbstbild, sondern die Bedeutung für Familienangehörige: Wird jemand an die Familie festgebunden oder von ihr zu eng begleitet, so zerbricht er im schlimmsten Fall genau an der Stelle, wo er festgebunden wurde. Im übertragenen Sinn passen sich Familienmitglieder an und bleiben dann unter ihren Möglichkeiten oder rebellieren und zerbrechen. In Familien mit dieser starken Ausprägung wird die Reife eines Familienmitglieds nicht akzeptiert, ein Kind wird nicht freigelassen, um seinen Weg zu gehen – oder die Verbindung wird abgebrochen, wenn es als Erwachsener seinen Weg gehen will. Aus Sicht dieser Familie ist nur die eigene Welt richtig, es wird absolute Loyalität erwartet und Kinder sollen die Erwartungen der Eltern erfüllen. Ziel des Lernens sind gute Noten, nicht die Freude am Lernen. Mit Macht und Manipulation wird das Familiensystem gestützt und bestätigt, während andere Menschen oder Sichtweisen abgewertet werden. Manchmal müssen Kinder die Rolle eines Elternteils einnehmen oder Ersatz für unerfüllte Träume oder verlorenen Besitz sein. Kinder aus solchen Familien passen sich nicht nur an ihre Familienregeln, sondern an Vorgaben in Organisationen an, wenn sie ihre Werte nicht reflektieren. Als Führungskräfte leben sie möglicherweise ihren Wunsch nach Karriere aus, um andere abzuwerten und um die Erwartungen der Familie zu erfüllen. Mitglieder solcher Familien müssen viel an ihren Wurzeln arbeiten, um Leader zu werden, oder lehnen Veränderungen und Selbstreflexion ab.

Mit den Worten von Hüther möchte ich schließen:

» Persönliches Wachstum entsteht durch Vertrauen, das möglichst in der Kindheit entwickelt werden sollte:

» Vertrauen in eigene Fähigkeiten zur Problemlösung,

» Vertrauen in die Lösbarkeit von schwierigen Situationen gemeinsam mit anderen Menschen und

» Vertrauen in den Sinn des eigenen Lebens sowie in das Geborgensein in der Welt (Hüther, 2011, S. 124–125).

Falls Sie sich gern zu den Themen dieses Buchs austauschen oder mehr dazu lesen möchten, melden Sie sich gern, ich freue mich!

Website: ▶ www.anke-lueneburg.de
Blog: ▶ https://www.anke-lueneburg.de/blog
E-Mail: post@anke-lueneburg.de

Ich wünsche Ihnen viel Freude bei der Beschäftigung mit Ihren biografischen und organisationalen Werten und viel Nutzen für Ihren beruflichen (Führungs-)Alltag,

Ihre Anke Lüneburg

Zusammenfassung

Werte sind Leuchttürme der Transformation, denn es wird am und nicht im System gearbeitet. Das erfordert Klarheit über die eigenen biografischen Werte und deren Wurzeln insbesondere der Führungskräfte. Veraltete Denkmuster, die aus Familien stammen können, verhindern Transformationen; ebenso können Familien, die ihre Kinder zu reifen Persönlichkeiten erziehen, dazu beitragen, dass Transformationen in Gesellschaft und Organisationen möglich sind.

Literatur

Hüther, G. (2011). Was wir sind und was wir sein könnten. In *Ein neurobiologischer Mutmacher* (8. Aufl.). Fischer.

Dark Horse GmbH. https://www.thedarkhorse.de/leistungen Zugegriffen am 06.11.2022.